成都都市圈建设报告

（2021）

Report on the Construction of Chengdu Metropolitan Area（2021）

主　编／杨开忠　姚　凯

副主编／阎　星

执行副主编／廖茂林　周　灵　卢晓莉

社会科学文献出版社
SOCIAL SCIENCES ACADEMIC PRESS (CHINA)

《成都都市圈建设报告（2021）》
编　委　会

郑世林（中国社会科学院数量经济与技术经济研究所）
胡　翠（中央财经大学）
钱　慧（上海同济城市规划设计研究院）
雷　霞（成都市社会科学院）
张筱竹（成都市社会科学院）
唐　艳（成都市社会科学院）
董　亮（成都市社会科学院）

编制单位　中国社会科学院生态文明研究所
成都市社会科学院

主要编撰者简介

杨开忠 经济学博士，国际欧亚科学院院士，享受国务院政府特殊津贴专家。主要从事空间经济学与区域科学、城镇化和区域发展、生态文明研究。现任中国社会科学院习近平生态文明思想研究中心主任，中国社会科学院生态文明研究所党委书记、研究员，中国社会科学院国家未来城市实验室理事长，北京大学教授，兼任中国区域科学协会会长、中国区域经济学会副会长、全国国土空间规划编制专家、国家气候变化专家委员会委员、北京专家联谊会副理事长、北京市社会科学界联合会常务理事等职。曾任国家中长期科学技术规划纲要起草小组成员，国家规划专家委员会委员，北京大学秘书长，北京大学校务委员会副主任兼秘书长，首都经济贸易大学副校长，北京市发展和改革委员会副主任兼北京市经济与社会发展研究所所长等职。主持完成国家重点研发计划应急项目、国家社会科学基金重大项目等多项，发表学术论著300多篇（部），曾获多项省部级及以上奖励。

姚　凯 成都市社科联（社科院）党组书记、副主席（院长），曾任成都市成华区委政研室副主任，成都市成华区委政研室（体改委）主任，成都市成华区教育局党组书记、局长，成都市成华区委常委、宣传部长，成都市金牛区委常委、组织部长，成都市金牛区委常委、常务副区长，成都市教育局党组副书记、副局长，成都工业职业技术学院党委书记等职。

阎　星　经济学博士，研究员，成都市社科联（社科院）党组成员、副主席，副院长。曾任成都市计划委员会（现成都市发展和改革委员会）副处长，成都市经济信息中心主任（2007 年 2 月开始兼任成都市经济发展研究院院长）。在《宏观经济管理》《财经科学》《经济社会体制比较》等核心期刊发表论文 10 余篇。主持和参与各类中长期社科规划、产业规划项目等 100 余项。获得国家发改委优秀成果奖，四川省科技进步奖，四川省哲学社会科学奖二、三等奖共 8 项；成都市科技进步奖和成都市哲学社会科学奖一、二等奖 6 项。

廖茂林　经济学博士，副研究员，中国社会科学院生态文明研究所可持续发展经济学研究室副主任，现挂职任成都社会科学院同城化研究所所长，中国社会科学院大学硕士生导师，英国皇家国际事务研究所（Chatham House）访问学者，中国社会科学院生态文明研究智库国际部副主任，中国社会科学院所级国情调研基地负责人，机械工业环保产业发展中心专家委员会委员。在《管理世界》、《中国行政管理》、《中国人口·资源与环境》、《城市发展研究》、*Journal of Environmental Management*、*Applied Ecology and Environmental Research* 等 SCI/SSCI 期刊发表学术论文 70 余篇，其中多篇成果被人大复印报刊资料转载，担任《系统工程理论与实践》、*International Journal of Natural Resource Ecology and Management* 等期刊审稿专家。独立主持国家自然科学基金面上项目、国家高端智库重点项目、国家社科重大项目子课题等研究项目，获 5 项中国社会科学院优秀对策信息类三等奖。主要研究方向为可持续发展城市建设和绿色发展，主要研究成果有《基础设施投资是否还能促进经济增长?》等。

周　灵　经济学博士，研究员，成都市社会科学院科研处处长，中国城市经济学会公园城市专委会秘书长。主要研究方向为环境经济学和产业经济学。作为主研人员参与完成国家社会科学基金项目 2 项，主持和参与完成省部级项目 7 项，主持完成市级项目 20 余项。在《财经理论与实践》《经济体制改革》《经济问题探索》等期刊发表论文20余篇，出版专著5部。获四川省社会科学优秀成果三等奖2项，成都市社会科学优秀成果一等奖3项、三等奖1项。主要研究成果有《经济发展方式转变框架下的环境规制研究》（专著）、《瑞士低碳城市发展实践与经验研究》（专著）、《环境规制对企业技术创新的影响机制研究——基于经济增长视角》（论文）等。

卢晓莉 法学硕士，副研究员。成都市社会科学院同城化研究所（城乡融合所）副所长，成都市金沙智库研究会副秘书长。长期从事社会福利、社会保障、公共服务、法治建设研究。在《农村经济》《开放导报》等期刊发表学术文章20余篇，主持或参与国家、省、市级课题20余项，获省级、市级社科研究优秀成果奖十余次。主要代表性成果有《西部农村和谐文化建设的重点、难点与对策研究》《农村税费改革后的乡镇管理体制变革研究——以成都为例》《NGO参与汶川地震过渡安置研究》《医养结合型智慧社区养老模式初探》《农村“留守老人”养老服务的地方实践及启示》《论家庭福利保障制度构建——基于国家和地方双重视角》等。

目　录

第一篇　总报告

第二篇　重点领域进展

第三篇 创新案例

第四篇 研究专论

第一篇　总报告

ℝ.1

成都都市圈成效与展望

——新时代新使命，全面开启高质量发展新征程

在中华民族伟大复兴的战略全局以及世界百年未有之大变局的发展背景下，我国经济发展的空间结构发生了深刻变化，都市圈和城市群正在成为承载发展要素的主要空间形式。都市圈是城市群内部以超大特大城市或辐射带动功能强的大城市为中心、以 1 小时通勤圈为基本范围的城镇化空间形态。同城化发展是国家推进新型城镇化、促进区域协调发展的重大政策取向，也是现代化都市圈形成的必然路径。2020 年 1 月，习近平总书记主持召开的中央财经委员会第六次会议作出加快推动成渝地区双城经济圈建设的重大战略部署，《成渝地区双城经济圈建设规划纲要》明确要求，要充分发挥成都带动作用和德阳、眉山、资阳比较优势，加快生产力一体化布局，加快建设经济发达、生态优良、生活幸福的现代化都市圈。四川省委把加快成德眉资同城化发展作为推进成渝地区双城经济圈建设的先手棋、牵引四川“一干多支”发展战略的“火车头”。以成德眉资同城化发展为基础建设成都都市圈，是推动成渝地区双城经济圈建设的支撑性工程，是实施四川省委“一干多支”发展战略的牵引性工程，顺应了区域经济发展空间结构演进规律，对形成引领全国高质量发展的重要增长极和新的动力源具有重大战略意义。

一　新发展格局中的成都都市圈

成都都市圈位于四川盆地，是“天府之国”的中心。作为西部地区最重要的都市圈之一，成都都市圈具有内陆型都市圈、起步发展型都市圈、中心城市集聚型都市圈、生态文明典范型都市圈以及人文相亲型都市圈等重要

特征。以成德眉资同城化为核心的成都都市圈建设是成渝地区双城经济圈建设的国家战略落地落实的“全局之谋”。推进成都都市圈建设是推进国家重大战略实施的必要举措，也是加速四川发展的关键动力，还是成德眉资四市实现飞跃发展的最佳途径。

（一）成都都市圈的发展基础和特征

1. 成都都市圈的发展基础

（1）地理区位、行政区划和地形地貌状况

成都都市圈位于四川盆地，属于成都平原经济区“内圈”，是“天府之国”的中心。从国内来看，成都都市圈既是我国西部高原的门户，又是连接西南、西北和华中三大区域的天然纽带，是长江经济带战略的重要交汇点；从国际来看，成都都市圈是我国向西向南的门户，是“一带一路”建设的战略节点。

成都都市圈区域涵盖成都和德阳、眉山、资阳 4 个城市，包含 17 区、18 县（市），东西最宽约 280 公里，南北最长约 250 公里，德眉资三市与成都的边界超过 680 公里。成都都市圈总面积 3.31 万平方公里，其中成都 14335 平方公里（辖 12 区 3 县 5 市）、德阳 5911 平方公里（辖 2 区 1 县 3 市）、眉山 7140 平方公里（辖 2 区 4 县）、资阳 5747 平方公里（辖 1 区 2 县）（见图 1）。

成都都市圈区域内地形地貌丰富，西侧的龙门山、邛崃山是中国第一阶梯和第二阶梯的分界线之一（青藏高原与四川盆地的地理界线），东侧的龙泉山是川西平坝和东部丘陵的分界线，总体形成“两分山地、四分平坝、四分丘陵”的格局。区域内水系发达，包括岷江、沱江、涪江三大水系，为都江堰灌区的主要覆盖区域。海拔最高点位于成都市大邑县西岭镇的大雪塘（5353 米），海拔最低点位于资阳夏家坝的琼江河的出界处（247 米）。

（2）经济发展状况

成都都市圈拥有领先中西部地区的经济实力。2020 年，成都都市圈总人口为 2965.78 万人，地区生产总值为 22352 亿元，分别占四川的 35.44%、45.99%；占成渝地区双城经济圈的 29.59%、33.48%；占全国的 2.10%、

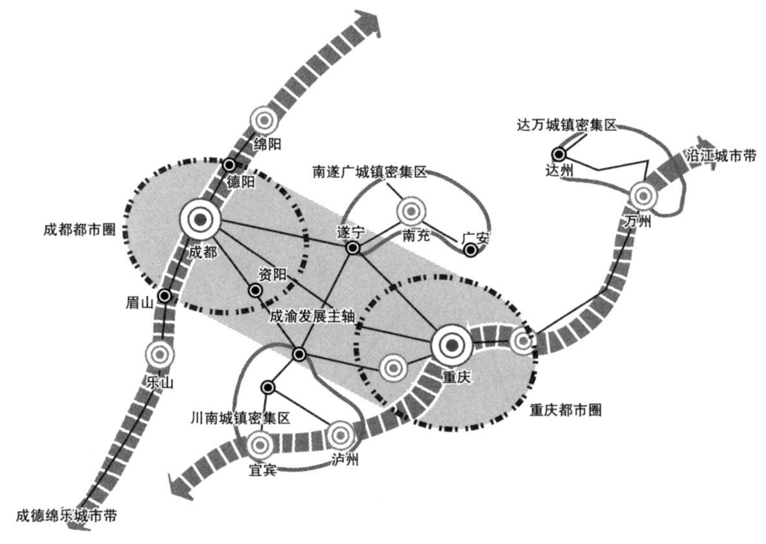

图1　成都都市圈区位

资料来源：《成渝城市群发展规划》。

2.20%。成都都市圈的城镇化率为70.34%，分别高于全四川、成渝地区双城经济圈以及全国13.62个、7.79个、6.45个百分点。成德眉资经济联系紧密，人员来往密切，德眉资三市年出入成都人口约占成都流动人口总量的30%，居全省前三位。成都是成都都市圈的核心，作为国家中心城市，成都已成为我国中西部地区的经济组织中枢，正在建设践行新发展理念的公园城市示范区；德阳已经形成的重大装备制造业集群在全国乃至世界都具有一定影响力；眉山的电子信息、新能源新材料、农产品及食品加工产业初具规模；资阳的汽车制造、轨道交通、口腔装备材料等产业也具有较好基础（见图2）。

（3）交通发展状况

成都都市圈已初步形成以成都综合性国际交通枢纽为中心的立体交通网络。首先，区域内国际空港、铁路港的双枢纽格局基本成型。成都双流国际机场2020年国际（地区）航线达130条，旅客吞吐量居全国第2位，天府国际机场2021年建成投运，成都也成为继北京以后全国第二个拥有双F级机场

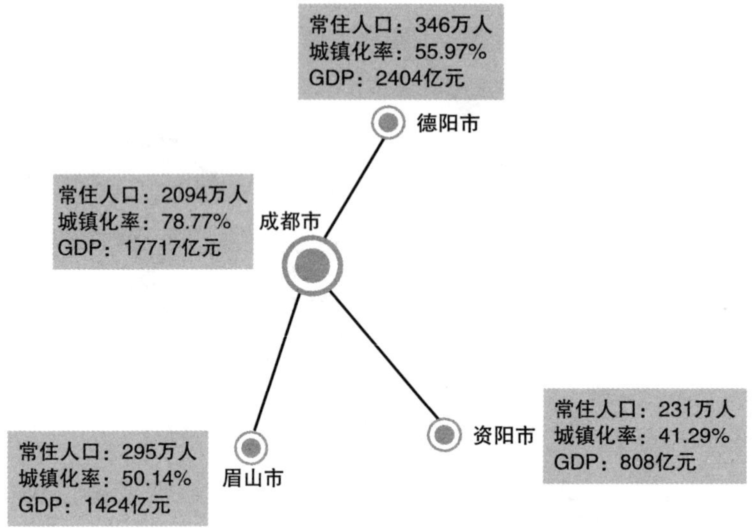

图 2　成都都市圈社会经济发展状况

资料来源：成都市规划设计研究院。

的城市。成都国际铁路港累计开行中欧班列（成都）数量居全国前列。此外，区域内交通基础设施互联互通水平较高。四市具备同城通勤的黄金半径，德眉资三市中心城区距成都主城区 50 公里左右，均处于高铁半小时、高速一小时通勤圈。目前，区域已形成以成都为中心的“三环十七射”高速公路网和“四普七高（快）”铁路网，公共交通基本实现四市“一卡通”。

（4）创新发展状况

成都都市圈具备一定的创新能力。区域内创新要素集聚，普通高校 80 所、研发经费支出占全省比重超 60%，国家高新技术企业超 6000 家，科研机构和人员规模名列中西部前茅。区域内创新发展势头良好，高新技术产业规模过万亿元，居中西部前列；拥有校企地全部类型国家双创示范基地和近百家国家级孵化器与众创空间，正在加快成为西部创业高地。

（5）体制机制建设状况

成都都市圈的同城化发展协调机制基本建立。为了推进成德眉资同城化发展，四川省专门成立省推进成德眉资同城化发展领导小组，建立由领导小组会议、领导小组办公室主任会议、专项合作领域分管市领导协调会议、同城化办公室联络员会议等多级协调会议制度，通过领导小组协调、省直部门对口指导、四市组织实施等方式统筹推进成都都市圈的同城化发展。

总的来说，成都都市圈建设具有坚实的发展基础。地理相连是成都都市圈建设的社会基础，较为强大的经济规模与创新能力是成都都市圈建设的经济基础，较为完善的同城化发展协调机制是成都都市圈建设的制度基础。

2. 成都都市圈的发展特征

（1）内陆型都市圈

根据地理区位的不同，可将都市圈分为内陆型都市圈和沿海型都市圈。成都都市圈是典型的内陆型都市圈。在过去很长时间内，在依托沿海港口推进对外开放的大环境下，由于先天自然地理条件制约和交通不发达，尤其是与东部沿海地区相比，“先天无港”导致缺少对内对外开放的天然平台，缺乏经济、便利、高效的港口综合运输体系支撑，成都都市圈无法发挥对外开放和资源禀赋的比较优势，难以与世界各地区开展更为广泛的经贸往来。[①] 但是，最近50年来，世界经济运转方式变革和全球贸易迅速发展见证了这样的事实：物流运输发展最终会走向集装箱，集装箱运输体系趋于完善的过程也是有效加快国际航运发展的过程，世界港口体系也由沿海港口向“内陆港口”延伸发展，进一步推动了经济全球化的发展。随着我国及全球开放网络特别是通道体系建设的逐步完善，内陆型都市圈的开发开放潜力空间逐渐显现。在“一带一路”建设等国家开放战略的大背景下，成都都市圈以通道建设为基础，充分发挥资源禀赋比较优势，对外开放水平提升显著。2010～2020年，成都都市圈的进出口总额占四川省的比重由82.9%上升至90.6%。作为内陆型都市圈的典型代表，成都都市圈正由经济腹地转变为开放前沿。

① 参见《GaWC和内陆型都市圈发展》。

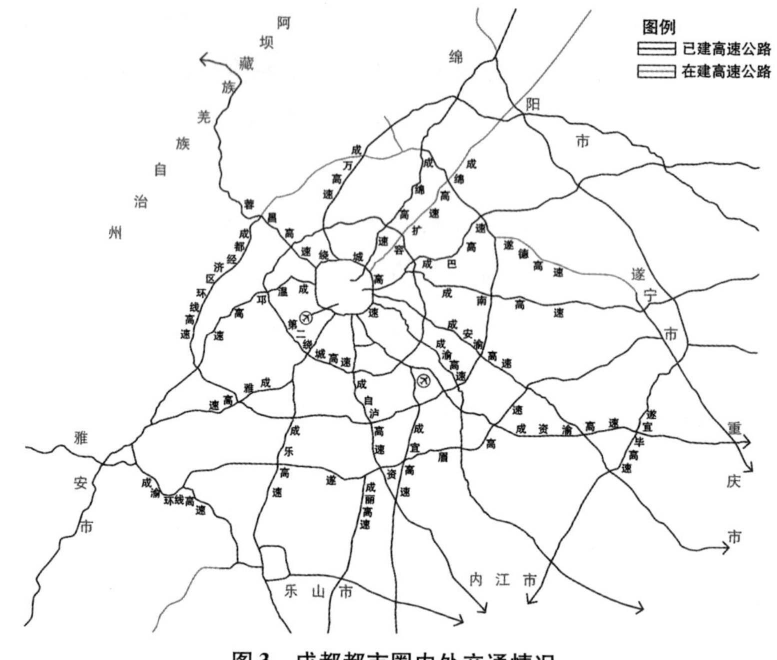

图 3　成都都市圈内外交通情况

资料来源：成都市规划设计研究院。

（2）起步发展型都市圈

根据发展阶段的不同，可将都市圈分为起步期、成长期、提升期和成熟期都市圈。目前，成都都市圈正处于起步期。这一阶段，是都市圈发展的初步阶段。首先，成都都市圈的整体发展水平有较大的提升空间。2020 年，成都都市圈地区生产总值为 22352 亿元，比重庆少 2651 亿元；总人口为 2965. 78 万人，比重庆少近 240 万人。成都都市圈总面积是东京都市圈的近 2. 5 倍，经济规模却约只有其 1/6，人口规模也仅为其 80%。其次，成都都市圈的现代交通基础设施互联互通尚处于起步阶段。高铁、动车公交化运营刚起步，“断头路”“瓶颈路”依然存在，跨区域公交仍然处于点对点阶段，区域快速通道能力不足。最后，区域产业协作体系远未完善。虽然围绕产业生态圈建设、以“三区三带”建设为主要载体建设产业协作体系已经基本形成共识，但是尚未形成具有国际影响力的都市圈产业集群，资源要素的集聚水平有待提升，城市之间以商品市场联系为主，尚未形成以上下游产业协作为主要特征的产业联系。所以，成都都市圈目前仍然是典型的起步发展型都市圈。

（3）中心城市集聚型都市圈

根据中心城市和外围城市之间的结构关系，都市圈可分为集聚型都市圈和分散型都市圈。成都都市圈属于典型的集聚型都市圈。成都属于国家西部战略重点发展的区域中心城市，要素集聚能力强大、人力资源丰富优质。2020年，成都人口、地区生产总值、货物贸易进出口总额均占成都都市圈七成以上，地区生产总值占比甚至高达79.3%（见图4）。从动态发展趋势来看，由于成都都市圈正处于快速发展时期，成都在成都都市圈的首位度可能进一步扩大。2000年、2010年和2020年三次人口普查数据表明，20年间成都市人口规模和人口占全省比重持续增长，2020年人口相比2000年整整增长了1倍；与此同时，成都市经济快速发展，2020年GDP是2000年的13.5倍，占全省的比重也由33.4%上升至36.5%。从成都都市圈来看，成都市的人口和经济比重也持续上升，2000~2020年，成都占成都都市圈的人口比重由45.6%上升至70.6%，GDP比重则由71.3%上升至79.3%（见图5和图6）。

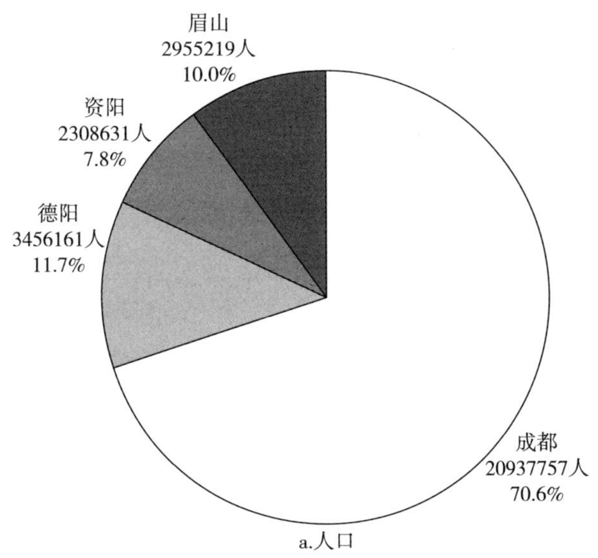

a.人口

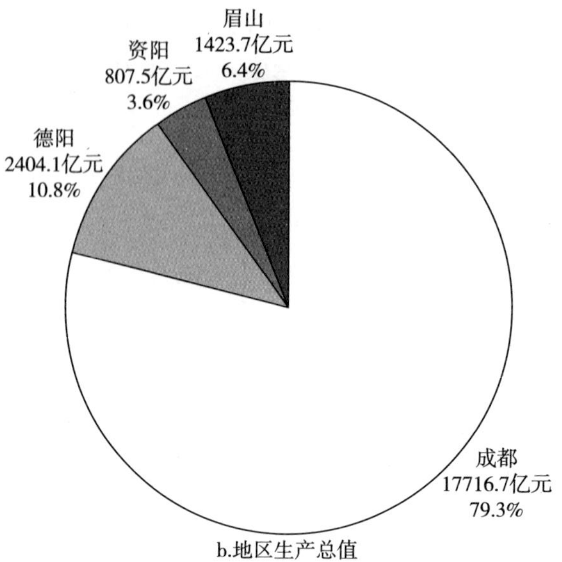

图 4　2020 年成都都市圈人口分布及地区生产总值

资料来源：笔者整理。

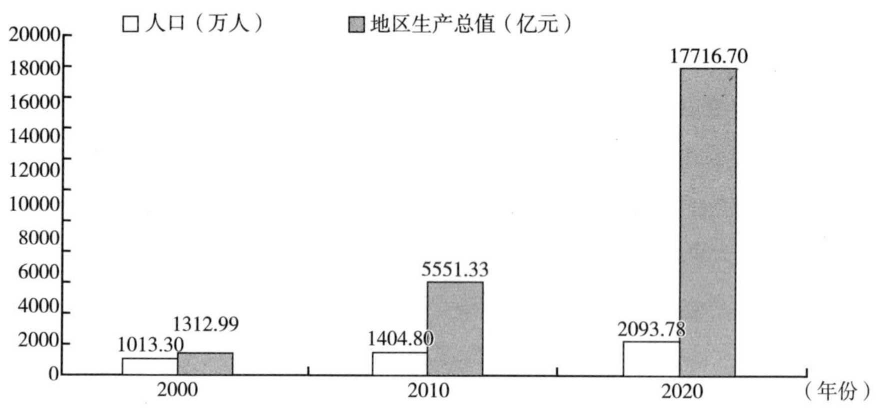

图 5　成都市人口和地区生产总值增长情况

资料来源：笔者整理。

（4）生态文明典范型都市圈

根据发展范式特点，成都都市圈可称为生态文明典范型都市圈。近年来，成都坚持以建设践行新发展理念的公园城市示范区为统领，优化空间格局、重

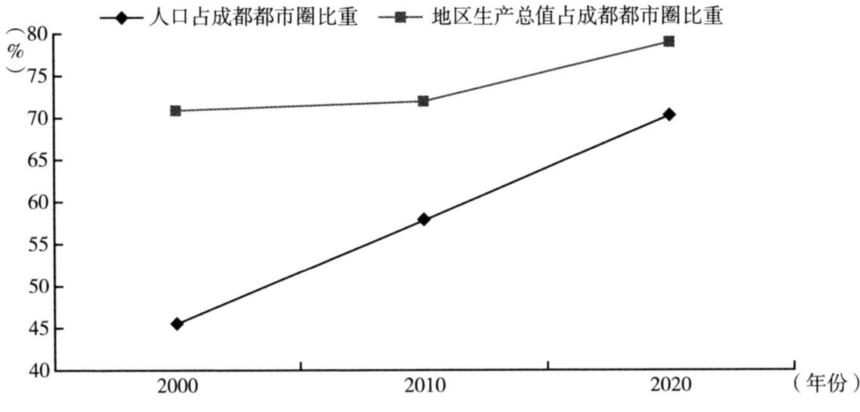

图 6　成都市在成都都市圈中的人口和 GDP 比重

资料来源：笔者整理。

塑经济地理，实施东进南拓西控北改中优差异化协同发展，推动城市空间格局由“两山夹一城”向“一山连两翼”转变。成都都市圈的建设秉持公园城市理念，构建国土空间规划体系，优化空间格局，协同推动空间品质提升，贯彻“景区化、景观化、可进入、可参与”理念，推动山水林田等自然生态资源场景化营造，塑造都市圈生产、生活、生态相宜，产业、居住、商业融合的大都市形态。成都、德阳、眉山、资阳四市正共建龙泉山城市森林公园，实施森林城市群建设工程，加强技术交流、资源整合、信息共享，推动生态共建共享。

（5）人文相亲型都市圈

根据社会人文特点，可将成都都市圈称为人文相亲型都市圈。成德眉资同处四川盆地，同属四川省，同为古蜀文明的重要发源地。成都的金沙遗址与德阳的三星堆、眉山的坛罐山遗址同属一脉，德阳的广汉、什邡曾隶属成都，成都的简阳曾归辖于资阳，四个城市山同脉、水同源、文同根，拥有深厚的历史渊源与人文纽带。

（二）成都都市圈的发展历程

2020 年初，中央财经委员会第六次会议明确提出成渝地区双城经济圈发展战略，习近平总书记把成德眉资同城化发展作为推动成渝地区双城经济圈建设一项重要工作进行部署后，同年 10 月，由中共中央政治局会议审议通过的《成渝地区双城经济圈建设规划纲要》明确要培育现代化都市圈，充分发挥成都的带动作用和德阳、眉山、资阳的比较优势，建设经济发达、生态优良、生活幸福的现代化都市圈。自此，以成德眉资同城化发展为核心的成都都市圈建设，便成为国家战略落地落实的“全局之谋”。

近两年来，成德眉资同城化发展暨成都都市圈建设逐渐步入快车道。2020 年 1 月 16 日，四川省成德眉资同城化推进会议召开，会议作出了把加快成德眉资同城化发展作为推动成渝地区双城经济圈建设的“先手棋”重大决策部署。2020 年 3 月 11 日，四川省推进成德眉资同城化发展领导小组印发《成德眉资同城化发展暨成都都市圈建设三年行动计划（2020～2022 年）》《成德眉资同城化发展暨成都都市圈建设 2020 年重点工作任务》。2021 年 1 月，四川省推动成渝地区双城经济圈建设暨推进区域协同发展领导小组第二次会议提出，要聚力打造区域合作发展新引擎，充分发挥重点区域的优势带动作用，探索建设成德眉资同城化综合试验区，在基础设施同网、公共服务资源共享、政务事项通办、开放门户共建上迈出新步伐。2021 年 2 月 8 日，四川省推进成德眉资同城化发展领导小组办公室印发《成都都市圈规划协同工作机制》，有序推进都市圈系列规划统一编制、统一报批、统一实施，是全国首个统筹跨区域规划的综合性工作机制。2021 年 5 月 28 日，以“开放共享投资未来”为主题的“互通互信共建共享”第五次恳谈会召开。会议发布了《〈2021 年成德眉资同城化发展暨成都都市圈建设十件大事〉任务细化分解方案》、《2021 年成德眉资同城化暨成都都市圈建设重大平台》和《2021 年成德眉资同城化发展暨成都都市圈建设重大项目清单》。2021 年 10 月，《成都都市圈发展规划》获得国家发改委批复（见表 1）。

表 1　成都都市圈发展历程

时间	政策内容
2020 年 1 月 3 日	中央财经委员会第六次会议审议通过《成渝地区双城经济圈建设规划纲要》
2020 年 1 月 16 日	四川省成德眉资同城化推进会议作出了把加快成德眉资同城化发展作为推动成渝地区双城经济圈建设的“先手棋”的重大决策部署

续表

时间	政策内容
2020 年 3 月 11 日	四川省推进成德眉资同城化发展领导小组印发《成德眉资同城化发展暨成都都市圈建设三年行动计划(2020～2022 年)》《成德眉资同城化发展暨成都都市圈建设 2020 年重点工作任务》
2020 年 10 月 16 日	中共中央政治局会议审议通过《成渝地区双城经济圈建设规划纲要》
2021 年 1 月 4 日	四川省推动成渝地区双城经济圈建设暨推进区域协同发展领导小组第二次会议提出探索建设成德眉资同城化综合试验区
2021 年 2 月 8 日	四川省推进成德眉资同城化发展领导小组办公室印发《成都都市圈规划协同工作机制》
2021 年 5 月 28 日	四川省推进成德眉资同城化发展领导小组办公室发布《〈2021 年成德眉资同城化发展暨成都都市圈建设十件大事〉任务细化分解方案》、《2021 年成德眉资同城化暨成都都市圈建设重大平台》和《2021 年成德眉资同城化发展暨成都都市圈建设重大项目清单》
2021 年 10 月	《成都都市圈发展规划》获国家发改委批复

（三）建设成都都市圈的重大意义

1. 我国加快构建“双循环”新发展格局的必然要求

在中华民族伟大复兴的战略全局以及世界百年未有之大变局的发展背景下，我国做出了加快构建以国内大循环为主体、国内国际双循环相互促进的新发展格局的战略抉择。发挥我国超大规模市场优势，为世界各国提供更加广阔的市场机会，依托国内大循环吸引全球商品和资源要素，打造我国新的国际合作和竞争优势是构建新发展格局的关键所在。成都都市圈地处我国西部战略重点发展区，是我国向西、向南开放的重要门户，也是我国中西部地区人口迁移的核心承载区。都市圈联系和辐射我国广大的中西部地区，经济腹地十分广阔，区域市场潜力巨大，有条件成为我国内陆地区最为重要的人口、经济和城镇密集区。推进产业、人口及各类生产要素合理流动和高效集聚，积极拓展市场空间、优化和稳定产业链供应链，建成面向未来、面向世界、具有国际竞争力和区域带动力的成都都市圈，是促进西部地区经济发展与人口、资源、环境相协调的必然要求，是推动西部地区高质量发展的必然要求，是打造带动全国高质量发展的重要增长极和新的动力源的重大举措。

2. 推动成渝地区双城经济圈建设的重要支撑

城市群是新型城镇化主体形态，是支撑全国经济增长、促进区域协调发展、参与国际竞争合作的重要平台。[①] 都市圈是城市群内发展水平和一体化程度最高的区域，是城市群发展的核心引擎。成渝地区双城经济圈建设上升为国家重大战略，前所未有地体现了成渝地区在全国发展版图中的战略地位，围绕成都培育现代化都市圈、带动中心城市周边地市和区县加快发展，并与重庆都市圈相向发展，是加速成渝地区双城经济圈发展的战略举措。德眉资三市地处成都东进的主要方向，也是成渝地区双城经济圈的重要区域，成德眉资四市共建以成都为核心的成都都市圈，在空间上可与重庆呼应、相向发展，进一步深化川渝协作，优化成渝地区双城经济圈协同发展格局；在能级上可聚四市之力，形成与重庆都市圈在经济规模、人口集聚、功能协作等方面相匹配的增长极和动力源。

3. 四川省实施“一干多支”发展战略的关键动力

成都都市圈地处成都平原经济区内圈，是四川全省人口最密集、经济社会最发达的区域。近年来，成都都市圈人口规模和经济规模快速增长，占全省人口和经济的比重快速上升。截至 2020 年底，成都都市圈人口规模达 2965. 8 万人，地区生产总值达 2. 24 万亿元，占全省比重分别达到 35. 4%、46. 0%；人均地区生产总值达 7. 54 万元/人，超过了全国 7. 24 万元/人，高出四川全省平均水平约 30%。推动成德眉资同城发展，有助于提升成都城市能级，做强成都国家中心城市，更好发挥成都辐射带动作用；有助于成都周边城市实现借势发展，逐步建成与成都有机融合、一体发展的现代经济集中发展区；有助于示范带动川南经济区、川东北经济区、攀西经济区发展，推动川西北生态示范区和大小凉山地区更好发挥生态功能。

4. 成德眉资四市突破发展瓶颈实现发展跃升的最佳途径

随着科技飞速发展、产业分工进一步细化以及全球化发展，单个城市独

① 国家发展和改革委员会：《关于培育发展现代化都市圈的指导意见》，2019。

立发展的城市发展模式越来越难以适应当代激烈的竞争。虽然近年来成都的城市能级提升较快，但是整体发展水平离世界一流城市尚有较大差距。一方面，成都的经济总量绝对规模仍然在向突破2万亿元冲刺，另一方面，与同处西南的重庆相比，在经济总量、要素集聚等方面仍然存在一定的差距。在进一步提升城市综合实力、向世界一流城市迈进的过程中，成都面临城市空间承载能力有限、城市功能优势不突出等局限。成都都市圈建设一方面可以使成都突破物理空间范围的限制，将空间的拓展转变为经济承载力的提升；另一方面可通过与德眉资的分工协作强化自身比较优势，通过比较优势的充分发挥提升城市竞争力。对于德眉资三市而言，通过成都都市圈的建设可加快城市发展。经济发展规律表明，中心城市对周边区域的影响将经历以集聚效应为主再到集聚效应和扩散效应并重的发展过程。根据前文分析可知，成都的集聚效应将进一步加强。成都都市圈建设可加速成都扩散效应的发挥，进而使德眉资三市由被“虹吸”转变为与成都共同发展。以成德眉资同城化为路径的成都都市圈建设，通过交通互通互联、产业分工协作、公共服务共享、功能平台互相开放、生态环境联防共治等手段和措施，将成都的集聚效应放大至整个都市圈，使德眉资在功能上与成都融为一体，让各类要素在德眉资获得与在成都相似的收益，真正发挥德眉资的比较优势，实现城市发展的质的跃升。

二　都市圈建设成效与面临的挑战

自2018年9月四川省委书记彭清华同志提出并部署成德眉资同城化发展以来，按照习近平总书记在中央财经委员会第六次会议上关于推动成渝地区双城经济圈建设的重要讲话精神以及四川省“一干多支”发展战略规划，在省委省政府的坚定领导、省推进成德眉资同城化发展领导小组及办公室的统筹协调下，成都都市圈在国土空间布局、基础设施同城同网、创新驱动发展、产业生态圈跨区共建、开放合作水平提升、公共服务共建共享、生态环境共保共治以及体制机制改革创新等方面取得了重大进展与瞩目成效。同时也面临新的挑战，如何构建更加顺畅高效的协作发展体制机制是在未来工作中需要不断思考的问题。

（一）进展与成效

1. 秉承公园城市理念，全时空多维度一体化的都市圈发展布局初步构建

在四川省推进成德眉资同城化发展领导小组统一部署、四川省推进成德眉资同城化发展领导小组办公室及省直部门有力指导下，成都都市圈已构建起以都市圈发展规划为统领、国土空间规划为基础、各类专项规划和毗邻地区区域规划为支撑的“1+1+N”规划体系。其中，《成都都市圈国土空间规划》由成都市规划和自然资源局牵头与德眉资三市规划主管部门共同组织编制，目前已相继通过专家审查、成德眉资四市规委会审查和省推进成德眉资同城化发展领导小组第三次会议审议。

成都都市圈在国土空间布局规划中提出以公园城市理念引领成都都市圈建设，共同塑造以绿色岷江、人文锦江、生态沱江为主体“织锦”全域的“绿道蓝网”体系，共同建设两级生境廊道、划定一级城市通风廊道，共同构建城绿交融的大美城市形态和簇团有序、蜀韵鲜明、林盘棋布的镇村风貌，共建“青山绿道蓝网”与“大城小镇美村”有机集成、和谐优美又集约紧凑的都市圈公园城市空间形态；努力构建全时空多维度一体化的都市圈发展布局，既在城市功能、生态体系、产业布局等多系统规划上全面统筹，也以“经济区模式”谋划空间治理，对八大功能分区提出差异化空间发展指引，还将“三区三带”作为同城化先行突破重点区域，并对都市圈两大类五小类邻接地区进行国土空间精细化管控与引导。在《成都都市圈国土空间规划》的指引下，成都都市圈已在基础设施同城通网、协同创新驱动发展、现代产业生态圈、协同开放、公共服务便利共享等方面取得重要进展。

2. 聚焦交通设施连接贯通，“同城同网”的都市圈基础设施建设加速进行

成都都市圈聚焦“外建大通道、内建大网络、共建大枢纽”，加快建设国际门户枢纽、构建都市圈立体交通体系、统筹市政设施规划建设、加强都市圈水资源保障，以交通设施连接性、贯通性提升为重点，在健全沟通协调机制、建设交通设施“同城同网”、推进重点及重大水利工程等方面取得阶段性成效。

沟通协调机制基本建立。成德眉资建立了市领导联席会议机制，四市领导多次进行交流座谈、协商合作；成立成德眉资综合交通“同城同网”专项合作组，由成都市交通运输局与成都市住房和城乡建设局共同担任组长单位，德眉资三市交通运输局、德资两市发展和改革委员会担任副组长单位，四市相关部门及区（市）县政府为成员单位，并印发《成德眉资综合交通“同城同网”专项合作组工作规则》和《成德眉资综合交通“同城同网”实施细则》；四市共同研究制定交通同城化重大项目清单，明确建设标准、建设时序，建立工作台账；四市全面深化水资源保障专项合作，形成专项合作组，四市水务（利）部门加强沟通对接，坚持“一张底图、一套标准、一套制度”，建成启用成德眉资河长制 E 平台，加快成德眉资河长制同城 E 体化系统水系基础信息采集，推动复杂跨地域问题流转等业务功能上线运行，全面深化水资源保护与调度、河湖水生态联合治理等方面的密切合作。

同城同网规划基本完善。四市共同编制完成《成德眉资打通同城化城际“断头路”行动计划（2020～2021 年）》《成德眉资同城化暨成都都市圈交通基础设施互联互通三年实施方案（2020～2022 年）》等方案，后者已由四川省推进成德眉资同城化发展领导小组印发实施；共同配合完成《成德眉资同城化综合交通发展专项规划（2020～2025 年）》《成都都市圈（成德眉资同城化）发展规划（2020～2025 年）》《成德眉资“三区三带”空间规划》等规划编制工作。

交通设施同城同网建设成效显著。一是致力于打造国际门户枢纽，建成了成都天府国际机场，该机场是“十三五”期间建设的全国最大的民用机场，该机场的建成标志着成都双流国际机场和成都天府国际机场正加快成为四市共享共用的国际航空枢纽。二是交通基础设施项目有力推进，成自宜高铁、成达万高铁加快建设，成渝中线高速铁路可行性研究报告获批，川藏铁路引入成都枢纽线（朝阳湖至天府站）可行性研究报告已经国铁集团董事会审议通过，成渝铁路成隆段扩能改造、成都都市圈环线铁路、成眉市域铁路 S5 线正加快推进项目前期工作；天府国际机场高速南线、成都经济区环线高速公路德阳至都江堰段正抓紧收尾，天邛高速公路及成南、成乐、成绵高速公路扩容等 4 个项目正加快建设，天眉乐高速已完成投资人招商，邛雅、成汶、成渝扩容等高速公路加快推进前期工作；成资快速路（简阳新建段）、金简黄快速路（一期及北延线）计划 2021 年底建成，彭广青淮、成简等快速路正加快推进前期工作；S103 剑南岷东大道双流段改造、广大路、养资路、螺简路、S422 金旌路等 5 条城际断头路已于 2020 年打通，彭什沿山路、万罗路、放高路、云大路、S401 蒲丹路、积淮路、三岔湖环湖路等城际断头路正加快建设。三是公共交通服务同城化成效显著，《成灌成彭高铁公交化运营合作协议》续签；铁路公交化运营服务水平进一步提升，成都至德眉资日发动车 107 对，日均到发旅客 2.3 万人次，成德与成资间最短发车间隔仅 5 分钟，成眉发车间隔缩短至 12 分钟；成都兴隆至眉山视高、青白江至广汉、新都至广汉、彭山至黄龙溪、彭山至新津（地铁 10 号线）新平站等 10 条城际公交线路陆续开通，日均客流量 2.2 万人次；成都、德阳、眉山、资阳实现公共交通“一卡通”互通。

重点及重大水利工程建设稳步推进。一是一批重点水利工程建设持续推进。李家岩水库工程的主体工程已于 2018 年底动工建设；张家岩水库直接引水至老鹰水库管道工程的主体工程已动工建设、出水口主体工程建设已完成；毗河供水二期工程已先后完成《建设方案研究专题报告》《都江堰供水区水资源配置专题》《毗河供水二期工程规模及总布置专题报告》《毗河供水二期工程建设征地实物调查细则及工作方案》等多项报告或方案，并纳入 2020 ~ 2022 年全国重点推进 150 项重大水利工程建设项目。二是一批重大水利工程项目建设取得阶段性成果。引大济岷工程的计划供水区涉及成德眉资及绵阳、遂宁、内江等 7 市 39 县（市、区），目前工程规模和总布置专题报告正加快编制；长征渠引水工程的设计灌溉面积约 1140 万亩、供水人口约 1800 万人，目前规划报告正在编制中；团结水利枢纽工程主要功能是“流域防洪、区域供水、全域调峰”，水利厅已出具可行性研究报告正式审查意见。三是三坝水库旨在实现城乡供水、防洪为主，兼顾灌溉、发电等综合利用，可行性研究报告已于2020年12月通过水规总院复审；高景关水库具有防洪、生态供水及农业灌溉等综合效益，水资源配置规划和三个专题报告已送水利厅；通江水库建成后可作为中江县城和德阳凯州新城的主要供水水源，已完成项目建议书批复。

3. 围绕科创中心战略部署，都市圈创新驱动发展水平不断提升

成都都市圈在科创中心建设战略规划部署、高水平重大创新平台建设、成德眉资协同创新中心建设运营、创新创业生态优化、科技体制改革创新等方面持续推进，取得重要进展。

科技创新战略引领和部署得以强化。围绕建设具有全国影响力科技创新中心的目标定位，成都都市圈加快构建“国家科创中心—西部（成都）科学城—综合性国家科学中心—天府实验室”四级协同创新和动力承载体系，推进西部（成都）科学城“一核四区”布局建设，编制发布《西部（成都）科学城战略规划》。

高水平重大创新平台建设协同推进。一是积极创建包括11个科技创新基地、15个科技创新平台、41个科研机构在内的综合性科学中心；天府实验室、天府兴隆湖实验室挂牌运行；西部地区首个国家超算中心“成都超算中心”建成；高能级平台、实验室、中心的建成，有望满足成都都市圈乃至更广泛区域内高校、研究所、企业等的创新研究需求，为同城化区域高质量发展提供技术支撑。二是高校院所、龙头企业、投资机构等多方协同共建轨道交通、大数据、精准医疗相关新兴产业技术研究院10余家、产学研联合实验室及工程技术研究中心266家；国家川藏铁路技术创新中心、中国工程科技发展战略四川研究院已落地建设。三是由成都市科技局建设运营的“科创通”创新创业服务平台，已在德阳开设子平台；建成国家技术转移西南中心及资阳分中心的功能型服务平台。

成德眉资协同创新中心建设运营协同推进。成资协同创新中心已建成投运，正式挂牌国家技术转移（西南）中心资阳分中心，并辅导两户企业认定国家高新技术企业。成德、成眉协同创新中心正在商议过程中。

创新创业生态协同优化。持续开展“创业天府·菁蓉汇+训练营、创享会、创业大赛”双创系列活动，形成“北有中关村、南有深圳湾、东有长阳谷、西有菁蓉汇”的全国双创版图，“实施‘创业天府’行动计划，打造‘双创’升级版”典型经验做法获国务院大督查通报表扬。深化成德绵国家科技成果转移转化示范区建设，签署实施《成德眉资同城化科技协同创新合作协议》，探索构建创新资源共享、平台共建、政策共通、人才共用的成都都市圈区域一体化创新机制。

深化科技体制改革创新，推进职务科技成果所有权或长期使用权改革。职务科技成果“先确权，后转化”成都模式的经验做法获得国务院办公厅通报表扬，被国务院纳入第二批全面创新改革经验推广到8个全面创新改革试验区。四川大学、西南交大、成都理工、成都中医药大学四所高校成功入围全国“赋予科研人员职务科技成果所有权或长期使用权试点”。

4. 三次产业共同发力，错位分工协同的区域现代产业体系基本构建

成都都市圈产业协同全面贯彻“一干多支、五区协同”发展战略，扎实推动成德眉资产业协同发展，跨区域共建具有国际竞争力的产业生态圈，在完善顶层设计、共促制造业高质量发展、构建都市圈现代服务业体系、共建都市圈现代高效特色农业示范区等方面取得显著成效。

规划引领作用发挥充分。成都都市圈内三次产业相关合作组、四市各部门，均坚持规划先行，建立四市“政府部门—社会组织—企业”三级产业协作推进机制；共同编制《成德眉资同城化暨成都都市圈产业协同发展三年实施方案（2020～2022年）》，形成任务清单，保证责任明确落实、任务有效推进；积极协同筹备龙泉山东侧现代产业带规划编制；共同编制并于2021年8月底经省委农村工作领导小组印发《成德眉资都市现代高效特色农业示范区总体规划（2021～2025年）》，以现代农业园区建设为重点推进都市圈农业农村现代化；共同编制出台《现代金融协调发展与风险协同防控专项合作组工作规则》《现代金融协调发展与风险协同防控专项合作组实施细则》等办法，促进都市圈金融资源优化配置、增强都市圈金融服务实体经济能力；初步编制完成《成都市推动成渝地区双城经济圈建设西部金融中心建设专项行动计划》。

错位分工协同共促制造业高质量发展。一是四川省经济和信息化厅于2020年8月印发《成德眉资制造业同城化发展引导目录（2020～2022年)》，加快推进四市制造业协同发展。二是四市积极探索“研发+转化、总部+基地、终端产品+协作配套”等产业互动模式。德阳与成都签订《中国大车都成德配套产业园合作协议》，发展汽车零部件配套产业；德阳的东汽、东电、国机重装“三大厂”则有超过500户成都供应商；资阳的汽车零部件企业、中车资阳机车厂等也与成都总装车企、成都地铁等开展细分产品配套合作。三是四市协同建设先进制造业等产业集群。成德高端能源装备产业集群参加工信部2020年先进制造业集群竞赛，独揽全国能源装备分包集群第一位，最终在决赛中胜出，成为全国仅有的25个先进制造业集群之一。四是四市共建跨区域产业生态圈。成德眉资共建汽车产业生态圈，共同打造中国西部重要的汽车产业集群；推动东电等头部企业引领成都都市圈构建配套衔接、要素共享的协同产业生态圈。五是广泛加强产业协作和平台建设。成德眉资协同组织召开各类各级别产品推介会，促进都市圈内企业合作共同推进国内国际对接合作；打造覆盖全球、精准对接的全天候服务平台。

构建都市圈现代服务业体系。一是西部金融中心加快建设。持续推动“交子之星”跨区域投融资对接。积极为德眉资企业开展上市培训辅导，至2021年6月，三市共有8家上市企业、12家新三板挂牌企业、907家天府（四川）联合股权交易中心挂牌企业。提速交子金融“5+2”综合服务平台同城化拓展，“盈创动力”资阳平台、“科创通”德阳平台分别于2021年2月、7月上线运行；“农贷通”平台与德阳、“创富天府”平台与资阳已分别签订战略合作协议；“银政通”平台被国务院纳入自由贸易区第六批改革试点经验在全国进行复制推广，并于2021年上半年通过合作协议向德眉资三市进行复制推广。二是多元融合的消费业态逐步形成。共筑产业生态，促进差异化互补发展。成都新消费产业生态圈联盟举办对接会；成德眉资推进老字号数字流量基地共建、同步联动开展“天府名菜”

活动。

都市圈现代高效特色农业示范区共建机制形成。一是四市协同打造农业特色优势产业。四市共同梳理，2021 年 2 月以农业农村厅名义发布了《成德眉资都市现代高效特色农业优势产业目录》。成都会同德阳起草《成德临港经济产业协作带建设方案（2021～2025 年）推进农业产业园区协同建设任务实施内容》，推进成德区域农业农村同城发展。二是四市积极探索毗邻地区农业合作园区建设。彭什川芎现代农业产业园探索毗邻地区行政区与经济区适度分离，联片种植面积达 10 万亩，辐射带动面积超 20 万亩，全国市场占有率超 75%，创造就业岗位约 1500 个。蒲丹晚熟柑橘现代农业产业园，蒲江与丹棱两县已签订合作协议。金堂县中江县成渝现代高效特色农业带合作示范区建设稳步推进。园区实施方案已得到省农业农村厅批复，获农业农村厅 2021 年度成渝现代高效特色农业带合作园区试点项目支持。三是协同构建区域重要农产品的高质量供应链。着力构建“从田间到舌尖”全流程、全体系协同的高质量供应链及全程数字化信息平台；四市于 2021 年 7 月共同签署粮食生猪蔬菜区域生产保供合作协议；国有企业成都益民集团与德眉资三市在菜篮子基地建设、区域农产品公共品牌建设、农业金融服务等多领域开展合作，积极参与农业农村同城化发展。

5. 发挥核心引擎作用，都市圈协同合作开放水平全面提升

依据四川省委省政府部署，成都自贸试验区拟建设成为“‘一干多支、五区协同’区域协调发展的核心引擎”、“‘四向拓展、全域开放’立体全面开放的最高平台”和“引领四川高质量发展的中坚力量”。

成都自贸试验区建设取得显著成效。一是改革试验任务基本完成。下一步将推动实现全域自贸。二是区域扩权赋能加速推进。截至 2021 年 7 月底，自贸全域实现新增外商投资企业 1448 户、外商投资 1706 亿元。三是开放政策平台相继落地。144 小时过境免签、境内外飞机发动机保税维修、综保区内企业获准增值税一般纳税人资格、汽车整车进口三年保税仓储、外资企业增值电信相关业务经营许可、市场采购贸易方式试点、“安智贸”试点等国家级政策落地实施；成都国际铁路港综合保税区、开展二手车出口试点城市、国家数字服务出口基地等国家级平台获批设立；成都国际铁路港获批国家级经济开发区。四是加快融入成渝地区双城经济圈。与万州港、重庆国际物流枢纽园签订战略合作协议；梳理形成《成渝自贸试验区拟共同争取协同开放重大政策清单》；签署《重庆高新区成都高新区“双区联动”共建具有全国影响力的科技创新中心战略合作协议》《推动临空经济协同发展合作协议》等十余项合作协议。

成都自贸试验区协同发展取得阶段性进展。一是加大协同改革。青白江国际铁路港采取“进出口贸易在港区，生产基地在市州”的产业合作模式，常态化保障眉山、德阳等市州及部分区县重点企业发送需求。推进地市州“亚蓉欧基地”合作，创新“班列 + 园区”“班列 + 产业”合作模式；与德阳合作设立“成都中欧班列德阳基地”，共开国际班列。二是协同提升国际通道能级。德阳 · 成都双流国际机场候机楼是四川省首个城市候机楼，提供及时准确的航班信息和一站式便捷运输服务，构建空地联运网络体系，打造都市圈民航服务示范窗口。与德阳物流港联动合作，探索推进“铁路 +”多式联运“一单制”，创新应用陆路运输单证“物权化”，持续优化提升国际出口通道能力，提高贸易通关便利化水平。

6. 聚焦教育医疗健康社保，便利共享都市圈公共服务水平不断提高

在成都都市圈建设过程中，成德眉资四市公共服务部门务实推进教育、医疗健康、社会保障、文化体育等方面同城化发展，取得切实成效。

都市圈教育资源共建共享稳步推进。一是《成德眉资同城化公共服务规划》于 2021 年 9 月 27 日印发。二是教育统筹协调机制不断完善。四市教育行政部门协同成立成德眉资同城化教育专项合作组，印发《成德眉资教育同城专项合作组工作规则》《成德眉资教育同城专项合作组实施细则》。三是学校结对交流合作。成都市积极推动都市圈内校联体建设，截至 2021 年第三季度，成都与德眉资现有结对共建学校 228 对。四是都市圈内教师交流培训。四市共同开展针对教师的各学科教研活动研修培训及针对初任校长的跟岗学习培训，累计超过 13000 人次。五是共营职业教育联盟。举办职教联盟成果展，发布《成德眉资雅乐阿职教联盟章程》。六是共建数字教育、研学基地、监测评价、国际交流、教育生态五大共享共育平台。七是共推毗邻地区教育提质跃升。简阳—雁江、蒲江—丹棱、新津—彭山等毗邻交接地带开展结对共建、产教融合、校际交流等合作。

都市圈医疗健康同城合作不断深入。一是完善四市相关部门协作机制。《成德眉资医疗保障同城化发展暨成都都市圈建设战略合作备忘录》以及该框架下的《成德眉资医疗保障基金监管同城化合作协议》《成德眉资同城化“金青新广中”医疗保障事业协同发展战略合作协议》相继签署。四市卫健委于2020年7月印发《成德眉资医疗健康同城专项合作联席会议制度》，坚持每季度至少召开1次联席会议，确立及时高效的协调机制。二是夯实信息化基础，取得异地就医联网结算阶段性成效。截至2021年6月底，开通异地就医联网结算的定点医疗机构和药店数量，成都、德阳、眉山、资阳分别达到4498家和10069家、639家和1499家、486家和1089家、382家和949家。其中，成都市开通异地就医联网结算的定点医药机构总量已达全国城市首位，为成德眉资异地就医联网结算夯实了物质基础。三是医保服务同城化水平持续提升。已实现25家三甲医疗机构的74项医学检查检验结果互认、德眉资已实现都市圈职工基本医疗保险转移接续和缴费年限累计互认。四是紧扣新冠肺炎疫情联防联控要求，持续加强公共卫生交流合作。四市合作，积极提升疾病联防联控能力、健全结核病防控协同机制、提升卫生应急综合能力、推进精神卫生和妇幼健康技术交流。

都市圈社会保障强化服务对接。《成德眉资社保公共服务同城化发展合作协议》于2020年签署，在此合作框架下，依靠国家社会保险公共服务平台、打造成都市社会保险网上经办系统和天府市民云手机App等网络系统，四市社保实现了养老保险关系转移“零跑路”、待遇领取资格认证“就近认”、工伤认定委托调查和劳动能力鉴定互认、社会保险欺诈异地协查、社会保障卡服务“同城化无差别受理”、社会保障卡率先实现文化体验“同城待遇”等六项重要惠民进展。截至2021年6月末，成都办理德眉资三地企业职工基本养老保险关系转移共计3.95万人次，帮助德眉资三地办理待遇领取资格认证 11.52 万人次。为德眉资三地提供社会保障卡异地激活、卡归属地转移、挂失与解挂、密码修改与重置等服务累计 180.25 万笔；签订《成德眉资人社事业同城化发展工伤保险工作合作协议》；实现全省社会保障卡、电子社保卡在成都市公共图书馆及分馆免注册借阅图书，成德眉资通借通还等九大功能。

都市圈文化体育事业合作起步。四市基本建立了文旅资源跨市交流机制。成都与资阳、德阳建立文化天府云平台互联。开展“成渝德眉资”文旅交流活动。四市与重庆开展“雪山下的公园城市”云路演活动。在线监测公共文化服务机构的“文旅 e 管家平台”已向都市圈全域开放。

7. 加强生态文明建设，都市圈生态环境联防共治加快推进

围绕国家成渝地区双城经济圈建设的重要战略部署、四川省委“一干多支、五区协同”发展战略精神，紧扣生态环境同城化治理和高水平保护，成德眉资四市积极构建成都都市圈生态环境同城化发展新格局，取得重要进展。

系列重要规划和方案编制或出台。一是成都市生态环境局牵头编制的《成德眉资同城化生态环境保护规划》于 2021 年 8 月 24 日印发。二是出台《成德眉资同城化暨成都都市圈生态环保联防联控联治实施方案》。三是编制《成德眉资大气污染防控科技攻关方案（2020～2022）》。

联防共治合作机制初步建立。一是共同研究制定高效运行的三级联动协调架构工作机制，联合印发专项合作组工作规则及实施细则文件。二是协同开展大气污染联防联控。制定大气联合预报预警工作细则；合力加强机动车检验机构管理，合作草拟相关工作规则和实施方案；四市积极编制大气污染防治条例。三是协同开展跨流域污染联合防治。四市及周边相关市（州）在岷沱江、嘉陵江等流域生态整治方面通力协作，实现岷沱江水质数据共享，签订相关生态补偿协议并已实际补偿，通过《四川省都江堰灌区毗河供水工程退水区水污染防治规划》推进相关水域环保工作，签订《老鹰水库饮用水水源保护联防联控机制合作协议》。截至 2021 年上半年，沱江干流、沱江支流阳化河在成、资的水质均优于上年同期。四是共推生态走廊建设。正式成立大熊猫国家公园成都、眉山管理分局，共建大熊猫国家公园；推进重点流域与重点湖库生态廊道建设。五是联合开展突发环境事件处置与应急演练，提升应急处置水平。六是强化跨界地域环境污染联合执法行动。成德眉资及雅安联合对 2020～2021 年冬季大气污染实行联动执法。

8. 聚焦关键环节，体制机制改革创新成效初显

成都都市圈建设在体制机制改革创新方面持续发力，形成了特色鲜明、成效显著的体制机制安排。

多级联动协调机制基本构建。成都都市圈发展建设，总体是在四川省委省政府领导下，在成都平原经济区联席会议框架下推进。省委成立四川省推进成德眉资同城化发展领导小组，代表四川省委省政府行使统筹协调职能，由成都市委主要负责同志牵头，并在成都设立领导小组办事机构“四川省推进成德眉资同城化发展领导小组办公室”、其他 3 市派员参加携手推动相关工作。四市成立相关同城化办公室或工作局，专门负责同城化相关工作。成都都市圈由此建立起省委省政府—成都平原经济区联席会议—四川省推进成德眉资同城化发展领导小组—四川省推进成德眉资同城化发展领导小组办公室—各市同城化办公室（工作局）的五级联动协调机制。

“1＋1＋N”规划体系业已形成。在上述多层级联动协调机制基础上，同城化办公室实现“常态化运作、实体化运行”，初步构建起以成都都市圈发展规划为统领、国土空间规划为基础、各类专项规划和毗邻地区区域规划为支撑的成都都市圈“1＋1＋N”规划体系。

重大关键领域取得突破。在四川省委的战略部署下，成德眉资同城化发展过程中，突出重大关键领域，切实抓好具有支撑性引领性的重点任务。都市圈国土空间规划布局、基础设施同城通网建设、创新驱动、产业生态圈、开放合作、公共服务、生态环境、体制机制改革等八个领域被列为当前成都都市圈建设的重点领域。并由四市各部门综合成立十余个专项合作组，以便协同推进各领域同城化工作。

重点重大任务逐步逐项推进。面对头绪繁多、涉及广泛的现实，成都都市圈建设过程中不仅确立重点领域，更将每个领域每年的重点重大任务列成清单，保证责任落实、逐步逐项有序推进，有利于关键领域建设的落地、推进及取得成效。

（二）问题与挑战

在国家“成渝地区双城经济圈”和四川省“一干多支”重要战略思想的指引下，在四川省委省政府、同城化发展领导小组的领导下，成德眉资四市协同奋进、攻坚克难、共建成都都市圈，已实现良好开局，并取得诸多突破性进展。但随着都市圈建设的不断推进，仍然存在一些影响同城化深入发展的制约与挑战。

1. 对标发达都市圈差距明显

2019 年成都都市圈经济总量、人均 GDP 分别是东京都市圈的 15. 8% 、31. 14% ，上海都市圈的 20% 、55. 4% ，南京都市圈的 56. 7% 、77. 5% 。成都本土仅有新希望控股集团一家世界 500 强企业（《财富》2021 年榜单），而北京、上海、深圳、杭州和广州分别有 56 家、10 家、8 家、6 家和 6 家。截至 2021 年第二季度，成都都市圈有 A 股上市企业 95 家，仅为上海都市圈和深圳都市圈的 13% 和 27% ；主要农产品价格高于北京、上海等地。此外，还存在 PM2. 5 浓度偏高、臭氧超标等问题。

2. 都市圈内县域经济发展水平较低

国内外都市圈建设经验表明，县域是都市圈和城市群高水平一体化的重要支点。截至 2020 年底，成都都市圈共有 18 个县市（其中，成都 8 个，德阳 4 个，眉山 4 个，资阳 2 个），县域人口和地区生产总值占都市圈的比重分别为 36. 2% 和 26. 1% ，县域人均地区生产总值仅为 5. 44 万元，远低于都市圈 7. 54 万元的平均水平。根据《2021 中国县域高质量发展报告》，成都都市圈尚无一个县域入围全国高质量发展百强；18 个县域中，2 个属于中等偏上发展水平县域，10 个属于中等偏下发展水平县域，5 个属于低发展水平县域，1 个属于超低发展水平县域。县域经济总量较大的彭州市、金堂县和仁寿县，2020 年 GDP 规模分别为 507 亿元、469 亿元和 457 亿元；而经济总量最低的青神县、丹棱县，GDP 规模均不足百亿元。县域经济不发达，使得中心城区与周边地区发展落差过大，不利于城乡建设、公共服务、社会治理等方面接轨。

3. 体制机制创新突破不够

一是在激励政策制定和落地方面，凭借国家中心城市和财力物力的优势，成都的政策标准普遍高于德眉资。如蒲江和丹棱在建设现代农业融合发展示范区过程中，眉山的丹棱就无法享受与成都的蒲江同样的土地保障政策。二是在部分跨区域协作中，四市在执法标准等方面存在差异。如成都和资阳在生态联防联治过程中，对老鹰水库的环保执法标准并未完全统一。三是在产业、公共服务等部分重点领域的协同发展中，统筹协同机制力度不足。如部分高关联度产业尚未实现合理分工和协同发展；医保等基本公共服务在四市间的标准化建设有待突破。此外，在跨区协同争取更多国家和省级层面政策支持方面需继续加强。

4. 产业布局协同水平不高

第一，成都都市圈在一产、二产以及生产性服务业方面的空间集聚过高。例如成都在计算机通信和其他电子设备、文教体育用品、石油加工炼焦及核燃料等三大产业上的空间集聚程度最高，产值占比均在 75% 以上，其中计算机通信和其他电子设备占比超过 88%。第二，德眉资三市，特别是德眉二市的产业结构相似度高，且德眉间产业相似度呈持续升高态势。此外，部分毗邻地区的产业协作布局未被充分考虑，如成都淮州新城产业布局中未与毗邻的德阳凯州新城做好有效衔接。

5. 协同开放水平差距较大

作为西部内陆都市圈，成都都市圈虽有双国际机场和蓉欧高铁加持，但受限于自然地理条件、基础设施和市场化建设较滞后等先天性障碍，其整体的协同开放水平仍需努力提升，而类似可借鉴的经验案例较少。此外，四市的协同开放体制规则建设步调存在差异，一些监管机构仅成都设立，对政策统一和执行落实形成限制；四市总体的投资贸易自由便利程度较低，且德眉资与成都之间落差较大；服务贸易和金融开放等的发展水平有限；国家层面对重大开放平台建设的政策支持还需要继续积极争取。

6. 公共服务整体覆盖面不充分

第一，受限于经济发展水平差异，德眉资三市与成都在公共服务资源质量和数量以及公共服务水平上均存在明显差距。例如2019年成都拥有的各类学校总数超过都市圈的60%；尽管人均医疗资源相对均衡，但优质医疗资源主要集中在成都；文化资源和养老机构等也主要分布在成都。第二，因人口、经济等因素，成都与德眉资三市在公共服务方面面临的需求与挑战明显不同，这对四市公共服务同城化发展提出了更高要求。此外，四市在公共服务相关领域数据共享、信息系统一体化建设，以及数据信息共建共享互联互通机制方面还需持续完善。

三　国内外都市圈建设先进经验与借鉴

成都都市圈位于“一带一路”和长江经济带的重要交汇点，未来的发展将活跃于国际城市群舞台和担当内陆型开放经济高地的都市圈示范。探索成都都市圈的建设和发展，既要学习居于世界十大都市圈之列的发达型都市圈（如东京都市圈、长三角城市群、粤港澳大湾区等）的建设经验，更要结合成都内陆型都市圈的特色，参考借鉴同类型的都市圈建设经验（如孟菲斯都市圈、兰斯塔德都市圈等），选择具有鲜明“区位特色”和“时代特色”的成都都市圈发展模式。

（一）国际都市圈建设经验

经过长期的发展和实践，国外的都市圈发展已积累了大量可供借鉴的建设经验，学习借鉴国外都市圈建设过程中的建设经验，对于建设成都都市圈和提升成都都市圈国际影响力，具有非常重要的现实意义。

1. 以空间规划体系为基础

制定完备的都市圈空间规划，是都市圈协调发展壮大的基础。国际上发达的都市圈都非常重视空间规划体系的制定，以东京都市圈（又称首都圈）

为例，日本政府依托五次全国综合开发规划，分阶段进行都市圈规划与设计。日本在首都圈的规划中，根据全国综合开发规划提出的要求，提出了打造区域多中心结构的方案，构建多中心城市，并设置绿色地块防止城市建设不断扩张的趋势，于绿色地块外围培育卫星城市，缓解东京压力，分散首都承担的功能与职责。在第四次都市圈规划中，规划部门在此基础上提出将东京一级结构升级为多级多圈层结构，使功能与产业重新配置，大规模建设环状交通基础设施，培育了一批自主性较高的城市。在第五次都市圈规划中，全面建设结构有序、功能互补、多核多圈的城市网络结构。当前，东京都市圈新干线交通网络建设已经基本完成，中心、副中心的多中心城市空间结构形成，使得以往的单中心结构彻底改变，都市圈其他城市的产业与经济等方面大幅降低了对东京的依赖程度，各个城市分工明确，根据自身的地区特点承担不同的职能，平衡了经济发展与营造舒适生活空间之间的矛盾，体现了总体集聚与联动效应。

2. 以“极核引领”和“多心多核”模式为特点

“极核引领”是都市圈发展的推动力，也是国际发达型都市圈制定发展政策的重要导向。东京都市圈的繁荣正是在以东京为核心引领下，实现都市圈城市协同发展。东京是集金融、商业等功能于一体的东京都市圈核心城市，都市圈其他城市产业结构与资源禀赋各不相同，存在较大差异，都市圈内部的优势产业是各个城市进行合作的前提与基础。

多中心均衡发展是国际大型都市圈发展的另一重要特点。在世界主要都市圈均面临交通拥堵、人口急剧增长、土地资源紧缺等城市病时，在区域发展与都市圈规划中，“多中心”这一概念逐渐成为特大城市在空间协调、均衡发展中的重要理论工具。以兰斯塔德都市圈为例，兰斯塔德都市圈位于荷兰西部，包括阿姆斯特丹、鹿特丹、海牙、乌得勒支四个核心城市，跨越北荷兰、南荷兰、弗莱福兰、乌得勒支四省。兰斯塔德都市圈作为荷兰重要的经济区与人口聚集区，以荷兰 25% 的土地面积与近半数的人口创造了荷兰五成的 GDP。兰斯塔德都市圈多中心城市空间结构与产业区域合作是这一概念的典型代表。

3. 以配套机制建设为保障

都市圈的发展离不开完善的配套机制建设，加强国家层面或地方层面的立法，可以保障都市圈发展政策的有效实施。注重法律建设和制度保障是首尔都市圈、伦敦都市圈等发达型都市圈建设发展的主要特点。首尔都市圈包括首尔特别市、仁川广域市和京畿道，土地总面积占韩国国土面积的11.8%，人口占韩国总人口的近一半。韩国中央政府为促进首尔都市圈的发展采取了一系列政策和措施，包括区域规划和绿化带建设、分散城市职能、新城建设、新村促进运动、区域协调政策等。这些规划和政策的最终目的都是分散都市圈内部经济活动，减少人口流入首尔，同时促进首尔都市圈其他城市迅速发展。

（二）国内都市圈建设经验

我国都市圈的建设和发展具有重要的战略地位，探索国内都市圈发展的成功经验，可为成都都市圈的进一步发展提供参考借鉴。

1. 以“一体化”为导向，促进都市圈内区域常态化合作

通过都市圈内不同行政区域、不同层级的政府间相互协作，形成行政、市场、公共服务、金融等领域一体化发展。以上海都市圈为例，该区域内建立“三级运作”政府合作机制，探索高效决策—协调—执行的组织架构。在长期的一体化过程中，上海、江苏、浙江和安徽形成了“三级运作、充分结合、务实高效”合作协调机制，以联席会议为主要形式审议决策关系区域发展的重大事项，实现在行政上的一体化要求。

在行政一体化的基础上，城市间建立一体化市场，优化行政边界审批流程、统一异地市场准入制度与考核标准，打破内部市场管理的行政壁垒，提高市场合作对接效率。开展一体化产权交易平台、大数据中心等信息共享平台，依托“互联网＋”现代科技手段促进信息要素在区域市场中的流通。

2. 以产业协同为目标，构建创新的制度环境

中国的各大都市圈将协同创新作为提升整体竞争力的重要抓手。通过构建市场导向的科技成果转移转化制度、创新动力的收益分配制度等一系列制度环境，建设创新协同机制和创新创业环境。

以上海都市圈、广佛肇都市圈为例，城市间通过建设产业联盟、园区共建等合作模式，促进都市圈产业协同发展。尤其是在新兴产业领域形成产业联盟，促进形成自下而上的产业协同发展模式，依托国家自主创新示范区等发展平台加强跨区域合作互动，形成网格化协作结构。出现了一批蓬勃发展的产业联盟，如长三角创意经济合作专业委员会、长三角新能源汽车联盟等，让市场化驱动在产业协作中发挥越来越突出的作用。

3. 以生态系统为区划，建立跨行政区域生态共保共治

生态环境与社会经济的协调发展是中国都市圈建设发展过程中的重要抓手。突破行政区域的限制，以生态系统为区划，是中国都市圈发展的重要特色。以北京都市圈、上海都市圈、珠三角城市群为例，都市圈在生态保护方面，建立以流域为保护对象的流域生态补偿修复机制，设立跨省流域重点项目环评会商制度，构建定期会商、通报和联合处置机制。

4. 以双循环新发展格局，建立内陆开放型都市圈

成都都市圈拥有内陆区域独特的发展优势，具有鲜明的区位特色和时代特色，正处于快速发展的阶段，全面融入双循环新发展格局，建设内外源相结合的开放型都市圈。

在开放途径方面，都市圈建设的关注重点在于探索口岸物流运输、通关服务、国际联系等方面的对外开放途径。内陆城市积极打通国际铁路、国际航线等大通道，开创都市圈地区发展新机遇。以成渝双城经济圈为例，成都、重庆地区持续完善对外通道建设，积极融入“一带一路”国际运输大通道的铁路运输干线网络，多向打通延伸铁路大通道。

在开放口岸方面，设立自贸试验区，带动都市圈口岸建设。通过内陆港建设，推动内陆开放型经济试验区发展，促进内陆和沿海地区对外开放，有利于贯彻《关于新时代加快完善社会主义市场经济体制的意见》，完善国家重大区域战略推进机制，形成以国内大循环为主体、国内国际双循环相互促进的新发展格局，推动我国对外开放进入新的阶段，促进我国都市圈的国际化发展。

（三）对成都都市圈建设的启示

1. 制定都市圈发展的动态性和前瞻性规划

成都都市圈在规划建设过程中借鉴国际都市圈的动态性、前瞻性的规划理念，遵循城市发展规律，科学判定各都市圈的发展阶段，建立既符合城市特色和发展导向，又具有阶段特征和需求导向的规划体系。在规划实施过程中，既要通过产业转型升级和城市功能提升吸引更多高端产业与人才、技术等要素集聚，使核心城市始终处于区域资源配置链、产业价值链的顶端，又要秉承 TOD 和 SOD 理念，重点规划建设都市圈的节点城市或微中心，通过完善公共服务共享机制和多层次、多模式、多制式无缝衔接的综合交通系统，将其串联起来，推动都市圈空间体系架构集约化和合理化。

2. 增强都市圈的高端要素配置能力

从国内外都市圈的建设和发展来看，每个都市圈都有一个强大的核心城市作为支撑，这些城市通过不断提升能级跻身全球城市行列，成为国际性经济、金融、商贸、科技创新、信息集散中心，在都市圈发展过程中发挥出强核心引领带动作用。成都都市圈的生产性服务业发展还不充分，总部经济发展缓慢，有必要出台更加有效的激励机制，加快培育科技创新优势，加快产业结构优化升级，推动生产性服务业和总部经济发展，进而增强核心城市对区域资源要素尤其是高端资源要素的配置能力。

3. 打造都市圈产业链有效融合的分工格局

产业发展是城市发展的生命线，是都市圈形成的有力支撑。根据空间分工和产业协作规律，以主导产业培育、产业结构调整和升级为核心，改造提升传统产业，培育发展新兴产业，推进区域范围内的产业分工合作，进而形成功能协调的经济一体化区域。一是在都市圈建设中培育各种类型的功能城市，包括工业城市、住宅城市、科创中心、流通中心等；二是确立并发展以核心城市或次核心城市为依托的产业集群，在圈域内形成完整产业链条，强化产业的分工协作和关联发展；三是加强跨都市圈的产业分工与协作，促进更广泛地区的产业协调发展。

4. 构建都市圈发展的高效交通基础

成都都市圈交通基础设施发展的主要任务不仅要打通内部交通大网络，还要构建对外大通道，从而形成真正内畅外联、辐射力强的综合立体交通网，推动成都都市圈更高水平一体化加快形成，并支撑成渝地区双城经济圈的高质量建设。成都都市圈在建设过程中，以满足极限通勤人群需求为目标，合理布局规划建设都市圈轨道交通网络，完善各地之间以轨道交通为主体的交通连接，形成多层次、多制式的交通网络，使之紧密衔接，互相配合，发挥交通网络的综合效益。在交通设施建设资金筹集方面，可借鉴东京的做法，通过政府投资、商业贷款、民间投资、交通债券等多种形式开拓融资渠道。

5. 保护都市圈发展的优良生态本底

从世界各大都市圈发展历程来看，都市圈生态环境大多经历了从原生态到被污染，再到治理与污染并存，直至大大改善的过程；生态文明建设也经历了从忽视到重视，再到取得显著成效的过程。在资源约束趋紧、环境污染问题仍然突出的形势下，全力构建生态型都市圈已经是我国都市圈建设的必然要求。成都城市圈建设不仅要重视空间和产业规划，还要将生态文明规划置于更为重要的位置；同时，持续加大产业转型力度，在城区重点发展现代服务业和都市型工业，在全域范围内严格限制污染型工业发展，并构建区域协同治理机制，加强环境保护的制度性建设，推进政策落实和宣传引导，让生态文明理念转化为人们的环保意识和行为规范。

6. 健全都市圈发展的配套治理机制

在区域治理中构建有效的利益协同机制是都市圈快速发展的重点和难点。由于每个城市更多关注自身利益，且城市间发展不均衡，在缺乏合理的利益协调与分配机制情况下，利益受损者往往失去合作动力。目前，国内都市圈虽然在政府主导的治理机制方面不断完善和健全，但也存在政府间协议约束力不强、规划缺乏对接、制度不统一等深层次问题。成都都市圈应积极探索建立以激励性方案与约束性方案相结合的利益调整机制，构建以利益分配、利益补偿与利益共享等为基础的多元利益调整机制。

四　高质量推进成都都市圈发展的路径

高质量推进成都都市圈发展，必须深刻把握产业升级、人口流动和空间演进规律，顺应要素自由流动和空间高效配置的发展要求，加快提升现代产业协作引领功能、创新资源集聚转化功能、改革系统集成示范功能和内陆开放门户功能，将成都都市圈建设成为高质量发展重要增长极、引领型科技创新策源地、内陆改革开放示范区和全球公园城市实践典范。

（一）提升协同创新能力，构建活力强劲的创新都市圈

1. 搭建更高层级创新平台

抓住国家开展新一轮重大科研基础设施布局机遇，共同争取国家科技重大专项、科技创新2030重大项目和示范攻关项目落地实施，打造产业协同创新示范基地。加快建设西部光源、超算中心等国家重大科技基础设施，先行启动轨道重大项目和示范攻关项目落地实施，打造产业协同创新示范基地和交通、光电成像技术等前沿引领技术创新平台。聚焦网络安全、核科学、航空航天、工业互联网、新型材料等优势领域，加快争创国家技术创新中心、国家级制造业创新中心等国家级创新平台。统筹推动成都科学城与新经济活力区、生命科学创新区、东部新区未来科技城、新一代信息技术创新基地"一核四区"协同发展，联动四市高新技术产业开发区、经济技术开发区等，按照"一城多园"模式与重庆共建中国西部科学城，共同打造科技创新中心的重要载体。

2. 促进产业协同创新发展

推进成德眉资共同参与"校企双进"活动，共同探索搭建线上线下活动平台，通过线上进行持续高频次的高校院所科技成果发布，线下促进四市企业技术需求与高校院所科技创新资源对接。加快环高校知识经济圈建设，鼓励区域科技型企业在成都布局建设以研发与转化为核心的科技创新平台，促进与在蓉高校院所优势互补，协同创新。聚焦核心电子器件、高端通用芯片及基础软件产品、新一代移动通信、集成电路、高档数控机床与基础制造

装备、国家网络空间安全、量子通信与量子计算机、航空发动机及燃气轮机等重点领域，推动四市加强技术攻关及联合研制，力争率先实现突破。

3. 加速科技成果转移转化

推动四市先进技术从展示到评估、交易、转化的市场互联互通，建立面向市场的科技成果评价体系和技术类无形资产交易制度，共建国家重要的枢纽型技术交易中心。推广知识产权质押融资、科技创新券等新模式，深化放宽专利代理机构股东条件限制、职务科技成果权属等领域改革，构建多层次知识产权金融服务体系产业知识产权快速协同保护机制。打造成德眉资技术转移服务平台，实现成果转化项目资金共同投入、技术共同转化、利益共同分享。

4. 建设区域科技服务支撑体系

在四川省有关部门支持下，由成都、德阳、眉山、资阳四市有关部门，共同探索推动科技创新券在四市范围内通用通兑，加快盘活区域内高端创新资源。协同开展“双创升级行动”，在四市布局建设一批双创示范基地、共建共享“科创通”等科创服务平台，支持在蓉知识产权服务机构向德眉资三市延伸服务。支持四市探索设立产业投资、创业投资、股权投资、天使投资基金，多渠道支持科技企业创新创业。

（二）促进链式紧密协作，共建具有市场竞争力的产业生态圈

1. 打造产业链、创新链有效融合的分工格局

通过培育发展“产业四基”（核心基础零部件和元器件、关键基础材料、先进基础工艺和产业技术基础），巩固重点产业链的根基。支撑产业核心价值的载体，已不再是数量众多、规模庞大的工厂群，而是一批承担着技术支援、开发试制、先进制造技术应用等关键基础能力的灯塔工厂。选定若干重点企业，按照大批量、标准化、模块化的原则组织生产通用核心基础零部件（元器件）和关键基础材料，推广先进基础工艺，重点提升产品可靠性和稳定性。加强目录引导完善政策措施，梳理区内“四基”发展重点，培育一大批“专、精、特、新”的企业。对重点项目按“一条龙”解决方案进行重点布局，由头部企业领衔，以联合体的形式共建优势领域产业创新

中心、制造业创新中心，组建跨区域产业生态圈建设联盟，构建都市圈“研发 + 转化”“总部 + 基地”“终端产品 + 协作配套”等产业互动新格局，让设计、材料、工艺、制造装备、实验检测装备等企业进行联合公关，实现产业化，共同推动形成万亿级制造产业集群。

2. 建设安全稳固的世界级产业集群

通过适当缩短产业链条，强化产业空间集聚的方式保障产业链的安全稳定。成都都市圈应积极开展整个都市圈的产业链、供应链风险的基础调查，明晰重点产业在都市圈内的上下游企业地理分布情况和企业间协同情况；同时，编制和实施生物医药、电子信息、石油化工、汽车机械等标志性产业链“一链一案”的产业集聚规划方案。以“总体计划 + 个性方案”思路推进产业集聚，通过精准定位、前瞻布局、要素匹配、项目对接等方式推进产业集聚。通过企业间较短的“化学键”形成较为稳定与安全的产业“键能”，将成都制造在国家产业链和全球供应链中的地位打造得更加坚实。

3. 共同搭建高能级产业空间载体

以成都国际铁路港大港区联动德阳，发展高端制造业产业集群，共建成德临港经济产业带；以四川天府新区联动眉山，加强电子信息、先进材料等产业协同，拓展金融、商贸、科教等领域合作，共建成眉高新技术产业带；以成都东部新区联动资阳，推动成都天府国际机场临空经济区“一区两片”建设，共建成资临空经济产业带。推动青白江—广汉、彭州—什邡、金堂—中江、四川天府新区成眉片区及仁寿、新津、彭山、简阳—雁江、简阳—乐至等交界地带融合发展。

4. 形成高效分工衔接的创新链条

围绕产业链部署创新链，在现有产业的基础上，推动先进材料、工业互联网和关键核心中间件三大科创高地建设，谋划先进材料创新中心、生物医药创新中心等创新中心建设并争创国家级创新中心。遴选培育产业链“领航”企业，打造一批细分行业和细分市场的“隐形冠军”、单项冠军和专精特新“小巨人”企业，孵化培育一批独角兽、瞪羚企业。围绕创新链布局产业链，高水平建设一批服务于都市圈内产业的创新合作平台，加强与省内知名高校、科研机构开展基础与应用技术研究合作，提升对全国创新要素和资源的吸引力和集聚力，加强前沿技术领域合作，强化关键环节、关键领域、关键产品保障能力。围绕打造核心技术裂变能力，以龙头企业的前沿技术、先进项目为支撑培育产业创新生态，瞄准优势企业强链，打造产业创新研发新高地，推动成都西部科学城“一核四区”协同发展，与重庆合作共建中国西部科学城。

5. 推动产业要素的有效流动和聚合

基于供应链上下游供需关系以及产业链的上下游合作关系，加快培育并遴选一批产业链龙头企业、单项冠军企业作为产业链“领航”企业，牵头建设产业链上下游企业共同体、产业联盟。围绕“领航”企业，建设产业链龙头企业配套企业库，积极开展产业链对接系列活动，推动政府“链长”与企业“领航”协调对接，积极破解土地、资金等要素制约，加速项目建设进度。推动“领航”企业与上下游企业开展供需对接与技术合作，提升本地配套能力，推动产业链协同创新。加强清单式分层分类管理，结合国家第五批单项冠军企业申报工作，建立分层分类、动态跟踪管理的企业梯队培育清单，推动更多有基础、有潜力的企业实现从高成长、创新型、科技型、专精特新“小巨人”到单项冠军的梯次升级。

（三）强化民生福祉共建共享，建设乐享其中的幸福都市圈

1. 促进教育资源统一规划建设共享

明确各种类型学校服务范围及教育资源供需缺口，合理规划并规范学校分类布局。建立涵盖学校办学条件标准、校长发展专业标准、教师教学基本功标准、学生核心素养体系、教育教学质量标准和学校管理标准等内容的义务教育基本公共服务标准体系，推进义务教育基本公共服务均等化。深入共建优质教育资源、师资培养、职教融合、数字教育、研学基地、监测评价、国际交流、教育生态“八大共享平台”，加快建立都市圈职业教育联盟，放大成都教育品牌效应。成立成德眉资高校合作联盟，制定完善校际交换生计划、名师资源共享、互认学分等多形式的合作制度，初步形成高校互通、共享、互访、联动的局面，共同推进都市圈“双一流”建设。

2. 推进卫生医疗资源共建共享

充分发挥地方政府协同作用，建立医疗卫生方面的跨区域协调机构，包括决策机构、执行机构、咨询机构等，从成德眉资医疗卫生协同发展的高度，推进都市圈卫生医疗体系建设。推进医联体建设，省市共促四市医保门诊直接结算，共建一批医养文旅融合发展综合体。完善都市圈预约挂号平台建设，开通都市圈统一挂号平台，推动都市圈医院检验结果共享和互认，建立疑难重症会诊和转诊绿色通道。逐步建立统一的急救医疗网络联动协作机制，实现急救信息共享和急救网络联通。扩大异地就医直接结算联网定点医疗机构数量，拓展网络、手机 App 等异地就医登记备案方式，探索开展异地备案互认合作，提高异地就医便利性。

3. 推动社会保障与养老服务有序衔接

依托全省统一社会保障、医疗保障平台，提高社会保险关系转移效率，加快推进养老保险关系、医疗保险关系、失业保险关系顺畅转移。探索建立都市圈社会组织、慈善机构协作机制，协同开展区域内社会救助，共享困难家庭经济核对信息，深化在社会救助、志愿服务、儿童福利与保护、儿童康复、特殊教育等领域的协同合作。制定都市圈养老服务标准化体系，推动养老机构床位运营补贴、医养结合、社区养老、养老服务业标统一，共建养老服务基地、养老产业园、养老产业集群。建立四市统一的老年人数据库，实现四城异地居住享受养老待遇人员领取资格核查互认，加强异地居住退休人员养老保险信息交换，探索实行养老床位补贴跟随人走，开展养老服务补贴异地结算。

4. 推动文体旅协同发展

一是建立成德眉资公共博物馆、公共图书馆、公共体育馆、科技馆、美术馆联盟，推动公共文体活动场所在都市圈内统筹规划建设运营，并向都市圈居民平等开放，共筑成德眉资文化便民服务圈。二是推进建设四市阅读一卡通、公共文化服务一卡通、公共文化联展一卡通、公共文化培训一卡通，实现四市居民无障碍共享公共服务。三是统筹开发利用各类文化遗产资源，实施地方戏曲振兴、传统工艺传承、当代文学提升、影视精品打造、网络文艺发展、基层文艺繁荣等文化工程，依托成都市国家级公共文化服务体系建设示范区，协同打造和推介都市圈文化形象及旅游形象。四是加强都市圈体育旅游和户外运动资源统一规划开发，形成错位发展，避免重复建设的现象。五是推进智慧旅游体系建设，探索建设文旅大数据平台、旅游信息库，建立假日旅游、旅游景区大客流预警等信息联合发布机制，实现信息互联互通，大力发展“旅游+”，推动文化事业、文化产业、旅游业、体育康养融合发展。

5. 创新区域社会治理模式

一是成立都市圈社会治理联盟，促进成德眉资在基层治理方面的经验交流与合作，重点推广成都市党建引领居民广泛参与社区发展治理模式经验“15分钟公服圈”模式，协同提升都市圈社区治理能力与水平。二是完善民生档案跨区查询服务，加强流动人口管理和服务协同，建立互认互通的档案专题数据标准体系。三是推进社区服务互联互通，推动社区代办政务服务全域通办，鼓励开展专业社会工作服务、志愿服务等交流合作，打造一批具有成都都市圈特色的专业社会工作服务品牌。四是健全区域性重大自然灾害、事故灾难、公共卫生事件、社会安全事件等联防联控机制，完善区域性应对突发事件专项预案，建立都市圈应急协调平台，加强跨地区信息共享和应急演练、紧急救援合作，推动防灾减灾救灾一体化。五是依托全省一体化政务服务平台和天府市民云平台连接德阳、眉山、资阳政务办理平台，加快推进成德眉资“互联网+市民服务”同城化，推动省直部门和四市联动开放政务服务数据资源。

6. 加强人力资源交流协作

推动建立有序、开放的公共就业服务平台，建立信息共享、协调统一的人力资源市场，完善跨区域转移就业协作机制，统筹推进劳动力职业技能培训，促进人力资源在都市圈自由流动。鼓励和支持三市在成都设立人才密集的研究机构和创新平台，优先支持三市技能型人才在成都就业，探索为三市引进高端人才开启绿色通道。成都率先列出向都市圈提供服务目录，应三市所需，逐渐实现同城同待遇服务。大力引进优质公共服务资源，改进公共服务供给方式，探索推动公共服务由按行政等级配置向按常住人口规模配置转变。

（四）构筑蓝绿交织生态空间，打造近悦远来的公园都市圈

将建设公园都市圈与推动城市高质量发展相统一。转变城市发展方式，加快由高能耗、高污染、低利润产业向低能耗、低污染、高利润产业发展转变，大力发展大数据、轨道交通、人工智能、创意经济等新业态，形成创新发展新动能。

1. 开展城市生态环境评估

对城市自然资源和生态空间开展摸底调查，找出生态问题突出的区域，对城市生态空间进行识别，分级分类梳理并制定保护、修复、利用规划方案，运用生物、物理、生态多种技术手段恢复和修复已经受到破坏的山体、水体等生态要素以及垃圾填埋场、采矿废弃地等受损空间，破解城镇化进程中土地等各类资源不可增长的矛盾。

2. 推进构建完善的城市公园体系

公园体系作为城市“蓝绿灰”三大城市基础设施体系的重要组成部分，是城市建设发展的绿色铆钉，会牢牢锚固城市公园形态，是对以道路框定城市基本格局的根本转变，也是防止盲目建设和无序扩张的有效措施。城市公园体系构建要以自然生态本底为基础，响应人民和城市发展需要，突出地域风貌和城市个性、层次分明、类型齐全、数量达标、分布均衡、功能完备、品质优良，达到“出门见绿、步行入园”，实现绿色福利各类人群公平享受。

3. 优化绿色共享空间布局

以“300 米见绿，500 米见园”为目标，职住兼顾，保障老百姓无论是从住所还是工作单位出发 5 ~ 10 分钟都能到达绿色共享空间，实现绿色福利全民均等化享受。通过线性廊道将城市商业区、文体休闲场所、历史文化遗址等与公园绿地有机连接起来，促进公园绿地与生活文化的融合，形成和谐的整体；广泛建设开放式公园，减少封闭式公园，与城市空间融合，强化开放、共享理念；推动公园与周边街区的融合共享，将城市生活融入公园绿地和各类开敞空间，为居民提供连续的健身和休闲空间；按照“可进入、可

参与”的原则，结合林盘院落、亭台楼阁等打造多级驿站体系，共同形成500米半径的驿站服务圈，提供配套服务设施，提高公园的可达性和使用的便利性。

五　加快建设成都都市圈的对策建议

“十四五”时期，我国经济发展的空间结构正在发生深刻变化，中心城市和都市圈正在成为承载要素的主要空间形式，成都都市圈的建设顺应经济发展趋势，是融入新发展格局、全面落实成渝地区双城经济圈建设国家战略的客观需要，支撑“一带一路”“西部大开发”等国家战略的实施。与此同时，应强化深化都市圈体制机制改革创新，加快促进提高成德眉资同城化发展进程，一体推进都市圈全域国土保护及开发利用，共绘都市圈高质量发展新蓝图。

（一）提升成都都市圈在国家战略部署中的地位作用

1. 率先主动融入新发展格局

在新发展格局中率先突破发展，把成都都市圈建成国内大循环的战略腹地和国内国际双循环的门户枢纽。一方面，加快推进国际开放，吸引外商直接投资，承接国际产业转移，扩大国际贸易往来，实施“走出去”战略，全面融入全球经济体系，同时加快扩大国内开放，加强与沿海地区和周边城市及区域的经济合作，密切资金、人才、技术和市场的交流与共享，积极吸引沿海地区的产业转移，间接参与全球经济分工与合作。另一方面，在扩大对外开放的同时要充分依托国内市场需求，利用国内经济要素，积极建设内源发展动力，发展内外源结合的开放型经济，避免陷入“依附型经济”的陷阱。

2. 积极对接区域重大战略

发挥和强化成都都市圈在长江经济带、西部陆海新通道、成渝地区双城经济圈等重大战略中的战略支点功能作用，助力东中西协同发展。衔接长江经济带，以全方位开放引领西部内陆、沿海、沿江、沿边高质量开发开放，推进西部大开发形成新格局的战略通道。加强与粤港澳大湾区建设、京津冀协同发展、海南全面深化改革开放等重大战略衔接，加强科技创新、承接产业转移、对外开放等领域合作。

3. 加强与国家“一带一路”建设衔接

坚定不移贯彻落实习近平总书记来川视察关于对外开放的要求，积极对接国家“一带一路”建设部署，着力增强国际门户枢纽和国际创新中心、国际贸易中心、国际消费中心、国际交往中心等功能，加快建设泛欧泛亚国际门户枢纽城市和内陆开放高地，更好地在全省“四向拓展、全域开放”立体全面开发新态势中发挥引领辐射带动作用，为共建和平、繁荣、开放、创新、文明之路贡献成都都市圈的力量。

（二）发挥重点区域同城发展的示范牵引作用

1. 增强成德临港经济带的智能制造及物流服务能级

争取国家对跨行政区域经济协作的政策支持，发挥国际铁路经济开发区引领作用，共建智能制造和现代物流产业生态圈，加快建设成都国际铁路港、德阳国际铁路物流港、德阳经开区等产业功能区（园区），共同培育临港轨道交通制造、通航制造、能源装备制造、新能源和智能网联汽车产业集群。以亚蓉欧班列作为依托构建贯穿亚欧大陆的物流配送和供应链，共同发展适铁适欧出口型加工制造业集群，共建公用铁路港保税区吸引外资，发展对外贸易。引导在蓉大型物流企业在德阳设立联合办事处或揽货受理点，促进德阳发展特色物流、专业物流。

2. 提升成眉高新技术产业带的产业链价值链水平

发挥天府新区引领作用，围绕共建电子信息、先进材料、生物医药、高端装备制造产业生态圈，加强以行业龙头企业为牵引和共同市场为依托的产业链上下游协作，共同招商引资引智，共享技术研发平台，形成现代服务业和先进制造业协作共进的局面。充分发挥四川天府新区的品牌影响力和总部经济、会展博览功能、科创平台的带动力，推动成眉片区融合发展，与眉山天府新区、仁寿县、彭山区等协同发展新材料、新能源、生物医药产业，打造成眉高新技术产业协作带。以产业生态圈理念统筹推进成都科学城、天府文创城、眉山高新技术产业园等产业功能区（园区）建设，以眉山天府新区创新谷、东坡区大数据和数字经济产业园为核心节点，打造具有影响力和带动力的产业示范和应用基地。推动联想叠云创新科技园、眉山加州智慧城、清华启迪5G产业园、四川铂智荟国际创新引擎、华为大数据中心等重点项目加快建设，促进物联网、大数据、云计算、5G、人工智能等数字经济核心产业发展。

3. 拓展提高成资临空经济产业带国内外市场影响力

依托成都东部新区和资阳临空经济区共建航空航天产业生态圈，推动资阳特色优势产业融入成都产业链、创新链、供应链、价值链，错位布局发展临空制造、航空物流、临空综合服务、会展商务等产业，推进临空经济区"一区两片"统筹联动，共建成资临空经济产业协作带。加快推进天府国际机场临空经济区成都、资阳片区重大项目建设，高水平建设牙谷科创园、临空科技成果转化基地、成都—资阳协同创新中心等平台，推动西南航空食品产业综合体项目、成资临空制造产业园等项目开工建设，临空经济区产业孵化中心等项目加快完工，着力打造引领成渝地区中部崛起的以临空产业为特色的同城化率先突破区。

4. 因地制宜推动建设产业协同交界示范区

推动青白江—德阳高新区、什邡交界地带融合发展，加快建设通用航空制造基地，促进飞机零部件制造、整机制造以及配套的飞机维修等领域发展。推动彭什跨区域川芎现代农业园区建设，配套现代农机、物联网、水肥一体等设施设备，共同打造绿色种植基地。推动四川天府新区和眉山天府新区在交界区域共建新兴技术转化和试验基地，协同发展高新技术产业。推动中江—金堂区域协同发展区产业协作共兴共赢。推动新津—彭山区域产业共同发展。推动简阳—雁江、简阳—乐至交界地带在汽车机车产业、农旅融合产业等方面融合发展。产业协同交界示范区不断取得进展与突破，形成亮点和可推广的经验。

（三）促进实现成德眉资要素市场化一体化配置

1. 推进土地市场一体化

稳妥推进农村集体经营性建设用地入市，依托成都农交所逐步形成城乡统一建设用地市场；支持四市统筹用地指标，优化建设用地布局，完善建设用地二级市场，盘活存量用地和低效用地，探索建立建设用地多功能复合利用开发模式；协同推进产业用地市场化配置改革，探索实行“标准地”供地模式和新型产业用地制度，全域推进城乡建设用地增减挂钩，探索以空间发展权交易为手段的城乡区域空间保护机制。

2. 推动四市共同建设金融服务平台

联合开展金融创新试验，支持符合条件的金融机构跨区域设立分支机构，探索设立都市圈绿色发展基金，构建都市圈金融风险联防联控机制，推动信用体系一体化。落实金融财政互动政策，依法适当扩大都市圈专项债券发行规模，多渠道筹集同城化发展资金。支持组建都市圈投资运营公司，探索设立都市圈发展基金，支持跨区域重点项目和平台建设。

3. 建设统一的技术和数据市场

推动都市圈技术要素市场建设，促进技术与资本融合发展，探索通过天使投资、创业投资、知识产权证券化、科技保险等方式推动科技成果资本化；深化科技成果使用权、处置权和收益权改革，持续开展赋予科研人员职务科技成果所有权或长期使用权试点；探索在都市圈开展数据交易试点，形成统一规范的数据管理、隐私保护、安全审查和定价交易制度，逐步构建都市圈数据市场。

（四）以成德眉资同城化试验区建设为牵引完善同城化制度

1. 以清单管理为抓手协同创建成德眉资同城化综合试验区

加快推动编制高水平的成德眉资同城化综合试验区实施方案，加强与国家有关部门沟通衔接，积极争取有关综合改革授权，强化改革的首创力度、系统集成和协同高效，积极破解都市圈跨城市生产力空间布局、产业协作、成本共担、利益共享等体制机制障碍，以体制机制创新和政策整合为引领，打破不合理的行政壁垒和市场分割，促进要素高效流动、合理配置。研究制定重大改革清单，按照“清单制 + 责任制”，明确每一项改革的落实任务、落实时间、落实权责、落实要求、落实措施，将改革创新落到实处。

2. 率先推进省级层面同城化制度建设

建立健全一体化规划机制，坚持全域规划一盘棋理念，研究建立统一的都市圈规划委员会，率先在科技创新、产业发展、交通建设、公园城市等重点领域实现规划统一编制、统一实施，探索推进土地、人口等统一管理。发挥省级部门统筹协调作用，探索在招商引资、项目审批、市场监管等方面，率先实现经济管理权限与行政区范围适度分离。加大省级部门政策支持和引导，推动建立政策协调对接机制，围绕税收优惠、土地开发、房地产市场调控等领域加强政策沟通和协调，形成政策和行动合力，缩小各地政策梯度差。通过省级财政引导、地方财政共同出资，围绕基础设施建设、生态环境保护、民生事业发展等重点领域，构建都市圈重大项目财政资金共保共担机制。完善都市圈统计监测制度，借鉴国际上都市圈统计方法，建立涉及人口、土地、产业、企业、生态等经济社会各领域的都市圈统计标准，进行常态化监测。

3. 建立以同城化为导向的绩效考核评估机制

强化对同城化发展情况的跟踪分析和督促检查，适时组织开展阶段性评估，主动引入第三方评估，加强重大项目动态管理，确保完成各项目标任务，形成同城化建设“实施—评估—调整—实施”的良性机制。将同城化建设成效纳入党委、政府考核体系，建立有利于同城化发展的考核办法，针对四市特点制定差异化考核标准，强化考核结果运用，对考核排名居前列的给予用地、财税等奖励。

（五）一体推进都市圈国土空间保护开发利用管控

1. 守住生态空间保护底线

一方面，严格保护农业空间，全面推进乡村振兴。守住粮食安全底线，划定耕地重点保护区，开展耕地“数量、质量、生态”三位一体保护划定永久基本农田储备区，加强高标准农田建设。通过预留自然生态斑块、构造田间生态廊道，恢复自然生态系统。加强耕地变化监测，对于建设占用耕地予以严格管制，后续通过全天候监测予以监管，严格落实“先补后占”；对于涉及农业结构调整项目，允许“先备后补”，前期主动报备，结合实地巡查甄别完成地类变更。共同筑牢长江上游生态屏障，构筑生态保护格局。另一方面，坚持生态优先、绿色发展与共抓大保护的战略导向，加大生态保护力度，共同维护长江上游重要生态屏障，构筑生态保护格局，严守生态空间保护底线。协同划定生态保护红线，开展生态系统服务功能重要性和生态脆弱性评价，将生态保护极重要区、重要饮用水源保护地等具有重要生态价值的区域划入生态保护红线，保障国家生态安全。

2. 提高生产空间效率

生产活动必然会落实到具体的地域空间，形成不同的分布形态和空间联系，通过合理的空间引导会使产业在空间上得到最佳配置，促进区域的协调发展，提高生产空间效率。一是拓展成都空间格局。东进、南拓、北改要突破成都行政边界，深入德阳、眉山、资阳腹地，形成一体化布局。二是强化区域空间协同发展，形成依托三轴串联三区打造三带的城镇发展空间格局，深化都市圈东部未来发展区、南部创新发展区、北部开放发展区等八大功能分区差异化治理的空间发展策略，共同构建“核心城市—区域中心城市—功能节点城市—特色城镇”四级城镇体系，推动成都都市圈“整体东进”。三是在成都都市圈主体功能区的基础上，综合评估区域要素承载能力，增强城镇空间布局与要素承载能力的适应度及匹配度，推进内部功能重组，统筹不同地区的主导功能和不同的发展重点，实施差异化的空间发展引导策略。四是增强核心城市带动作用，促进都市圈协调均衡发展，加快促进四市土地、金融、人才、信息等要素实现同城化配置，以产业功能区为主体，共建高能级产业生态圈和“三区三带”高能级产业空间载体。

3. 提升生活空间品质

贯彻“景区化、景观化、可进入、可参与”理念，推动山、水、田、林等自然生态资源场景化营造，合力构建一批自然公园、郊野公园、城市公园，有机植入生活场景、消费场景、商业场景，整体提升城市形态和气质。以成都天府绿道为主轴共同规划建设“两轴两山三环多带”区域级绿道体系，以绿色岷江、人文锦江、生态沱江为主体共同构建互联互通的都市圈蓝网体系，塑造都市圈生产、生活、生态相宜，产业、居住、商业融合的大都市形态。携手推动场景创新营造，以都市级绿道为核心骨架，有机植入文化创意、生活服务等功能，营造高品质生活场景。以自然地理单元打破行政界限，率先在成德、成眉、成资邻接区域实施全域土地综合整治，营造美田弥望、茂林修竹、蜀风雅韵的郊野公园场景典范。以历史文化街区和名镇名村为载体，营造多元融合的天府人文空间场景，共建巴蜀文化旅游走廊。

第二篇　重点领域进展

R.2

以国土空间规划引领现代化都市圈建设

党的十八大以来，习近平总书记作出了中心城市和城市群正在成为承载发展要素的主要空间形式的重大判断，系统提出了新时期加快形成优势互补、高质量发展区域经济布局的思路，为新时期推动区域协调发展指明了方向和路径。2019 年 2 月，《国家发展改革委关于培育发展现代化都市圈的指导意见》正式发布，提出以促进中心城市与周边城市同城化发展为方向，推动统一市场建设、基础设施一体高效、公共服务共建共享、产业专业化分工协作、生态环境共保共治等方面，培育发展一批现代化都市圈。在 2020 年 1 月 3 日召开的中央财经委员会第六次会议、10 月 16 日召开的中央政治局会议上，习近平总书记指出推动成渝地区双城经济圈建设是构建以国内大循环为主体、国内国际双循环相互促进新发展格局的一项重大举措，要求突出重庆、成都两个中心城市的协同带动，共建“一极两中心两地”，打造带动全国高质量发展的重要增长极和新的动力源。四川省委省政府和成德眉资四市市委市政府置身国家战略大局，坚定落实中央部署，从省情市情实际出发，遵循区域经济和城镇化发展规律，为做强成渝地区双城经济圈四川一侧极核，把加快成德眉资同城化发展暨成都都市圈建设作为推动成渝地区双城经济圈建设的先手棋和支撑性工程、实施四川省“一干多支”发展战略的牵引性工程，提出共建面向未来、面向世界、具有国际竞争力和区域带动力的现代化都市圈。在此背景下，成都都市圈坚持“一盘棋”思维，于 2019 年底陆续启动各项规划编制工作，以高水平的规划引领现代化都市圈建设。到目前为止，其已在规划体系、项目建设、体制机制等领域取得阶段性进展。

一　现状成效

（一）成都都市圈战略设计空间规划基本成形

按照四川省推进成德眉资同城化发展领导小组统一部署，在四川省推进成德眉资同城化发展领导小组办公室（简称省同城化办）及省直部门的指导下，成都都市圈构建起以都市圈发展规划为统领、国土空间规划为基础、各类专项规划和毗邻地区区域规划为支撑的定位准确、功能互补、统一衔接的“1+1+N”规划体系。

《成都都市圈发展规划》由四川省发展改革委牵头，省同城化办和成德眉资四市配合编制，是指导成都都市圈建设的纲领性文件，于2020年底上报国家发展改革委，目前已根据国家发展改革委的初审意见进一步修改完善，并再次上报审查。

《成都都市圈国土空间规划》（简称《规划》）由省自然资源厅、省同城化办指导，成都市规划和自然资源局牵头与德眉资三市规划主管部门共同组织编制。《规划》重在对都市圈国土空间保护、开发、利用的系统安排，发挥承上启下的作用，在内容上突出统筹与协调。目前，《规划》已相继通过专家审查、成德眉资四市规委会审查和省推进成德眉资同城化发展领导小组第三次会议审议，待省上下达四市国土空间总体规划控制性指标后，进一步优化成果，并按程序报省政府审批。

各专项规划是对公共服务、生态环境、综合交通等重点领域的深入衔接，毗邻地区区域规划是指导都市圈毗邻地区实施建设的规划。其中，都市圈专项规划由省级相关行业部门牵头，四市相关行业部门配合共同组织编制，目前编制工作正有序开展，如生态环境厅、农业农村厅、省发展改革委分别牵头组织四市共同编制《成德眉资同城化发展生态保护环境保护规划》《成德眉资都市现代高效特色农业示范区总体规划》《成德眉资同城化公共服务专项规划》等。

（二）成都都市圈项目建设有序推进

《规划》提出近期围绕产业协同发展、生态环境共保、基础设施建设等，形成32项行动计划，推进189个引领性项目落地实施。截至目前，主要在以下方面取得阶段性进展。一是轨道上的都市圈、现代化立体交通网加快建设，市域铁路成资S3线开工建设，成都外环铁路通过预可研审查，成德S11线、成眉S5线前期工作加快推进，成资渝、成宜高速路建成通车，成乐、成绵、成南高速扩容项目加速实施，天府大道北延线、成都东西城市轴线、金简仁等城际干道加快建设，剑南大道眉山岷东段、螺简路等5个断头路项目顺利通车。二是产业生态圈跨区域协作初见成效，四市已联合成立电子信息、先进材料、医药健康、绿色智能汽车和现代商贸五个产业生态圈联盟，联合发布城市机会清单释放需求信息1525条，推进成德临港、成眉高新技术、成资临空经济产带项目464个。三是协同创新体系加快布局，已建成西部地区首个国家超算中心——成都超算中心，布局重大科技基础设施5个等。四是公共服务共享工作计划有序实施，成都214所学校与德眉资三市学校结对，1.8万家医药机构开通异地就医联网结算，全面推广居民就医“一码通”、出行“一卡通”等。

（三）编制团队开展经验分享与学术交流

2021年7月14日，受自然资源部国土空间规划局委托，中国城市规划设计研究院与成都市规划和自然资源局就《都市圈国土空间规划编制规程》意见建议、地方规划编制情况等开展调研座谈。成都市规划和自然资源局围绕《成都都市圈国土空间规划》规划编制的工作组织模式、工作推进情况及规划审批程序等进行交流发言。规划编制团队代表成都市规划设计研究院就规划编制的详细内容进行汇报交流。2020年9月22日，省统计局一行到成都市规划设计研究院就规划的前期基础研究“同城化内涵特征与同城化指数”开展技术交流座谈会，重点探讨同城化发展的八大内涵特征和同城化发展指数的量化指标体系构建，并针对各项指标的测度方式和数据来源等展开了技术交流与经验分享。

二　工作举措与创新做法

（一）建立规划协同工作机制强化组织领导

1. 率先探索建立规划协同工作机制完善政策机制保障

制定《成都都市圈规划协同工作机制》，进一步推动都市圈规划统一融合。建立健全都市圈及四市重大规划谋划、编制、实施全过程衔接协同机制，都市圈系列规划在编制过程中上下传导和横向衔接机制，规划研究和规划编制协同机制，规划联合审查和审议机制以及规划实施评估和监督机制，推动建立都市圈统一的规划建设技术指引和规划管理信息平台。

2. 成立国土空间规划衔接专项合作组强化组织领导

在省推进成德眉资同城化发展领导小组及其办公室框架下，成立由成都市规划和自然资源局分管市领导为牵头协调领导、德眉资三市分管市领导为参与协调领导、成都市规划和自然资源局为组长单位、主要负责同志任组长，德眉资三市规划和自然资源主管部门为副组长单位、主要负责同志任副组长，四市发改、经信、商务、住建等部门为成员单位、分管负责同志为成员的规划专项合作组，并制定《成德眉资国土空间规划衔接专项合作组工作规则》。规划专项合作组负责在省自然资源厅的指导下组织开展都市圈系列空间规划编制及规划衔接工作，组织开展规划实施监督和跟踪评估等。规划专项合作组下设办公室，负责规划专项合作组议题收集、会议组织等日常工作。

3. 出台国土空间规划衔接实施细则推进系列规划衔接

为进一步推动都市圈系列规划衔接，结合工作实际，制定《成德眉资国土空间规划衔接实施细则》。实施细则从规划体系共建、规划协调共商、规划实施评估三个方面制定了规划衔接工作的实施细则，明确了规划衔接工作会的审议事项范围，确立了规划衔接工作会的组织程序。

（二）开展专题研究支撑规划编制

1. 开展世界城市发展规律研究

通过对 GaWC 发布的 2020 年世界城市研究发现，24 个 Alpha 级以上城市普遍呈现区域化发展的态势，除迪拜、新加坡等个别城市外，其余20个城市均是以都市圈为主要形态发展壮大的。判识未来城市的竞争不是单个城市间的竞争，而是都市圈、城市群之间的竞争。

2. 开展同城化内涵特征与阶段划分研究

从要素流动和系统对接两个维度深入探讨同城化成熟区域的内涵特征，基于内涵特征构建同城化发展指数量化指标体系，并根据定量测度和定性分析结果判别同城化发展总体进程。在要素流动维度上，通过学术研究和国内外实证案例发现同城化成熟区域人流往来密切（人流联系强度超过10%）、产业统筹共生（资本互投强度、企业联系强度分别在9%、15%以上）、物流紧密高效（物流联系强度在20%以上）；在系统对接维度上同城化成熟区域呈现交通方便快捷、公共服务共享、基础设施同网、生态环境共治、政策机制统筹等特征。基于同城化八大特征，构建13项量化测度指标体系，定量计算得出成都都市圈同城化发展指数为1.7，正处于同城化“成长期—提升期—成熟期”三大发展阶段的成长期（见图1）。

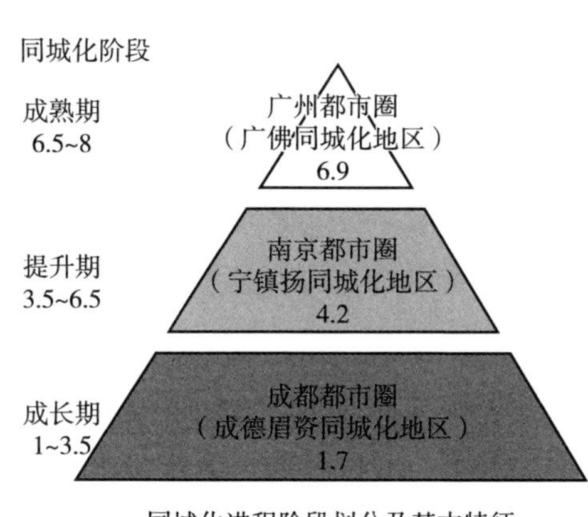

主要特征

同城化发展进入成熟阶段，城市间要素联系极为紧密，从行政区经济逐步进阶为经济区经济，多个领域均形成融合共生、有机联动的同城化发展格局，都市圈整体实力得到明显提升。

同城化进程加速，逐步打破行政壁垒，都市圈城市的人流、物流、经济流等要素联系快速增强，初步实现道路交通、产业集群、公服设施等的跨区域协同共建，同城化协调机制、空间管控机制逐步健全。

同城化态势初显，中心城市作为都市圈增长极与动力源的作用逐步显现，城市间相互作用不断增强，协同发展的功能格局与产业集群开始形成。

图1 同城化三大发展阶段及主要特征

3. 开展都市圈空间结构演进规律研究

通过对东京都市圈、纽约大都市区、上海大都市圈、广州都市圈等先发地区都市圈的空间结构演进规律研究发现，都市圈从培育初期到发展成熟通常会经历“极核带动”“协同建设”“全域一体”三个阶段（见图2）。结合各阶段的结构特征来看，成都都市圈中心城市成都的功能外溢作用逐步显现，都市圈整体正处于从“极核带动”向“协同建设”转型的初级阶段。

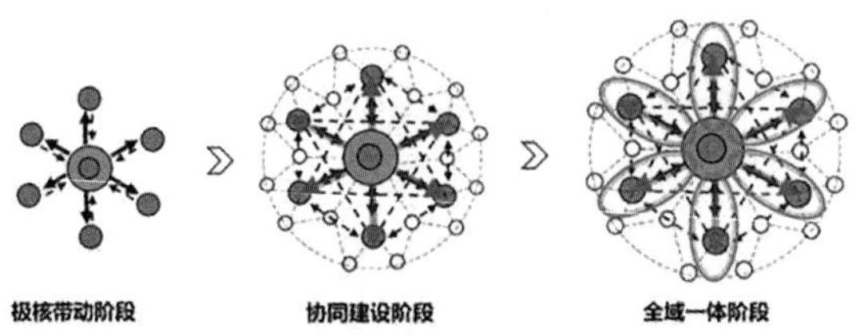

图2　都市圈空间结构演进的三个阶段

（三）打破行政区以经济区（功能区）谋划空间治理

“探索成渝地区经济区与行政区适度分离，是推进成渝地区双城经济圈一体化发展的重大改革任务。”为此，《规划》在落实《四川省主体功能区规划》和在编《四川省国土空间规划》要求的基础上，基于自然地理格局、国家和区域战略，打破行政区界限，以“经济区”模式谋划空间治理，细化形成了与资源禀赋、环境条件、国家战略、城市功能相适应的龙门山生态保护区、龙泉山城市森林公园、龙门山山前控制发展区、北部开放发展区、中部优化发展区、南部创新发展区、东部未来发展区和东部联动发展区等差异化的八大功能分区，并提出差异化的空间发展指引，四市携手共同推动空间格局优化，形成一体化布局。

（四）构建全时空多维度的空间发展策略

推进成德眉资同城化发展暨成都都市圈建设既需要围绕全域层面，强调整体性、系统性，以对都市圈现状特征与问题判识为基础，在城市功能、生态体系、产业布局等多系统的规划上全面统筹、融为一体，也需突出个性、强调差异，以成都为核心对成德、成眉、成资同城化发展提出差异化的空间发展指引，还需要突出落地性、可实施性与可操作性，科学选取基础条件良好、具有较强合作基础与利益驱动的“较小范围”区域，以重点地区的同城化形成先行突破，还应聚焦城市边界线两侧的交界地带，强化国土空间的精细化管控与引导。

在都市圈全域层面，统筹区域国土空间保护与开发，共同优化公园城市都市圈空间格局，形成依托三轴串联三区打造三带的城镇发展空间格局。突出生态共保，共同维育长江上游重要生态屏障，构建“三山三网两环”的生态保护格局，共同推动自然资源保护和生态系统修复等。

图3　成都都市圈空间结构示意

在都市圈分区层面，强调成德、成眉、成资同城化发展的差异性，成德同城化突出成都国际铁路港经济技术开发区和天府大道北延线的引领带动作用；成眉同城化突出四川天府新区和天府大道轴线的引领带动作用；成资同城化突出成都东部新区和成渝中轴的引领带动作用。分别在空间结构、生态格局、产业发展、市政交通等方面提出差异化的空间发展指引。

在都市圈重点地区层面，强化成都国际铁路港经济技术开发区、四川天府新区、成都东部新区等高质量发展动力源和高能级空间载体的引领作用，先行建设成德临港经济产业带、成眉高新技术产业带和成资临空经济产业带，探索规划深度统筹融合、生态环境联防共治、产业发展共兴共赢、基础设施互联互通等，形成同城化发展示范区，进而带动全域层面更广泛的同城化发展。

在都市圈邻接地区层面，提出共同加强邻接地区引导与管控，促进交界地带融合发展。根据自然地理与人文特征，将邻接地区划分为郊野空间邻接型和城镇空间邻接型两大类，山地、平坝、丘陵、城镇连片以及未连片但紧密联系等五小类，提出差异化的规划用地引导与管控要求。提出加快推进彭州—什邡、青白江—广汉、金堂—中江、简阳—乐至、简阳—雁江、天府新区成眉片区、新津—彭山、蒲江—丹棱等八组交界地带融合发展。

（五）秉承公园城市理念推动空间治理体系一体化

建设公园城市示范区既是成渝地区双城经济圈建设赋予成都极核的重要使命，也是重塑成都都市圈核心优势的重大机遇。围绕成德眉资四市共建美丽宜居公园城市都市圈的战略定位，《规划》提出以公园城市理念引领成都都市圈建设。共同塑造“青山绿道蓝网”相呼应，“大城小镇美村”嵌田园，优美和谐、集约紧凑的都市圈公园城市空间形态。以绿色岷江、人文锦江、生态沱江为主体共同构建织锦全域的绿道蓝网体系，塑造都市圈生产、生活、生态相宜，产业、居住、商业融合的大都市圈形态。共同建设两级生境廊道，划定一级城市通风廊道，增强都市圈生态网络的系统性。共同构建城绿交融的大美城市形态和簇团有序、蜀韵鲜明、林盘棋布的镇村风貌。推进高品质高能级重大公共服务设施共享共建，强化基本公共服务标准化、均等化和普惠化，共同打造幸福都市圈。共同推动文化保护与创新发展，共享诗意栖居的人文家园。

三　发展构想

成都都市圈将继续贯彻落实成渝地区双城经济圈建设和省委“一干多支”发展战略，加强规划引领、统筹协调，着力推动创新产业、空间形态、自然资源保护等，描绘空间发展总体蓝图，为助力成都都市圈现代化建设贡献力量。

（一）进一步树立优势互补、相互成就的理念，科学谋定都市圈目标定位

充分发挥成都引领带动作用和德阳、眉山、资阳的特色优势，深入践行

以人民为中心的发展思想和公园城市理念，聚焦建成面向未来、面向世界、具有国际竞争力和区域带动力的成都都市圈，科学确定成都都市圈建设成渝地区双城经济圈极核和美丽宜居公园城市都市圈，与重庆都市圈共同引领世界级城市群建设的总体定位。

（二）进一步统筹区域国土空间保护与开发，共同优化公园城市都市圈空间格局

着力构筑“三山三网两环”生态保护格局，划定耕地保护区等九片耕地重点保护区，形成依托三轴串联三区打造三带的城镇发展空间格局。

（三）进一步统筹自然资源保护与利用，共同推动自然资源保护和生态系统修复

构建“三山共保”“三江共治”“三位一体”的资源保护利用体系；分类开展三山区域生物多样性保护与林地质量提升修复，推进三江流域水环境协同治理修复；重点针对农业空间，开展农田整治、建设用地整理、乡村生态修复与环境整治。

（四）进一步突出创新引领、产业协作，共塑高质量发展的重要增长极与新的动力源

以产业功能区为主体，共建高能级产业生态圈，共建“三区三带”高能级产业空间载体，共建“一核四区七点三带”的高能级科创体系，融入成渝科创网络，共建西部科学城；依托“一市两场、两场一体”航空格局，共建国际航空枢纽和辐射亚蓉欧、陆海联运的国际铁路枢纽，共同推进国家临空经济发展示范区、自贸试验区等对外开放平台建设；共建低碳都市圈，优化产业结构和能源结构，加快向绿色低碳全面转型，力争在全国率先实现“碳达峰、碳中和”。

（五）进一步彰显都市圈公园城市特色，共建高品质宜居地

以“青山绿道蓝网”相呼应、“大城小镇美村”嵌田园为愿景，共同塑造优美和谐、集约紧凑都市圈公园城市形态；以绿道为轴、蓝网为脉，共同构建依托山水、串联城乡的绿道蓝网体系；共同建设两级生境廊道，共同加强生物多样性保护，增强都市圈生态网络的系统性；共同构筑 45 条观山视

域廊道，打造“雪山下的公园城市”；共同划定 13 条一级城市通风廊道，改善区域通风环境，强化大气污染联防联控；共同构建城绿交融的大美城市形态和簇团有序、蜀韵鲜明、林盘棋布的镇村风貌；推进公共服务便利共享，共同打造幸福都市圈；共建四条文旅走廊，共同打造世界知名旅游目的地。

（六）进一步推动交通发展，共同打造互联互通绿色高效交通体系

完善都市圈轨道交通网络，构建一小时轨道通勤圈；推动“四网融合”发展，协同推进成自宜、成渝中线等干线铁路规划建设，持续推进铁路公交化运营；推进都市圈市域铁路与城际铁路建设，近期加快构建“两环三射”都市圈轨道交通网络骨架；共建龙门山及山前区域山地轨道网和龙泉山环山轨道线。强化道路交通联系，整体构建成德“十高十八快”、成眉“七高十六快”、成资“四高九快”高快速路网体系。共建“四河两湖”港区，协同打造都市圈内河航运体系。

（七）进一步提升智慧安全韧性，共同夯实公园城市都市圈基础设施支撑

完善水网体系，建立跨行政区水源地保护联防联控机制，强化都市圈水资源保障；统筹市政设施规划建设，优化邻避设施布局；共同打造数字智慧都市圈，超前谋划面向未来的新型基础设施建设；共建韧性安全的综合防灾系统；统筹重大公共卫生设施规划布局，增强都市圈应对突发公共卫生事件的韧性水平；共建灾害应急救援体系，提高都市圈整体应急管理能力和协同治理水平。

（供稿单位：成都市规划和自然资源局）

R.3

以成德眉资交通同城化支撑都市圈发展

为全面落实四川省委提出的“一干多支”发展战略、加快推进成德眉资同城化发展，近年来，成德眉资四市坚持把交通同城化作为推动成都都市圈建设的先导和支撑，从构建轨道交通骨架、提高路网通达水平、提升交通枢纽能级等方面织密网络、优化方式、畅通机制，积极打造都市圈公路和轨道交通网。

一 现状成效

（一）沟通协调机制更加健全

为促进成德眉资四市领导交流协商，成都市与德眉资三市建立了市领导联席会议机制，共同研究制定了交通同城化重大项目清单，明确建设标准、建设时序，建立工作台账。同时，成立成德眉资综合交通“同城同网”专项合作组，由成都市交通运输局与成都市住房和城乡建设局共同担任组长单位，德眉资三市交通运输局、德资两市发展和改革委员会担任副组长单位，成眉两市发改委，成德眉资四市规划和自然资源、生态环境、城市管理、国资等部门，四市相关区（市）县政府为成员单位，印发了《成德眉资综合交通“同城同网”专项合作组工作规则》和《成德眉资综合交通“同城同网”实施细则》。

（二）同城同网规划更加完善

在省交通运输厅、省发展改革委的指导下，成都市会同德眉资三市完成了《成德眉资同城化暨成都都市圈交通基础设施互联互通三年实施方案（2020～2022年）》编制，该方案经省推进成德眉资同城化发展领导小组第二次会议研究审议，现已由省推进成德眉资同城化发展领导小组印发实施。积极配合省交通运输厅、省发展改革委完成《成德眉资同城化综合交通发展专项规划（2020～2025年）》，配合市发改委、市规划和自然资源局完成《成都都市圈（成德眉资同城化）发展规划（2020～2025年）》《成德眉资“三区三带”空间规划》等规划编制。成都市牵头完成了《成德眉资打通同城化城际“断头路”行动计划（2020～2021年）》编制，配合省推进成德眉资同城化发展领导小组办公室于2020年5月8日举办了成德眉资打通同城化城际“断头路”行动计划暨首批项目启动活动。

（三）铁路公交化成效显著

成都与德眉资三市的铁路公交化运营取得了明显成效。在班次加密的同时，还持续优化运输组织方案。通过开行成都至德阳、眉山等地定制动车、增加干线动车停靠等方式，不断提高运输服务水平。成德间率先实现动车公交化运营，截至目前，德阳市已购置2组CRH6A－A新型公交化动车，成德间日运行动车超52对，平均发车间隔控制在20分钟左右，最短发车间隔仅5分钟，成德间仅需23分钟即可快速抵达，来往客流相比公交化开行前增长75%，有效缩短了成德时空距离。成眉间日开行动车达37对，经停成都南站达21列，平均发车间隔缩短至27分钟，动车开行基本实现了“公交化”运营；优化成眉交通运输服务管理机制，4条跨市公交发班间隔从30分钟调整为15分钟，每日客流量近万人。成资动车最短发车间隔缩至5分钟，资阳主城区至天府国际机场客运专线已与天府国际机场同步开通运营，主城区至天府国际机场公交班线正在积极推进。

（四）公交同城化取得突破

陆续开通成都兴隆至眉山视高、青白江至广汉、新都至广汉、彭山至黄龙溪、彭山至地铁10号线新津新平站等10条城际公交线路，日均客流量2.2万人次，在全省公交服务同城化中率先突破。大力推动成德眉资公共交通“一卡通”，成都、德阳、眉山、资阳实现公共交通“一卡通”互通。

二　工作举措与创新做法

（一）加快铁路项目建设

成自宜高铁成自段（不含天府机场段）正加快征地拆迁及土建施工，截至2021年9月底，完成投资25.9亿元；成都境内成达万高铁已基本完成征地拆迁；沪渝蓉高速铁路重庆至成都段（成渝中线）项目可研已获批；成兰铁路成都段线下工程已基本完成。成都外环铁路项目公司正在筹建，并积极争取建设一期工程；成眉市域铁路S5线已完成工可初稿编制，已完成项目公司组建；成德市域铁路S11线可研报告已基本编制完成，成德两市已签订《市域铁路S11线共建共管协议》，2021年9月，四川成德轨道交通有限公司正式成立。

（二）加快高速公路互联互通

成都经济区环线高速公路德阳至简阳段已于2020年底实现全线通车，成都三绕德都段正加快建设，计划于2021年底建成通车；成都天府国际机场高速（南线）正加快建设，于2021年6月底前具备主线通车能力；G5成德绵高速扩容项目已于2020年底开工建设，计划于2024年完工，目前正加快推进项目征地拆迁和建设工作；德阳绕城南高速公路工可报告已编制完成并通过省发改委和省交通厅联合评审，目前正在加快编制各专题要件和投资人招标准备工作；成宜高速已于2020年12月建成通车；成南高速扩容初步设计文件已经交通运输部审批，入城复线段施工图已完成省交通运输厅审批，控制性工程龙港互通2020年12月开工建设，目前征地拆迁已全面启动，计划2023年完工，主线扩容段已完成征地拆迁协议签订，施工图设计正抓紧开展，计划2021年下半年启动建设；成乐高速公路扩容正在加快施工建设；天眉乐高速已完成投资人招标；天邛高速公路初步设计文件已获省交通运输厅审批，施工图设计文件已完成编制，控制性工程羊安大桥已于2020年3月开工，目前征地拆迁完成20%、工程进度完成10%；天府新区至乐山高速已完成用地预审及规划选址工作，正在配合落实其余相关工可审批前置要件；成渝高速扩容已编制完成工可报告，并通过交通运输部技术审查，正在配合开展用地预审相关工作；成资临空大道正在加快建设，资中（经安岳）至铜梁高速公路计划 2021 年 10 月开工，东西城市轴线资简段和乐简段计划 2021 年内开工，成渝至成宜联络线（资眉大道）前期工作正在加快推进。

（三）推进快速路建设

金简仁快速路、成龙简快速路、成洛简快速路（四环至五环段）、成资大道、成金简快速路淮州新城段于 2021 年 6 月具备通车能力；剑南岷东大道、环天府新区快速通道 2 条建成通车；天府大道眉山段、梓州大道南延线、益州大道南延线、锦江大道、金简黄快速、滨江大道北延线、通江大道、丹蒲快速、仁简快速 9 条加快推进；工业大道北延线 1 条完成前期工作，正在征地拆迁；彭邛快速、彭蒲快速、天邛快速、东蒲快速 4 条纳入国土空间规划，“十四五”期间将陆续开工；金简黄快速路一期项目路基土石方完成 99%，桥梁工程完成 80%，路面工程完成 20%。

（四）打通城际断头路

2020 年已打通 S103 剑南岷东大道双流段改造、广大路、养资路、螺简路、S422 金旌路等 5 个项目。2021 年加快建设成资大道、彭什沿山路、万罗路、放高路、云大路、S401 蒲丹路、简仁快速路、积淮路、三岔湖环湖路改造等 9 个已开工项目；彭什沿山路正加快推进前期工作，待解决基本农田问题后尽快启动建设；万罗路正在加快建设，路基完成 100%，级配完成 95%，挡防结构物完成 90%；放高路路基完成 100%，级配碎石层完成 100%，水沟已完成，正在进行水稳层准备工作；云大路于 2021 年 6 月 26 日开标，7 月初开工建设，年底具备通车能力；养资路、放高路计划年底具备通车能力；S401 蒲丹路成都段一期工程 7.1 公里目前路基工程已完成 100%，桥梁工程完成 82%，隧道工程完成 95%，二期工程（起于 S401，止于成眉界）2.8 公里已纳入空间规划，待用地问题解决后启动建设；积淮路一标段 6.2 公里，已基本完成路基工程；二标段 6 公里，路基、涵洞、水沟基本完成，完成水稳 6 公里；三岔湖环湖路路基段主车道已基本具备通车条件，正在同步实施一体化景观打造，三岔湖大桥段正在进行桥梁主体施工。加快推进青金快速路北延线前期工作；货运大道新都绕城高速至香城大道段目前工程量完成37%。

三　发展构想

四川省委将成德眉资同城化发展作为落实成渝地区双城经济圈建设的“先手棋”，并将交通基础设施建设作为优先事项加快推进。要唱好“双城记”，下好“先手棋”，必须走好交通基础设施规划建设这个“第一步”。要站在“一盘棋”的高度，既着眼长远，又干在当下。

一是共建轨道上的都市圈，推进以成都外环铁路和成资S3、成眉S5、成德S11市域铁路为骨架的“环+放射”轨道交通网，实现一小时轨道通勤圈。

二是畅通都市圈公路网，统筹都市圈高快速路网建设标准和时序，强力推进项目建设，加快形成以成都为中心的“3绕17射”高速公路主骨架网和“多中心放射、直连直通”城际快速通道网络，实现高速公路1小时、快速通道2小时交通圈；打通“断头路”、拓宽“瓶颈路”，强化毗邻地区“路网缝合”，推动毗邻交界地带融合发展。

三是推进运输服务共建共享，加密开行铁路公交化列车，提升成绵乐城际铁路、成渝客专公交化运营服务水平，研究建立交通服务一体化建设运营机制，继续推行城际公交联通，推广交通“一卡通乘”“一码通乘”“优惠共享”和跨市多场景应用，更好地满足四市人民满意交通出行需求。

（供稿单位：成都市交通运输局）

R.4
全力促进成都都市圈产业协作共兴

为深入贯彻落实四川省委“一干多支、五区协同”发展战略，务实推动省委关于加快推进产业协作共兴等专项领域同城化的重要指示精神落地落实，成德眉资四市围绕重点产业发展、产业园区共建、产业合作平台建设、产业要素流通等达成一系列合作协议，确定了一系列重点项目，产业合作更加务实，产业协同发展逐步深化。

一　现状成效

2020年以来，成都都市圈产业协同全面贯彻“一干多支、五区协同”发展战略，按照省同城化办部署要求，扎实推动成德眉资产业协同发展。共建具有国际竞争力的先进制造业产业生态圈，发起成立成都绿色智能网联汽车、医药健康、电子信息、智能制造、先进材料产业生态圈联盟和成都鲲鹏计算产业联盟并实现跨区域发展，鼓励重点企业在都市圈跨区域布局产能和拓展市场，强化产业联动发展，推动构建“研发在成都、制造在德眉资”的产业协作模式，合力发展拥有核心技术的高端产业和产业高端，积极推动区域产业共建共享企业供需对接平台，成功举办首届成都都市圈产业生态建设企业供需对接云共享大会。强化产业链、供应链和创新链在区域范围内协作协同，共同构建具有比较优势的成都都市圈产业生态。

二　工作举措与创新做法

（一）坚持规划引领，完善顶层设计

从规划入手，与市科技局联合牵头组建成德眉资同城化创新产业协作专

项合作组，拟制印发专项合作组及其办公室工作规则。积极配合成都市“北改办”完成成德临港经济产业带建设方案拟制。建立成德眉资政府部门—社会组织—企业三级产业协作推进机制。按照《成德眉资同城化暨成都都市圈建设三年行动计划（2020～2022年）》，会同德眉资三市经信部门共同编制《成德眉资同城化暨成都都市圈产业协同发展三年实施方案（2020～2022年）》，形成任务清单，具体到处室，责任到个人，确保文件精神和工作任务持续有效推进。按照组团发展模式，积极筹备龙泉山东侧现代产业带规划编制。

（二）坚持错位协同，加快发展节奏

2021年以来，产业同城化发展节奏持续加速。先后赴德眉资三市进行调研座谈，加强沟通协作，强化工作统筹。2021年4月依托成都国际工业博览会，成功举办成德眉资轨道交通产业大会。围绕资阳市轨道交通企业融入成都轨道交通产业生态圈建设开展交流座谈，组织资阳车辆配套企业，参加轨道交通合格供应商名录综合能力评估，努力实现成都资阳轨道交通产业协同配套。2021年6月初，协同组织召开成渝地区八方协同建设世界级先进装备制造产业集群暨地方产品（德阳）推介会，共同发布《成渝地区八方地方产品目录》和《成渝地区八方协同建设世界级先进装备制造产业集群合作宣言》。2021年6月28日，成功举办首届成都都市圈产业生态建设企业供需对接云共享大会。面向全球启动工业互联网供需对接平台，打造覆盖全球、精准对接的全天候服务平台。发布成德眉资四市产业功能区标准厂房需求清单、成都市属国有企业130亿元原材料和设备采购需求清单，SEPP中欧跨国平台发布160亿元欧洲企业采购需求清单，组织成德眉资四市企业现场签署14个合作协议，总金额30亿元；电子信息等6个产业生态圈联盟、成都市名优产品企业供需联盟发布成德眉资四市2710户规上企业供需清单。《成都市金融产品综合服务手册（2021版）》白皮书和“展会+产业+产业生态圈”需求清单在会上首次发布。着力推进成德眉资产业资源高效配置、企业供需精准对接。

（三）坚持互相成就，发展成效初步显现

1. 成德产业协作

一是加强产业链协作配套。成德两地已在智能制造装备、轨道交通、航空航天等领域形成一定规模的产业配套合作。在装备制造领域，东方电气为国家电投集团四川电力有限公司、中电建水电开发集团有限公司等电力企业提供电力设备配套；中国二重为中航工业成飞集团、中航工业成发集团等航空航天企业提供锻铸件配套。东汽、东电、国机重装“三大厂”在成都共有供应商512户，已初步形成“总部研发在成都、生产制造在德阳”的协同发展新格局。二是加强飞地产业功能区建设。从成德工业园到“凯州新城”，通过承载重大产业项目落地，全面承接成都“主干”的产业外溢。主动融入成都汽车产业，发展汽车零部件配套产业。以成德眉资共建汽车产业生态圈为契机，强化与成都经开区、龙泉国际汽车城等区域的合作，签订《中国大车都成德配套产业园合作协议》，差异化承接汽车整车转移项目，配套发展汽车零部件配套产业，共同打造中国西部重要的汽车产业集群。推进旌阳区与成华区、什邡市与金牛区、凯州新城与成都东部新区协同共建飞地园区。截至2021年上半年，德阳凯州新城已承接成都产业转移企业逾79家，项目总投资214亿元，涉及装备制造、电子信息、新材料等产业。三是加强先进制造业集群建设。成德高端能源装备产业集群参加工信部2020年先进制造业集群竞赛，经各省初选、专家评审，顺利胜出，独揽全国能源装备分包集群第1位，并于2021年1月完成决赛答辩，2021年3月由工信部正式宣布在决赛中胜出，成为全国仅有的25个先进制造业集群之一。四是加强“头部+配套”企业合作。多次与二重、东汽、东电、宏华、英杰电气等头部企业对接，积极号召头部企业发挥行业领军作用，引领成都都市圈构建上下游配套衔接、左右岸要素共享的跨区域产业生态圈，相关工作成效显著，成功推动东方电机有限公司、东方汽轮机有限公司与四川中宇重工科技有限公司（青白江）等5户优质企业达成合作共识，在四川省推进成德眉资同城化领导小组第三次会上代表德阳参加集中签约，签约金额近3亿元。

图1　成德工业同城化发展大会

2. 成眉产业协作

一是强化统筹谋划。编制眉山市“十四五”先进制造业发展规划，将突破成都协同发展作为重点做好的“2篇文章”之一。制定出台《2021年成渝地区双城经济圈和成德眉资同城化制造业协同发展工作要点》，围绕完善合作机制、加强项目引领、加强产业协作、加强平台建设、加强基础设施共建等5个重点方面，梳理2021年拟开展的79项重点任务清单并开展月调度。二是开展产业对接。成眉两地经信部门共同举办的成眉同城制造业深化合作“1+6”对接活动，近800人参加，活动签订了45个合作协议，取得了大量实实在在的合作成果；在成都市经信局牵线搭桥下，邀请龙泉驿区经信局莅眉举办眉山市成都市龙泉驿区产业协作推介会，签署3个合作协议，两地21户企业开展了对接，取得了积极成效。推动甘眉工业园区和龙泉驿区交流互访，就新材料产业开展对接合作；推动彭山区和双流区对接交流，研究彭山区生产的湿电子化学品配套成都电子信息企业的问题。加快推进蜀羊防水新型防水材料研发生产基地建设项目、梅塞尔工业气体项目等成眉合作重点项目，目前在建的54个合作项目总投资达到339亿元。推动成都理工大学材料与化学化工学院“实习实训基地”“人才培养基地”在眉山高新区签约挂牌。共同举办成都新经济企业眉山行活动，组团参加成都工博会，200余户企业分别作产品推介和需求发布，签约合作金额20亿元。

3. 成资产业协作

围绕资阳市轨道交通企业融入成都轨道交通产业生态圈建设开展交流座谈，组织资阳车辆配套企业，参加轨道交通合格供应商名录综合能力评估，努力实现成都资阳轨道交通产业协同配套。成都资阳举办投资推介会暨项目签约仪式，四川羽佳模塑等汽车零部件企业进入成都总装车企一汽大众、吉利沃尔沃、川汽野马供应链，年销售金额 2824 万元。开展航空航天装备、零部件生产合作，中车资阳机车与成都开展地铁检修车辆、动力传动、电气控制等细分产品配套与技术合作，“城轨用无动力综合检测车创新研制项目”签订 6000 万元合同。承接成都鞋企转移。安岳渝成、乐至万贯鞋业产业园累计承接成都鞋企转移签约 330 户，落地 62 户。成都资阳军粮川东区域配送中心共同参与高技术融合联勤保障体系建设。

总体来看，根据 2021 年 1 ~6 月以及近三年的经济运行数据，都市圈 GDP 占全省的比重在逐步提升（成都都市圈 GDP 占全省比重由 2019 年的 46. 13% 上升到 2021 年 1 ~4 月的 48% ，2020 年因疫情原因，比 2019 年下降 0. 13 个百分点），数据表明，成都都市圈主干引领带动、支干加速发展、干支协同联动的局面正在加快形成，区域协调发展的水平显著提升，全省的发展主干正在由成都向成都都市圈拓展，成都都市圈产业生态圈跨区域协作的成效正在初步显现。

三　发展构想

成德眉资产业同城化，重点围绕“强链条、育集群、建体系”，推动产业基础高级化、产业链现代化，推动四市共同构建跨区域产业生态圈，打造一批“5 +1”重点特色园区，推动形成“总部 + 基地”“研发 + 转化”“终端产品 + 协作配套”产业发展格局，培育一批具有国际影响力的制造业集群。到 2022 年，成德眉资现代产业协同发展体系基本构建，现代产业协作引领功能明显增强，探索出内陆城市区域产业一体化制度创新路径和模式，初步成为具有国际竞争力和区域带动力的现代产业集群和经济共同体，初步建成具有全国影响力的重要经济中心。

一是强化产业协作。以都市圈产业集群为主要形态推进产业链上下游协作，初步形成“总部＋基地”“研发＋转化”“终端产品＋协作配套”协作模式，打造以电子信息和装备制造两大万亿级产业集群为引领，若干千亿级集群为支撑，新经济为新动能的梯度发展格局，先进制造业占工业比重提升15%，区域新经济企业数量年增长率突破15%。

二是强化创新协同。聚焦产业重点协同建成一批重大产业创新平台、应用技术研发平台、公共技术服务平台，共同打造科技创新走廊，初步构建起政产学研金协同发展的区域协同创新体系，推动科技创新与产业创新协同并进，促进更多科技创新成果落地转化，科技对经济增长贡献率提升10%。

三是强化载体共建。形成“三区三带”专业化分工协作体系，产业功能区建设模式在德阳、眉山和资阳全面推进见效，建成一批高品质科创空间、城市生活社区，打造一批集生产、生活、生态功能复合的产业功能区，在全国形成一批可供复制推广的成果和经验，赋能构筑区域发展比较优势和中心城市核心优势。

四是强化生态同建。构建以产业需求为导向的跨区域产业生态推进路径，初步实现区域平台共建共享、资源要素集成、市场相互开放，全球资源要素集聚配置能力显著增强，功能性配套更加齐备，国际营商环境持续优化，初步构建更大区域、更具黏性、更有活力的产业生态圈。

（供稿单位：成都市经济和信息化局）

R.5
以成都自贸试验区建设带动都市圈开放发展

根据四川省委省政府提出的“将自贸试验区建设成为‘一干多支、五区协同’区域协调发展的核心引擎，成为‘四向拓展、全域开放’立体全面开放的最高平台，成为引领四川高质量发展的中坚力量”总体战略部署，成都自贸试验区在深入推动“全域自贸”建设的基础上，充分发挥自贸试验区重大开放平台集聚的基础性优势，积极带动成德眉资同城化发展，推动自贸改革红利向成都都市圈全域覆盖。

一　现状成效

（一）改革试验任务基本完成，推动实现全域自贸

按照国务院和商务部要求，结合成都实际在全市范围内完成复制推广全国自贸试验区改革创新经验147条。深入落实国务院38号文，提出36项改革创新任务，其中30项任务已落实，6项任务取得阶段性进展，正在加快推进。截至目前，《中国（四川）自由贸易试验区总体方案》赋予成都区域的155项改革试验任务，除1项涉及中央事权外（设立全货运基地航空公司），已实施154项，实施率99%。

（二）区域扩权赋能加速推进，开放引领持续增强

自贸试验区的统筹聚集能力加速提升，截至目前，3批155项省级管理权限和23项市级管理权限直接下放中国（四川）自贸试验区成都区域各落地区块，其中行政许可事项110项、行政处罚事项53项、行政检查事项1项、其他行政权力事项10项、公共服务类事项4项。充分发挥通道平台优

势，深化协同联动，截至 2021 年 7 月底，自贸试验区全域实现新增企业 15.9 万余户，新增注册资本 16541 亿元，其中新增外商投资企业 1448 户、外商投资 1706 亿元。新增市场主体、实际利用外资等相关指标在第三批自贸试验区片区中位列第一，为全市稳住外贸基本盘提供强力支撑。

（三）开放政策平台相继落地，发挥先行示范作用

充分发挥自贸试验区作为全面扩大开放的重大平台和创新创造的重要载体作用，积极开展对标对表对上争取。挂牌以来，争取到 144 小时过境免签、境内外飞机发动机保税维修、综保区内企业获准增值税一般纳税人资格、汽车整车进口三年保税仓储、外资企业增值电信相关业务经营许可、市场采购贸易方式试点、“安智贸”试点等国家级政策落地实施。成都国际铁路港综合保税区、开展二手车出口试点城市、国家数字服务出口基地等国家级平台获批设立。天府新区成都片区保税物流中心（B 型）封关运行，双流国际机场进口肉类和冰鲜水产品指定监管场地、青白江陆运进口粮食指定口岸验收并投运，成都国际铁路港获批国家级经济开发区。

图 1　源源不断的货物正通过德阳国际铁路物流港黄许镇站发往全国各地乃至东盟

（四）加快融入“双城”经济圈，推动国家战略落地落实

与万州港、重庆际物流枢纽园签订战略合作协议，探索建立中欧班列价格联盟等 20 个方面的深入合作。对标国内先发区域，结合成都“5 +5 +1”

产业发展需求，梳理形成《成渝自贸试验区拟共同争取协同开放重大政策清单》，从扩大服务业对外开放、共建内陆国际物流枢纽、统筹中欧班列高质量发展等九个方面，形成52项拟共同对上争取事项。积极谋划川渝自贸试验区协同开放示范区，积极推动中欧班列“成渝号”等协同开放联动创新，就管理体制机制、产业互动发展、城市规划建设、内陆开放创新、人才交流学习等方面多次深度对接，联合重庆共同打造中欧班列（成渝）品牌，改变过去“拼数量、拼价格”竞争情况，引领中欧班列高质量发展，建立常态化联系机制，在统一品牌、共商价格、境外资源共享、开行数据统筹等方面开展紧密合作。签署《重庆高新区　成都高新区“双区联动”共建具有全国影响力的科技创新中心战略合作协议》《推动临空经济协同发展合作协议》等十余项合作协议，加快推进协议相关任务落实。

二　工作举措与创新做法

（一）主动加大协同改革，共享自贸改革红利

通过延伸协同开放通道和搭建交流合作平台，积极建立产业合作机制，有效推动自贸改革红利的释放，加快联通成德眉资。深化青白江国际铁路港“进出口贸易在港区，生产基地在市州”的产业合作模式，常态化保障眉山、德阳等市州及部分区县重点企业发送需求。推进地市州“亚蓉欧基地”合作，创新“班列+园区”“班列+产业”合作模式，推动更多地区原产地特色产品拓展国际市场。与德阳市共建物流港合作设立“成都中欧班列德阳基地”，共开国际班列，全面打通四向开放通道，实现“通道协同、产业协同、政策协同”。青白江与广汉市签订审批服务合作协议，率先打破行政地域限制实现审批服务跨区域通办，签订生态环境保护合作协议，积极探索区域统一规划、信息共享、同步治理、共同管护的生态环境保护模式。

（二）加快建设协同改革先行区，提升辐射带动作用

积极推动省级管理权限146项、市级管理权限16项下放温江协同改革先行区，统筹组织市级相关部门和协同改革先行区做好承接实施工作，确保

“接得住、用得好”。围绕温江协同改革先行区需求，统筹研究制定《首批下放自贸试验区协同改革先行区市级管理事项清单》，协调推动外籍医师来华短期行医许可、重疾、门特等专科认定资质审批等5项市级管理事项下放温江。指导温江区率先与海南博鳌乐城国际医疗旅游先行区签订推动健康产业高质量发展战略合作协议，将温江区的产业优势、市场优势、人才优势同乐城先行区的政策优势、区位优势、开放优势结合起来，为自贸试验区与自由贸易港的协同发展积累了经验。积极推动温江区与重庆巴南区建立战略合作关系，利用重庆国际公路物流优势推动“川花”拓展东盟市场；与新疆阿拉山口口岸合作，打通花木进口通道，解决当前蓉欧班列花木货柜“满箱出、空箱返”的困境。按照《中国（四川）自由贸易试验区协同改革先行区建设实施方案》（川办函〔2018〕75号）要求，统筹指导经开区等相关区域对照本区区域定位、改革创新经验、开放发展和营商环境条件等开展全省第二批协同改革先行区申建方案撰写工作，积极对接省自贸办并报市政府，争创全省第二批中国（四川）自贸试验区协同改革先行区。

（三）持续提升国际通道能级，助力成德眉资交通同城化

双流航空港针对航空运输货物特点精准施策，开展“综合保税区‘三系统一机制’快速通关模式”“区外加工贸易增信担保模式”等创新改革，实现国际贸易“单一窗口”主要业务覆盖率100%。截至2021年上半年，成都双流机场已开通国际（地区）航线131条，开通国际（地区）定期直飞航线84条，完成双流国际机场扩能改造，航线规模位列全国第四，客货运量稳居中西部第一。创新打造德阳·成都双流国际机场候机楼，作为四川省首个城市候机楼，依托成都双流国际机场实时信息连通，提供及时准确的航班信息和一站式便捷运输服务，构建空地联运网络体系，缩短旅客旅途时间，降低旅客成本，打造都市圈民航服务示范窗口。青白江国际铁路港深入推动“中欧班列集拼集运模式”“中欧班列运费分段结算估价管理改革”等创新，破解中欧班列各段“轨距不同、两次换装”、空箱浪费等难题，降低进口征税基数。探索推进“铁路+”多式联运“一单制”，创新应用陆路运输单证“物权化”，持续优化提升国际出口通道能力，提高贸易通关便利化

水平，与德阳物流港联动合作，在西部国际陆海新通道建设上发挥重要支点作用。截至2021年上半年，青白江国际铁路港已打造7条国际铁路通道和5条国际铁海联运通道，连接境外64个城市、境内20个城市。

图2　中欧班列（成渝）号首列班车在重庆团结村站等待发车

（四）不断探索制度创新，带动提升都市圈营商环境

探索形成430余个改革实践案例，其中13项制度创新成果被国家层面采纳面向全国复制推广，33项制度创新成果推广到全省。"多式联运'一单制'"案例纳入第二届"一带一路"国际合作高峰论坛成果清单，并入选中组部《贯彻落实习近平新时代中国特色社会主义思想在改革发展稳定中攻坚克难案例》。出口低碳产品认证、中药材标准研制及楼宇经济三项国家标准获批，以及多式联运"一单制"等创新改革有效推动了"中国标准"的探索以及与国际规则的对接。连续两年在"中国自由贸易试验区制度创新指数"排名中列第三批自贸试验区片区城市首位。连续两年实施营商环境专项改革试点，出台《2019年成都自贸试验区优化营商环境改革试点专项行动计划》《成都自贸试验区扩大对外开放优化营商环境改革试点实施方

案》，建立符合国际规范的制度体系，有效推动“多证合一”、探索智慧监管和信用监管、实现“互联网+税务”、健全商事争端解决机制，促进管理体制创新和运行机制优化，显著提升了开放环境下的政府治理能力。依托航空枢纽、国际铁路港、海关特殊监管区域和全方位立体交通网络，探索差异化、特色化的贸易便利化改革，提升了多向通达能力、互联互通水平和贸易便利化水平。“担保验放”、“两段准入”、“先出区、后报关”、航空口岸“7×24小时”通关等创新举措推动通关时间大幅缩减。2020成都自贸试验区营商环境便利度分数达79.5分，2020成都自贸试验区营商环境便利度按世行标准模拟排第26位，开办企业、执行合同两项指标模拟国际排名进入前10位。连续三年在“中国自由贸易试验区制度创新指数”排名中列第三批自贸试验区片区城市首位。

三 发展构想

下一步，成都将继续贯彻落实全省“一干多支、五区协同”发展战略，积极参与成渝地区双城经济圈建设，深入推进成德眉资同城发展协同开放，力争早日成为引领区域开放型经济发展的“新引擎”。

（一）高水平深化自贸改革试验

持续推动《关于进一步深化成都自由贸易试验区改革开放的实施方案》落地落实，聚焦数字贸易、互联网、生物医药、文化创意等成都区域主导产业领域市场主体诉求，主动谋划推动一批开放先机和首创改革，力争在全国复制推广。继续加强成都自贸试验区自贸“主干”核心作用，通过体制机制互鉴互学、干部交流互挂互派等方式，带动提升成德眉资的协同开放水平。

（二）高起点推进差异化政策试点

对标海南自贸港、上海临港新片区等高水平开放区域，借鉴长三角、京津冀都市圈建设经验，加强差异化政策对上争取。聚焦国际消费中心城市建设、中欧等开放合作示范项目（平台）等重大开放战略，力争在金融扩大开放、跨境保税研发、离岸贸易创新发展等方面实现突破。

（三）高标准深化区域协同发展

深入推进成都都市圈建设，发挥成都在“成德眉资同城化”的引领作用。统筹推动成都各个地区及协同改革先行区加强与德阳、眉山、资阳等相关区域各领域的合作，在发展规划、产业布局、创新驱动、开放合作、城市建设和要素配置等方面深度对接。积极参与川渝自贸协同开放试验，统筹推动与各协同改革先行区协同发展，探索共建共用自贸试验区开放载体平台和通道，扎实推进成德眉资协同开放同城发展。支持引导更多符合条件的区域争创自贸试验区协同改革先行区，共同打造成渝地区双城经济圈建设核心引擎和重要支点。

（供稿单位：成都市自贸试验区建设工作领导小组办公室）

R.6

合力打造公共服务便利共享都市圈

近年来，为贯彻落实四川省委“下好先手棋”“建好都市圈”的重大战略部署，加快推进成德眉资同城化发展和成都都市圈建设进程，成都、德阳、眉山、资阳四市公共服务部门在省同城化领导小组和四市市政府指导支持下，务实推进社保、医保、人才、就业、健康、教育、文旅高质量同城化发展，切实取得了人民群众满意的成效，公共服务同城化效应逐渐显现。

一 现状成效

（一）医疗服务领域合作不断深化

成都市作为都市圈核心，医疗资源总体较为丰富，医疗服务能力处于国内城市领先水平。近几年，成都市充分发挥首位城市辐射带动作用，持续推动成都优质医疗卫生资源下沉各兄弟城市，与德阳、眉山、资阳卫健部门签订医政医管合作框架协议，就建立双向转诊协调机制、检验检查结果互认、医疗联合体建设、开放各类医疗卫生专家库、血液应急保障机制、引导建设医养综合体、看病就医“一码通”等相关事项达成合作意向。截至 2021 年上半年，四市积极探索建立区域间双向转诊协调机制，建立都市圈临床用血紧急调配机制，鼓励区域间医疗机构加强交流合作，推动在蓉三甲医院与德眉资医疗机构开展多种形式的医疗联合体建设，其中四川大学华西医院领办眉山市人民医院、资阳市第一人民医院，锦江区妇幼保健院与眉山市妇保院建立“生命方舟生殖专科联盟”等，四市有关医疗机构签订了皮肤科、呼吸内科、心血管内科、神经内科等6个专科联盟协议，明显提升成都都市圈各级医疗机构的技术水平与服务能力。在成德眉资25家三甲医院内实现了58项临床检验、16项医学影像结果互认，在省内率先实现跨区域检验检查结果互认。成都市电子健康卡卡管系统于2020年11月建成上线使用，已完成四川省电子健康卡卡管系统接口联调，实现支持全省范围看病就医“一码通”。

（二）异地就医联网结算工作取得阶段性成效

四市参保群众购药、门诊、住院在四市区域内一卡通行的基础上，成德眉资持续扩大四市区域内异地就医覆盖面，重点通过提高四市接入异地就医联网结算系统的医药机构数量，不断织密异地就医联网结算服务网，切实提升成德眉资异地就医服务便捷化水平，在具体工作中以量身定制开通规范、打造系统快速通道、重点区域辐射带动为指导原则，在数年来持续发力，久久为功，其中成都市开通异地就医联网结算的定点医药机构总量已达全国城市首位，为成德眉资异地就医联网结算夯实了物质基础。通过成德眉资异地就医联网结算有关数据能够直观看到成德眉资异地就医联网结算服务全面提升后所取得的成效：截至2021年6月底，在成都，开通异地就医联网结算的定点医疗机构和药店，累计数量分别达到4498家和10069家；在德阳，开通异地就医联网结算的定点医疗机构和药店，累计数量分别达到639家和1499家；在眉山，开通异地就医联网结算的定点医疗机构和药店，累计数量分别达到486家和1089家；在资阳，开通异地就医联网结算的定点医疗机构和药店，累计数量分别达到382家和949家。

相比2020年同期，四市异地就医联网结算服务网络快速扩面，异地就医联网结算服务人次、医保支付金额等指标均出现了较大增幅，其中部分指标实现超过100%的翻倍增长，四市群众充分享受到了更加便捷的异地就医联网结算服务成果。

（三）公共就业服务体系初步形成

为充分挖掘成德眉资四市人力资源富集的比较优势，加快构建人力资源与产业发展高质量协同体系，四市深入实施全民技能提升计划、人力资源服务企业赋能行动，优化人才评价体制机制，打造“成德眉资人力资源协同发展示范区”，激发“两区一城”和产业功能区人才创新创造活力，推动人才优先战略与城市发展战略同频，人才创新创造与高质量发展互动，人才服务水平与城市治理能级适配。一是互通共享公共就业信息，通过“四川公共招聘网”实现了成德眉资四市岗位信息实时共享。二是建立区域劳务合作对接机制，搭建区域劳务供需平台，协调德眉资当地人力资源市场开展与成都重大项目企业的招聘合作对接，设立重点用工企业、重大项目长期招募点，动员对本地区有就业意愿和能力的劳动力应聘。三是共享职业技能培训平台，创新建立成都职业培训网络学院，探索“互联网 + 职业技能培训”新模式，实现四地共建共用培训资源，共享招工信息。四是共建都市圈和谐劳动关系，以“成德眉资 + 遂巴”六市联动共建的方式，搭建起跨区域劳动保障监察案件办理协同平台，建立起案件协查、信息共享、治欠联动、工作交流等协作协同机制，畅通跨区办案协作互认通道，发挥同城化建设在办理跨区案件、提升办案质效、加强合作交流等方面的联动合作作用。

（四）社保经办服务基本实现同城协作

2020 年，成德眉资四地社保经办机构签署了《成德眉资社保公共服务同城化发展合作协议》，在协议框架下，四市的社保经办服务同城化协作取得了良好成果。一是养老保险关系转移实现“零跑路”，大力推广养老保险关系转移“网上办”。二是四地的养老、工伤保险待遇领取人可在居住地社保机构通过四川省养老保险、工伤保险定期待遇领取资格协查认证平台实现待遇领取资格“就地认”。三是签订《成德眉资人社事业同城化发展工伤保险工作合作协议》，在成德眉资四地根据需求开展工伤认定委托调查和劳动能力鉴定医学检查委托、医学检查报告互认，实现工伤认定和劳动能力鉴定同城化。四是社会保险欺诈实现异地协查，强化四市沟通衔接，持续推进社会保险异地欺诈案件协办，以全省社保信息系统为依托，完善基本养老金追收程序，防范各类社会保险待遇的欺诈行为，有力保障了社保基金安全完整。五是社会保障卡服务实现“同城化无差别受理”，四地社会保障卡服务网点均开通社会保障卡异地激活、卡归属地转移、挂失与解挂、密码修改与重置等业务通办服务，着力提升区域内社会保障卡同城化便民服务功效。六是社会保障卡率先实现文化体验“同城待遇”，实现全省社会保障卡、电子社保卡在成都市公共图书馆及分馆免注册借阅图书，成德眉资通借通还。

（五）稳步推进教育八大平台共建共享

成德眉资教育行政部门立足四市市情，为成德眉资教育同城化发展制定了顶层设计方案，增强了成德眉资教育同城化发展的系统性、整体性、协同性和科学性。一是共建共享优质教育资源，搭建同城化教育规划、建设常态化沟通交流平台，共享成都中小学、幼儿园规划建设工作经验和建设导则，积极推动都市圈内校联体建设，都市圈内结对共建学校数量与日俱增。二是共享师资培养资源，四市通过共同开展各学科教研活动研修培训、跟岗学习、名师指导等活动方式，提升都市圈教师专业能力。三是共营职教生态圈，组建同城化职教联盟教科研专委会，探索建立跨区域职业教育课程规划建设、教育教学改革、教科研创新协同联动机制。四是共建数字教育共享平台，签署《成德眉资同城化发展智慧教育联盟合作协议》，建立了“成德眉资同城化发展智慧教育联盟”。五是共建研学基地共享平台，制订研学基地共建共享计划，纵深推进研学旅行同城化发展。六是共建监测评价共享平台，签署《成德眉资教育督导同城化发展框架协议》，在深化教育督导体制机制改革、加强教育督导交流与合作、促进教育督导资源共建共享等方面提出共同目标。七是共建国际交流共享平台，积极搭建中外人文交流平台，共享开发国际理解和人文教育课程。八是共建教育生态共育平台，都市圈协同查处各类教育违法违规行为。

（六）文旅跨市活动机制基本形成

成德眉资地域相近，四市却各自拥有独特的文旅资源，为推动成德眉资文旅一体化、同城化发展，四市通过各类活动开展基本建立了跨市交流机制。一是建立文化天府云平台互联，目前成都已与资阳实现数字文化平台互联；与德阳在“文化天府”云平台上实现了街头艺人管理互联工作。二是开展“成渝德眉资”文旅交流联动。2021年举办了“成渝地·巴蜀情”——“成渝德眉资”文旅交流联动暨2021“成都文化四季风·音乐消夏”少儿才艺大赛颁奖典礼。三是开展跨市云路演活动。2021年成都市文化广电旅游局组织联合重庆、德阳、眉山、资阳举办“雪山下的公园城市·烟火里的幸福成都”成都文旅金牌推介大使选拔暨“好看成都”云路演专场活动，以云路演直播的方式，带领全国观众和网友体验了成渝经济圈及同城化发展城市沉浸式、体验式旅游新场景。四是文旅e管家平台向都市圈全域开放，“文旅e管家”在线监测“市—县—乡—村”四级3400余个公共文化服务机构，追踪公服专项资金，支持基础设施、人员保障、文艺创作及推广、团队建设、荣誉表彰、宣传推广等实时查询及数据分析，目前平台向成都都市圈开放。

二 工作举措及创新做法

（一）强化顶层谋划

全面系统梳理分析四地在公共服务政策制度和服务能力建设等方面的差异点和共同点，以“协议+方案”形式强化公共服务同城化发展顶层谋划。围绕推进人力资源、就业、社保、劳动保障监察等人社公共服务便民共享，先后签署了8项专项业务合作协议，明确了人社事业同城化发展的总体建设思路、具体举措和重点工作。在此基础上，细化分解各项协议工作任务，共同拟制年度工作实施方案，形成任务清单，具体到承办单位（处室），责任到个人，确保各项工作持续有效落实。

（二）健全统筹协调工作机制

为进一步加强统筹协调，坚持成德眉资公共服务同城化发展的系统性、整体性和协同性，全力推动公共服务同城化建设，各领域都建立和完善了协调工作机制。如成立了成德眉资同城化教育专项合作组，并印发《成德眉资教育同城专项合组工作规则》《成德眉资教育同城专项合作组实施细则》，进一步发挥教育同城化发展联席会议制度和教育同城化发展信息报送制度的作用；组建成德眉资同城化社保协作人力资源协同专项合作组，拟制专项合作组工作细则，形成由四地人社局主要领导、责任处室和责任人构成的对接联络工作机制，以及由“专项合作组—业务工作组”两级联动的工作推进机制；成德眉资四市卫健委印发了《成德眉资医疗健康同城专项合作联席会议制度》，坚持每季度至少召开1次联席会议，建立了及时准确、高效快捷、科学规范、协调有力的同城化工作协调推进制度。

（三）打造公共服务同城化平台

坚持问题导向、目标导向、效果导向，形成共同打造人力资源服务、人才交流、人才评价、公共就业、社保经办服务、案件异地协查、教育协同、文旅交流等发展平台的同城化发展路径，并以“清单＋项目”方式，梳理明确了重点工作和具体举措。

（四）加强宣传联动

坚持重大活动事项新闻稿件共享，宣传时点同步，对公共服务同城化发展中的重大项目、典型案例或经验、重大活动等工作推进情况及时向省同城办反映，四市同时向社会宣介。强化与媒体的合作联动，协同中央和省、市主流媒体加强对公共服务同城化发展成果的宣传推广。如成都与资阳联合举办的“雪山下的公园城市·烟火里的幸福成都”2021成都夏季旅游省外推介会，新华网、人民网、文旅中国、《湖北日报》、《云南日报》、《长沙日报》、文旅头条、红网、昆明电视台等80余家媒体对成都夏季旅游产品进行了密集报道，“2021成都夏季旅游”百度词条达到7760万个。

三　发展构想

下一阶段，四市公共服务相关部门将深入贯彻落实成渝地区双城经济圈建设和省委“一干多支”发展战略，着力推进区域内人力资源同城协作、公共就业服务同城对接、社保公共服务互联互通、教育资源共建共享、医疗健康同步发展，加快提升成德眉资公共服务同城化发展水平，为助力成都都市圈现代化建设贡献力量。

（一）进一步强化人力资源同城协作

着力打造成德眉资人力资源协同发展示范区，积极构建“3+3”园区布局新格局，共享人力资源服务优质资源，推动实现人力资源产业区域共兴；聚焦“三区三带”发展战略，编制成德眉资人力资源服务供给清单和重点产业人力资源需求清单，促进区域优质供给与有效需求深度对接；共同实施人力资源服务业标准领航行动，推动公共人力资源服务一体化，促进人力资源自由流动和高效配置。

（二）进一步促进公共就业服务同城对接

深入推进就业服务信息平台和职业技能培训资源共享，实现就业失业登记、职位发布、岗位推荐等服务同城对接；共同开发新职业新工种，联合开展创新创业大赛等创业服务活动，吸引更多青年人才来都市圈就业；建立四地劳动人事争议业务交流和办案协同机制，协同提升劳动保障监察现代治理水平，共建都市圈和谐劳动关系。

（三）进一步加速社保公共服务互联互通

推进社保公共服务系统连接、信息对接、标准衔接，逐步实现企业职工养老、工伤和失业保险制度、经办标准、服务流程同城化；共建社保基金安全保障机制，建立以社会保障卡为载体的“一卡通”服务管理模式，推动社会保障卡在文化体验、旅游观光以及交通出行等领域的同城应用，构筑全民参保、流转顺畅、服务便捷的社保公共服务体系。

（四）协同推进都市圈公共卫生体系建设

整合优化都市圈医疗资源，建立补位发展、特色突出的专科联盟，支持有实力的医疗机构争创国家医学中心和区域医疗中心，创建省级医学中心，打造辐射西南地区的医疗服务集群。加快建设现代化防控救治体系，提高平战结合能力，强化中西医结合，加快建设省公共卫生综合临床中心等重大疫情救治基地。提升市县疾控中心实验室检验检测能力；改善县级医院基础设施条件，提高传染病检测和诊治能力。健全完善城市传染病救治网络，扩大传染病集中收治容量，加强重症监护病区（ICU）建设；强化物资储备，适度预留应急场地和改造空间，把全生命周期健康管理理念贯穿城市规划、建设、管理全过程各环节，切实为维护人民健康提供有力保障。

（五）打造教育同城化发展示范区

深化数字教育平台共建共享，发展“互联网+教育”，加强各市教育信息资源交换共享。推动成都数字学校、七中网校、石室祥云、“微师培”、“乐培生”等优质教育资源在德阳、眉山、资阳的推广应用。积极落实成德眉资相关协议，做好接收德眉资三市骨干教师的跟岗学习，持续拓展常规师培的深度和广度，拓宽交流载体，增加交流规模，使更多德眉资三市教师受惠于成都的高端教育培训，促进其教师的专业化发展。持续推动成德眉资结对学校的深度融合。积极推动四市基础教育融合发展，提高教育同城化发展质量。推动职业教育与产业深度融合，支持各市中职学校建立友好合作关系，在教育教学、校企合作等方面开展合作交流。共享社区教育、老年教育资源，推进终身教育协同发展。开展高端技术技能人才联合培养，开展跨市现代学徒制培养试点。

（供稿单位：成都市人力资源和社会保障局、
成都市文化广电旅游局、成都市教育局、
成都市卫生健康委员会、成都市医疗保障局）

ℝ.7

加快进行生态惠民美丽成都都市圈建设

习近平总书记指出："良好生态环境是最普惠的民生福祉。"党的十八大以来，党中央立足基本国情，深刻把握人类社会发展规律，持续关注人与自然和谐共生，将生态文明建设贯穿于实现中华民族伟大复兴中国梦的历史愿景中。围绕国家成渝双城经济圈建设的重要战略部署，四川省委"一干多支、五区协同"发展战略精神紧扣生态环境同城化治理和高水平保护，引领和带动成都都市圈绿色发展，近年来，成都、德阳、眉山、资阳四市抱团聚力，多点发力，积极构建成都都市圈生态环境同城化发展新格局。

一 现状成效

（一）编制《成德眉资同城化生态环境保护规划》

2020年初，成都市生态环境局按照四川省生态环境厅要求，牵头编制成德眉资同城化发展生态环境保护规划，为高效完成此项任务，成都市生态环境局专门成立了同城化发展生态环境保护规划编制综合协调组和规划编制工作组，通过收集基础资料，多次征求省内外院士专家、省级相关部门、生态环境厅相关处室、成德眉资四市生态环境局及相关部门等意见建议后数易其稿，最终形成《成德眉资同城化发展生态环境保护规划》，于2021年3月通过省推进成德眉资同城化领导小组会议审议。规划探索提出了通风廊道建设及管控措施、临空经济带与沱江水环境预测耦合等专栏，凸显规划特色，同时对标国际国内先进都市圈，提出建设高质量绿色发展引领区、高水平生态文明示范区和高品质生活宜居样板区的战略定位，成都建设"美丽公园城市"，德阳建设"美丽宜居之城"，眉山建设"美丽山水城市”和资阳建设“美丽临空江城”的美丽系列定位，共建生态环境战略协同区。

（二）出台《成德眉资同城化暨成都都市圈生态环保联防联控联治实施方案》

实施方案围绕成渝地区双城经济圈建设“一极两中心两地”目标定位，力争到2022年，初步建成成都都市圈生态环境协同治理体系和污染联防联控联治机制，基本实现区域生态环境保护在规划、标准、监察执法、监测预警、减排措施和保障机制等方面“六统一”，生态环境质量持续改善，生态环境安全防控和环境污染治理能力大幅增强，生态功能显著提升，努力打造成都都市圈生态环境保护合作示范区。

（三）编制《成德眉资大气污染防控科技攻关方案（2020～2022）》

针对区域冬季PM2.5和夏季臭氧污染等突出问题，统筹运用“科技创新”和“协同治理”，加强重大核心科技攻关，提高科技创新和装备技术水平，深化区域大气环境联防联治，为实现科学治气、精准治气，促进空气质量持续改善提供技术支撑。力争到2022年，以成德眉资同城化区域为核心，辐射成都平原城市，推动区域大气污染防治的科学决策与精准施策，实现区域空气质量持续改善。

二　工作举措与创新做法

（一）切实发挥统筹协调作用

为促进成德眉资四市生态环境紧密互动，更好地推进生态环境联防共治，2021年5月，成都市生态环境局协同省同城化办举行了由四市省、市人大代表、政协委员及各市副秘书长参加的同城化生态环境联防联治实地调研考察活动，对锦江黄龙溪治水成效进行考察，肯定了锦江黄龙溪在短短三年时间内，将水质由常态五类、劣五类提升到三类的重大突破。参加调研考察活动的四市代表们表示要强烈呼吁四市以环境污染治理和生态空间管控为抓手，践行新发展理念，推动高质量发展，全面提升都市圈生态环境治理水平，合力筑牢长江上游生态屏障。

另外，为实现生态环境数据一张图，信息资源共建共享，加快成德眉资同城化生态环境数据资源共享进程，2021 年 7 月，省同城化办牵头召集成都、德阳、眉山、资阳生态环境局相关负责人在成都召开了成德眉资生态环境联防联控联治专题工作会议。会议的举行促使四市在打通数据共享界限、统一调度等方面达成共识。创新性提出把成德眉资数智化平台建设与《成德眉资数据资源共享专区建设方案》结合起来扎实推进，同时在成都市环科院的生态环境质量预测预报系统的基础上，充分整合成都市都市圈生态环境信息数据，使污染防控统一调度执行，共同推进都市圈环境污染联防联控形成新格局。

（二）研究制定高效运行工作机制

针对水污染联防联治、秸秆禁烧、臭氧防控、冬季大气污染攻坚治理等重点工作，成德眉资四市联合印发了《成德眉资生态环境联防联控联治专项合作组工作规则》《成德眉资生态环境联防联控联治专项合作组实施细则》，构建由“四川省生态环境厅、四市政府（指导协调层）+成都、德阳、眉山、资阳市生态环境局（牵头执行层）+成都、德阳、眉山、资阳市其他有关单位（配合执行层）”组成的三级联动协调架构工作机制。成立了成都平原经济区生态环境保护一体化联席会议秘书处，组建了 10 个专项合作组，建立起“成都平原经济区生态环境保护一体化发展联席会议决策机制、成都平原经济区生态环境保护一体化发展联席会议秘书处协调机制、8 市生态环境部门专项合作组合力推进机制”三级工作机制。坚持轮值召开季度成德眉资等成都平原经济区 8 市联席会议及月度空气质量联合会商会议。共同签署《成都经济区农作物秸秆禁烧联防联控和综合利用区域合作工作协议》《四川省岷江流域突发环境事件联防联控框架协议》《岷江流域横向生态保护补偿协议》等协议。

（三）协同开展跨流域污染联合防治

为加强岷沱江上下游、左右岸共整共治，成都市与周边市（州）联合开展水质监测，实现国、省、市控地表水及饮用水水质自动监测站数据共享。

共同签订岷沱江流域、嘉陵江流域横向生态保护补偿等协议，设立横向生态保护补偿资金，目前德阳、眉山、资阳获得沱江流域横向生态保护补偿资金分别为2151万元、2303万元、2642万元；2021年1月，成都市简阳市与资阳市雁江区共同签订《阳化河流域水污染联防联控合作协议》，每月开展阳化河流域各断面预警监测，为断面达标提质提供有力支撑；2月，成都市、资阳市生态环境局会同成都市水务局及相关区（市、县）联合召开四川省都江堰毗河供水工程受退水区水污染防治规划审查会，审议并通过《四川省都江堰灌区毗河供水工程退水区水污染防治规划》，按照相关要求，全面推进毗河供水工程规划影响区域水环境保护工作，构建水污染防治长效机制，保障毗河供水工程规划的受水与退水区相关考核断面水质达标；7月5日，资阳市雁江区、临空经济区生态环境局与成都市简阳市生态环境局签订《老鹰水库饮用水水源保护联防联控机制合作协议》，双方在统一规划、联合争取上级奖金支持、强化宣传引导等方面加强合作，强化老鹰水库水源保护。

（四）共同推进生态走廊建设

为共同推进大熊猫国家公园建设，正式成立大熊猫国家公园成都、眉山管理分局。成都整合了原有保护地及管理机构，组建4个管护总站和28个管护站。启动编制片区保护与发展实施规划、入口社区规划，稳妥推进保护修复和生态搬迁。加快构建生物多样性监测体系，设置监测网格、划定巡护路线。眉山组织开展大熊猫及其栖息地巡护监测，并成功争取到大熊猫国家公园四川省一号界碑落界眉山。同时，眉山市在岷江、东风渠、球溪河、柴桑河等跨界流域大力推进重点流域与重点湖库生态廊道建设，完成东风渠200亩绿廊、柴桑河流域10亩污水处理配套湿地、球溪河流域5000平方米生态浮岛建设。

（五）联合开展突发环境事件处置与应急演练

及时开展跨流域联合应急加密监测，2020年有效处置“3·14”人民渠绵阳段柴油污染等突发环境事件；眉山市、成都市联合开展“天府行动2020”岷江流域突发环境事件应急演练，进一步提高生态环境保护应急处置能力。2021年8月，四川省生态环境厅联合四川省应急管理厅指导成都市金堂县开展“2021 年汛期水环境安全成都市金堂县应急实战演练”活动，着力提升应对极端天气的水环境应急处置能力。演练有效检验突发环境事件处置过程中的信息报告、应急响应、污染处置、监测评估、协同联动、信息公开等环节，有力提升了全省环境应急处置水平。

（六）强化跨界地域环境污染联合执法行动

2020 年底，成、德、雅、眉、资五市环境执法机构联合召开了五市生态环境执法联席会议，制定并印发《成德雅眉资合作开展 2020～2021 年冬季污染防控攻坚联动执法工作方案（试行）》。2020～2021 年冬季大气攻坚期间，成都市生态环境保护综合行政执法总队联合德雅眉资四市生态环境保护综合行政执法支队共开展两轮次成德雅眉资五市联动执法行动，围绕成都市与眉山市、德阳市交界区域开展联动执法行动，查处环境违法行为等。

三　发展构想

成都都市圈要实现生态环境共建、共保、共享、共赢，首要前提是要找准区域生态环境治理与监管的关键堵点、难点问题，加快建立健全生态环境联防联控体制机制，推动成德眉资生态环境保护进入全方位合作的新阶段。

（一）加快推进法规、政策和标准的统一

加快构建与都市圈发展定位相适应的生态文明法规制度体系，推动区域污染防治共同立法，联合出台大气污染防治、水污染防治、噪声污染防治、机动车污染防治、生态补偿、生态保护等领域的地方性法规或规范性文件，研究构建全面、科学、严格的地方生态环境绿色标准体系，争取省政府制定区域环境质量、污染物排放、行业能耗以及碳排放等方面的地方标准，联合制定污染防治和环境管理相关政策，实现区域一把尺子管理。

（二）坚持空间开发利用格局

严格按照禁止开发、限制开发、允许开发的原则，对土地用途和功能进行管理，优化都市圈工业布局和产业布局，统筹划定生态涵养区、工业生产区、居民生活区。以“三线一单”最新数据成果为管控体系，协同实施生态环境分类管控，构建“三山三江”绿色生态空间格局和“三区三带”经济地理格局。

（三）加强生态环境监管执法一体化

建立生态环境联合执法互督互学长效机制，适时开展环境违法案卷交叉评查活动。加强区域污染防治联合执法检查，建立环境污染案件移交、协查、协办制度，合力打击涉嫌区域流域生态环境违法行为。推动跨区域取证互认、交界区域交叉执法试点工作。

（四）加快推动数据信息共享

目前区域生态环境信息共享机制不够完善，缺乏有效的措施政策保障，要加快推进区域环境数据采集、信息平台建设，在生态环境监测数据、生态系统数据、固定污染源及移动污染源排污信息、气象及水文等领域实现数据共享，定期召开专家座谈会议，开展大数据关联分析，为区域环境决策提供科学支撑。

（五）加快生态环境科技力量共享

针对区域空气污染复杂机制研究，共享院士（专家）等环境领域智库，完善相关人才合作与交流机制，联合共建生态环境产学研用示范试点，强化区域生态环境专业人才队伍能力建设，推动生态环境保护领域事业单位、高等院校及科研院所等常态化交流合作。

（六）统筹水生态系统修复

开展岷江、沱江流域水环境治理合作试点，联合整治青白江、北河、鸭子河、府河等重点跨界河道，系统开展水污染综合整治，共同提升新南河、老南河、通济堰等水质，全面消除城市黑臭水体，持续推动流域上下游水质稳定达标。系统治理修复岷江、沱江水生态环境，联合建设天府蓝网体系，健全生态、补水、防洪联动机制，联合实施跨境河流河道疏浚及防洪工程建设，统筹保障河流、湖泊生态基流，恢复提升河流湖泊生态系统基本结构与功能。

（供稿单位：成都市生态环境局）

ℝ.8
推进都市圈现代金融协调发展与风险协同防控

深入贯彻落实四川省委省政府和成都市委市政府关于推动成德眉资同城化发展的决策部署，充分发挥西部金融中心发展势能，深化四市金融领域分工协作，发挥各自特色优势，加快成德眉资金融同城化发展进程，助推金融服务成德眉资实体经济发展，为高质量推进都市圈建设贡献金融力量。

一　现状成效

（一）成德眉资银行业同城化发展初见成效

近年来，成都市法人银行机构紧跟成德眉资四市发展需求，积极对接重点产业和重大项目，搭建形式多样的融资渠道，匹配特色金融服务产品，提升金融服务的质效，为四市社会经济发展引入金融活水。目前，成都市有法人银行机构 18 家（含 14 家村镇银行）。其中，成都银行、成都农商银行正扎实推进成德眉资金融同城化发展。

截至 2021 年 6 月末，成都银行在成都、德阳、眉山、资阳共设立分支机构 167 家，各项贷款余额 2342.79 亿元。其中，成都地区分支机构 158 家，覆盖成都全域，各项贷款余额 2216.80 亿元；德阳地区分行 1 家，下辖 1 家绵竹支行，各项贷款余额 56.61 亿元；眉山地区分行 1 家，下辖东坡、仁寿、彭山 3 家支行，各项贷款余额 44.08 亿元；资阳地区分行 1 家，下辖安岳、乐至 2 家支行，各项贷款余额 25.30 亿元。

截至 2021 年 6 月末，成都农商银行在成都、资阳、眉山地区共设立分支机构 634 家，各项贷款余额 2607.47 亿元。其中，成都地区分支机构 632

家，各项贷款余额 2542.57 亿元；资阳地区分行 1 家，各项贷款余额 34.02 亿元；眉山地区分行 1 家，各项贷款余额共计 30.88 亿元；德阳地区暂未设立分支机构。成都农商银行与眉山市政府、眉山天府新区管委会等已签订战略合作协议，授信总量超过 200 亿元；为眉山、资阳等区域的毗河供水建设工程、岷东大道、大峨眉旅游西环线等基础设施建设提供超过 30 亿元的信贷支持。

同时，德眉资三市银行业机构也积极把握和运用成德眉资同城化发展的新机遇，主动嫁接成都金融资源，推动银行业同城化发展。目前，德阳市有法人银行机构 2 家，其中长城华西银行在成德眉资地区共 49 家分支行，其中，成都地区分行 1 家，下辖支行 10 家，德阳地区分行级专营机构（小企业信贷中心）1 家，下辖支行 35 家，眉山地区分行 1 家，下辖支行 1 家。截至 2021 年 6 月末，在成德眉资地区贷款余额共计 482 亿元。眉山市与四川银行签署战略合作协议，四川银行眉山分行筹备组正式挂牌；资阳市与民生银行成都分行、农发行省分行签订战略合作协议，获意向融资 480 亿元，四川农信（资阳）与中信银行成都分行签订战略合作协议，积极提升金融服务能力和水平。

（二）成德眉资保险业同城化发展实现区域覆盖

成都市保险机构积极融入成德眉资同城化发展中，在绿色金融、农业保险、商业保险等方面与德眉资三市开展全面合作，共谋发展、互利共赢。目前，成都市有法人保险机构 3 家，其中，锦泰财险、中航安盟均在成德眉资地区设立分支机构，在当地积极开展保险业务，开创保险区域合作新篇章。

截至 2021 年 6 月，锦泰财险在成德眉资共设立各级分支机构 27 家，上半年实现保费收入 4.91 亿元。其中在成都市有分支机构 18 家，上半年实现保费收入 4.44 亿元，提供各类风险保障 1.17 万亿元；在德阳市有德阳中支及下设的罗江、中江、绵竹 3 家支公司，上半年实现保费收入 840 万元，提供各类风险保障 126.92 亿元；在眉山市有眉山中支及下设的彭山、洪雅 2 家支公司，上半年实现保费收入 3051 万元，提供各类风险保障 264.38 亿元；在资阳市有资阳中支及下设的安岳支公司，上半年实现保费收入 845 万元，提供各类风险保障 71 亿元。

中航安盟在成德眉资共设立分支机构 23 家，总体以农险业务为主，2021 年 1 ~6 月，实现保费收入 1.89 亿元。其中，成都地区设中支机构 1 家，下设邛崃、崇州、蒲江、都江堰、金堂、双流、彭州、新津、青白江、简阳、龙泉、温江、新都、郫县、大邑 15 家四级机构，实现保费收入 1.51 亿元；德阳地区设中支公司 1 家，设中江支公司，实现保费收入 510.41 万元；眉山地区设东坡营销服务部、仁寿营销服务部，实现保费收入 448.68 万元；资阳地区设中支机构 1 家，设安岳营销服务部、乐至支公司，实现保费收入 2750.62 万元。

（三）成德眉资资本市场同城化向好发展

成都以“交子之星”经济证券化行动计划为抓手，出台《关于推动提高上市公司质量的实施意见》，落地上交所西部基地、深交所西部基地和新三板西南基地，积极推动成德眉资四市企业上市工作。目前，成都市拥有华西证券、国金证券、川财证券、宏信证券 4 家法人证券公司，华西期货、国金期货、倍特期货 3 家法人期货公司。其中，华西证券在成德眉资共设有 18 家营业部（成都 12 家、德阳 3 家、眉山 2 家、资阳 1 家），国金证券在成德眉资共设有 17 家营业部（成都 15 家、德阳 1 家、眉山 1 家），宏信证券在成德眉资共设有 10 家营业部（成都 8 家、德阳 1 家、眉山 1 家）。截至 2021 年 6 月末，成都市证券交易额达 5.45 万亿元，同比增长 12.71%；德阳市证券交易额达 2451.60 亿元，同比增长 4.03%；眉山市证券交易额达 2451.60 亿元，同比增长 10.75%；资阳市证券交易额 462.78 亿元，同比增长 4.12%。

截至 2021 年 6 月末，成都市累计上市公司 121 家，其中 A 股上市公司 95 家；德阳市累计上市企业 5 家，新三板挂牌企业 12 家，天府（四川）联合股权交易中心挂牌企业 793 家，建立了改制挂牌上市后备企业资源库，第一批 35 家企业进入后备资源库，24 家企业成功在天府（四川）联合股权交易中心挂牌；眉山市累计上市企业 3 家，天府（四川）联合股权交易中心挂牌企业90家，并积极与广发证券、华泰证券、国泰君安证券等证券机构的成都投行部门对接，为眉山市企业提供上市服务，2021年以来先后对市内20余家企业进行调研指导；资阳市深入开展“起点行动”计划，市级上市挂牌后备企业库已有35家，24家企业挂牌。

（四）成德眉资要素交易市场同城化加速推进

近年来，成都要素市场辐射范围不断扩大，在服务成德眉资中小企业、拓展融资渠道、创新金融业态等方面发挥了重要作用。截至2021年上半年，成都市地方要素交易场所中，成都农村产权交易所已在德阳、眉山、资阳等市建立分支机构，开展相关要素流转交易，西南联合产权交易所资阳分所正在稳步推进中。

西南联合产权交易所（简称西南联交所）成立于2009年12月，截至2021年6月底，各类项目累计成交20511宗，累计成交额2171.33亿元。西南联交所德阳分所成立于2012年6月，截至2021年6月底，各类项目累计成交927宗，累计成交额54.2亿元。西南联交所眉山分所成立于2018年10月，截至2021年6月底，各类项目累计成交161宗，累计成交额10.48亿元。截至2021年上半年，西南联交所资阳分所暂未设立，正与资阳方面开展业务模式论证等前期工作。

成都农村产权交易所（简称成都农交所）成立于2010年7月，截至2021年6月底，本部项目成交18910宗，成交面积255.31万亩，成交金额1296.11亿元。成都农交所德阳分所成立于2017年11月，项目成交4574宗，成交面积51.76万亩，成交金额65.40亿元。成都农交所眉山分所成立于2019年12月，项目成交169宗，成交面积2.46万亩，成交金额3.42亿元。成都农交所资阳分所成立于2019年12月，项目成交255宗，成交面积5.43万亩，成交金额2.91亿元。

天府商品交易所（简称天府商交所）成立于2011年9月，在线交易商品涵盖农产品、能源、化工、金属、建材五大类26个交易品种。截至2021年6月底，累计成交额达10379.35亿元。天府商交所与眉山市丹棱县合作设立的丹棱县晚熟柑橘交易服务中心，成立于2020年5月。一年多来，中心通过线上平台采集四镇一乡果农种植详情数据1500余条，为县域内36家合作社及初加工厂提供相应的产能信息服务，组织完成晚熟柑橘实货交易交割额达5000万元。

（五）成德眉资地方金融组织体系逐步完善

截至2021年6月末，成德眉资四市共有融资担保公司84家（成都60家，德阳15家，眉山5家，资阳4家），注册资本261.5亿元，累计提供担保299.97亿元，年末在保余额1202.75亿元。截至6月末，成德眉资四市共有小额贷款公司88家（成都72家，德阳8家，眉山7家，资阳1家），累计发放贷款100.67亿元，贷款余额231.42亿元。同时，富登小额贷款（四川）有限公司获省金融局批复，已在德阳、眉山、资阳设立分公司进行展业。美兴小额贷款（四川）有限责任公司在德阳设立分公司进行展业。

截至2021年6月末，成都市法人融资租赁企业60家，资产总额298.77亿元，融资租赁资产总额230.31亿元，服务实体经济企业4264家；商业保理公司9家，总资产64.52亿元，发放保理融资款本金54.5亿元，受让应收账款余额83.55亿元，服务客户数量45525户。成都益航资产管理有限公司注册资本100亿元，截至2021年6月末，益航资产管理有限公司存量不良资产投资余额107.17亿元。

截至2021年6月末，成都市共有法人典当企业142家，其中分支机构4家，注册资本31亿元，典当总额38.43亿元，交易笔数4721笔，平均单笔业务金额为81.4万元，房地产业务交易额11.29亿元，占比29.38%；动产业务交易额16亿元，占比41.64%；财产权利业务交易额11.13亿元，占比28.97%；典当余额14.7亿元。德眉资三市也积极推动典当业发展，目前，德眉资三市分别有1家、6家、1家典当行。

（六）成德眉资金融服务平台提速推广

交子金融“5+2”平台抢抓同城化发展历史机遇，积极采用“成都搭建平台+3市配套政策”模式，强化资源整合，加快创新融资服务模式，推动四市设施互通、创新协同、服务共享，提升交子金融“5+2”平台服务半径。

“盈创动力”平台于2016年设立了德阳工作站，2017年建立当地首支天使基金——德阳盈创阳光天使基金，首期规模6000万元，目前投资过半，取得了良好的社会效益和经济效益。与资阳市签订框架合作协议共同组建盈创动力平台资阳站并于2021年2月5日上线运行，已累计注册用户25户，促成9户融资，融资金额2630万元。盈创动力“园保贷”产品为成都市累计放款26.10亿元，放款企业265户；为德阳市累计放款8.29亿元，放款66户；为眉山市累计放款2.07亿元，放款企业20户；为资阳市累计放款9480万元，放款企业8户。“园保贷”共计为成德眉资区域放款37.41亿元，极大缓解了成德眉资区域中小企业融资难、融资贵问题。

“科创通”平台大力推进区域拓展工作，将优质科技创新创业资源向德眉资等市州辐射，德阳科创通平台已于2021年7月6日正式上线，眉山、资阳平台搭建工作正加快推动。截至6月末，平台累计为4814家科技企业利用其股权、知识产权、信用等获得信用贷款121.90亿元，较年初增长27.81%；已组建基金20支（含批复），基金总规模37.42亿元，较年初增长14.43%，已完成投资项目162个，投资总额18.57亿元，较年初增长36.75%。

“农贷通”平台自2017年运行以来，通过各种应用场景沉淀业务数据，汇集政府涉农数据，完善平台信用信息体系建设，高质量服务涉农新型经营主体，并于2020年底升级为全川农村金融保险服务平台，建立了创新、开放、互联互通的“线上+线下”农村金融综合服务体系。目前，农贷通平台与德阳、眉山、资阳等市州金融局就合作模式进行了多次交流，已与德阳市签订战略合作协议，共同推进德阳平台落地。与润地农业的眉山“及时雨”数字农业服务平台展开合作，计划在借鉴成都既有合作模式的基础上，在眉山推广应用。与省同城办推进德眉资三市服务全川平台落地事宜，并提交服务全川平台项目计划书。

“创富天府”平台积极开展与德阳、眉山、资阳三市的对接与服务，组织参与了资阳市重点产业项目（企业）投资路演、绵竹市酒类企业投融资对接等多场活动，与资阳市高新区签订了战略合作框架协议，与德阳现代金融产业园完成战略合作协议商议，与眉山管委会达成合作意向。截至 2021 年 6 月末，“创富天府”协助中金资本和华控产业基金成功投资德阳明日宇航、眉山洪雅县幺麻子食品 2 家企业近 3 亿元资金。

“银政通”平台首创政务、金融信息“分布式共享”，进一步深化了银政数据共享和业务互动，并入选国务院自由贸易区第六批改革试点经验，在全国范围进行复制推广。2021 年上半年，成都联合德眉资相关部门签署合作协议，确定将“银政通”平台向德眉资三市进行复制推广，并于第三季度上线试运行；成德眉资公积金银行信息互联互通项目已列入公积金同城化项目清单，拟于年内实现公积金业务的全省覆盖。截至 6 月末，“银政通”平台共办理不动产信息业务 220.63 万笔，同比增长 3.7 倍，其中，抵押登记线上预审或直办业务 4.88 万笔，抵押注销线上直办业务 9.96 万笔，下载不动产抵押登记电子证明 8.04 万笔；办理公积金信息业务 195.51 万笔，同比增长 70%。

（七）成德眉资银政企融资对接成效显著

成都市持续推动“交子之星”产融对接行动，2021 年上半年共开展线上线下产融对接活动 67 场，意向金额达 8923.31 亿元。联合德眉资三市金融工作局等相关部门，成功举办成德眉资金融服务实体经济融资对接会，现场签约项目金额达 208 亿元，会议直播间发布企业融资需求 100 余笔，金额 80.66 亿元。德阳市建立了“线上 + 线下”产融对接长效机制，搭建了“项目（企业）融资需求库”和“金融服务产品库”，金融机构对需求库里 200 余户企业进行了跟踪服务，部分企业已与银行达成合作意向。同时，成功举办重点项目融资对接会和服务业“4 + 6”产业融资对接会，加强了金融资金的协调支持。资阳市积极邀请成德眉金融机构参与项目路演，拓宽企业的融资渠道，临空产业新城成功获得包括成都银团在内的贷款 65.84 亿元，其中一期银团贷 60.47 亿元已到位；与成都天府基金小镇签订战略合作协议，与省农担开展全面合作，建立省农担资阳分公司，目前在保余额 3.28 亿元，共 662 户，户均 49.51 万元。眉山市积极举办“金政企”对接会，并围绕“抢抓资本市场机遇，推动实体经济高质量发展”进行专题培训。

（八）“成德眉资金融顾问服务团”持续助力同城化发展

“成德眉资金融顾问服务团”自成立以来，积极为成德眉资企业开展个性化、差异化和精细化的金融服务，已逐步形成多层次、专业化金融服务体系，推动金融服务从单一服务向综合服务转变，满足实体经济转型升级的全方位需求，积极助力成德眉资金融同城化发展。

截至 2021 年 6 月末，金融顾问服务团克服疫情带来的影响，开展了 35 场不同系列的线上金融直播活动，最高在线纪录吸引了超过 3 万人观看；开展了金融顾问之“企业行”和“产业行”，参与企业达上百家；为企业专设“开放接待日”，完成信贷投放、授信、保理融资、供应链融资、上市辅导等融资服务项目 345 个，咨询服务 600 余次，涉及融资与授信金额上百亿元。新增洽谈项目包括资阳水务燃气等 32 个项目，金额合计 47.86 亿元。德阳市建立了由 118 人组成的素质过硬的德阳金融顾问服务团队，帮助实体企业融资与“融智”“融制”相结合，为市县（市、区）及产业园区内的企业免费提供金融咨询服务。资阳市高效开展“金融顾问团”工作，为辖内重点项目（企业）、民营中小微企业提供一对一的“保姆式”金融服务，服务市级重点项目 156 个、区县重点项目 159 个，服务民营企业 276 户、中小微企业 405 户，累计促成融资 134.81 亿元。

二　工作举措与创新做法

（一）不断完善顶层设计

成都市联合德眉资三市金融工作局共同出台了《现代金融协调发展与风险协同防控专项合作组工作规则》《现代金融协调发展与风险协同防控专项合作组实施细则》，促进成德眉资金融资源优化配置，提升金融同城化水平，增强金融服务实体经济能力。

（二）打造交子金融综合服务平台

建立“5+2”平台一站式门户，统筹衔接“5+2”各基础平台和应用系统，实现平台门户统一、业务汇聚、用户共享、数据互通等功能。推动

“5+2”平台与德眉资深入合作，共享平台机制优势和服务经验，扩大服务半径。

（三）推广“交子之星”经济证券化倍增行动计划

积极为德眉资企业开展上市培训辅导，新增微壹科技、众信溯源2家眉山企业在天府（四川）联合股权交易中心挂牌。

（四）开展联动宣传报道

四市共同加大与新闻媒体的合作联动，对重大活动、重大项目事项进行同步宣传、同步报道，推动宣传联动和氛围营造。

三 发展构想

（一）完善金融同城化工作机制

积极发挥现代金融协调发展与风险协同防控专项合作组的作用，定期召开工作会议，传达落实省同城化领导小组及其办公室决策部署，协调解决四市金融合作工作中存在的具体困难问题，提供金融同城化各项保障支持。

（二）推动金融机构跨区域经营服务

发挥成都市极核带动作用，引导本地金融机构加大对四地重点合作项目和重点领域的金融支持，推动成德眉资金融服务均质化、基础设施一体化，促进金融资源优化配置、合理流动。支持金融机构和大型科技企业在成德眉资依法设立金融科技公司，助力培育创新创业生态、高新技术产业的核心引擎。

（三）持续推广金融服务平台

紧抓成德眉资同城化发展重大历史机遇，强化资源整合，积极采用“成都搭建平台+3市配套政策”模式，推动交子金融“5+2”平台完成对“德眉资”同城化模式复制输出，力争实现设施互通、制度联动、创新协同、服务共享。强化因地施策，做细做实中小微企业投融资培训、项目对接等融资服务，精准对接中小微企业融资需求，提升金融普惠性和服务质效。

（四）共同打造“政产学研用”平台

持续推动“成德眉资金融顾问服务团”，为四市国有企业、各类中小微企业的债权融资和股权融资提供全方位的金融服务解决方案。依托现代金融产业生态圈联盟，打破要素壁垒，汇集资源优势，共同构建四市产融对接互利共赢新纽带。依托成都市与清华大学、复旦大学、西南财经大学等高校共建的智库机构，汇聚高端金融人才资源，推动四市金融人才交流合作，提高金融从业人员综合素质和业务水平。

（五）合力构筑金融风险联防联控体系

建立金融风险监测和处置联动工作机制，在落实属地管理的基础上，完善四地金融稳定信息共享机制，重点建立具有监管交叉传染金融风险功能的信息共享平台，加强风险处置联动协调，加大对非法金融活动、非法集资的打击力度，共同防范化解金融风险。

（供稿单位：成都市地方金融监督管理局）

ℝ.9
加快建设现代高效的成德眉资都市农业示范区

成都市农业农村局高度重视成德眉资农业农村同城化工作，按照四川省成德眉资同城化领导小组和农业农村厅的要求，全力做好成德眉资都市现代高效特色农业示范区专项合作组牵头工作和成德眉资都市现代高效特色农业示范区研究组办公室的服务保障，先后召开3次全体会议和23次专题会议，传达学习并研究落实农业农村同城化发展工作要求，努力发挥示范区的“双核”作用。

一 现状与成效

（一）构建都市现代高效特色农业示范区组织机构

组建由成都市人民政府副市长任组长，成德眉资四市农业农村、规划和自然资源、文旅等有关部门为成员单位的成德眉资都市现代高效特色农业示范区专项合作组。为开展好前期工作，2020年3月正式成立了成德眉资都市现代高效特色农业示范区研究组办公室，由成德眉资四市农业农村局选派的分管领导和业务工作骨干组成，在成都市农业农村局集中开展规划编制、项目和优势产业目录梳理等各项工作，负责传达学习成渝双城经济圈、省委同城化有关工作部署和省同城办相关文件，研究审议成德眉资都市现代高效特色农业示范区发展规划、优势特色产业目录等有关文件。

制定了《成德眉资都市现代高效特色农业示范区专项合作组工作规则》，明确专项合作组由农业农村厅指导，成都市政府分管农业农村领域的市领导牵头协调，德阳市、眉山市、资阳市分管农业农村领域市领导参与协调，成德眉资四市发改、经信、商务、文旅、规划和自然资源、金融、科技、博览、国资、投促、扶贫开发等部门为成员单位。负责制定推进成德眉资都市现代高效特色农业示范区发展规划、工作方案，组织开展推进成德眉资都市现代高效特色农业示范区重大问题研究，跟踪分析同城化发展形势，提出推进成德眉资农业农村同城化发展的政策措施建议；建立农业农村同城化发展联络机制，促进信息互通、工作协同，开展成德眉资都市现代高效特色农业示范区发展工作督导、调研等方面工作，原则上每半年召开1次工作会议，传达落实省同城化领导小组及其办公室决策部署，及时研究推进成德眉资都市现代高效特色农业示范区发展工作进展情况和有关问题，推动相关工作。

牵头起草了《成德眉资都市现代高效特色农业示范区专项合作组实施细则》，专项合作组负责推动四市重要农产品保供基地和特色农产品优势产区建设，共建乡村振兴七大共享平台，促进农村土地、农业科技、涉农金融、会展博览等乡村振兴要素优化配置，开展农产品公用品牌合作，推进都市现代高效特色农业示范区建设等，支持省、市国资国企参与同城化农业项目建设。持续优化成德眉资主要农产品高质量供应链，促进供应方式变革；跨区域构建具备国内外竞争力的都市现代农业产业集群；做强休闲农业和乡村旅游产业，创建成德眉资农商文旅体整体运营联盟和信息平台；沿“两山两水一轴三环”营造农商文旅体融合发展高品质场景；建设国家级都市型农业科创中心；深化农村改革创新要素配置和保障机制等近期重点工作内容。

（二）完成都市现代农业调研摸底

成都市会同德眉资三市，深入成德眉资4市23个区（市）县［覆盖德眉资所有15个区（市）县］开展实地调研，在德眉资三市和重点区（市）县召开了座谈会，围绕各地农业产业基本情况、优势特色产业发展现状、面临的困难问题、未来发展思路以及对都市现代高效特色农业示范区规划的建议等方面进行交流和探讨，了解各地都市现代高效特色农业产业、毗邻区域特色农业产业发展现状和各地农业产业特色、农产品加工、农业龙头企业发展等情况。研究成德眉资同城化发展暨成都都市圈建设农业重大骨干支撑性工程项目进展情况，积极对接国家部委、省上有关部门向上争取的农业重大工程项目、重大政策、重大改革、重大平台“四重”清单推进情况。

起草了《建设成渝现代高效特色农业带研究报告》，从建设成渝现代高效特色农业带的背景意义、优势机遇、建设内容、重点工程、政策建议等方面，提出建设国家级科技创新平台、打造国家级农业科技供需对接平台、重塑产业融合发展空间新格局、以产业功能区为载体构建现代农业生态圈、构建农商文旅体融合发展的农业产业带、现代农业绿色发展先行区、宜居乡村产业相融示范区、长江流域农业生态保护屏障区、国家城乡融合发展试验区、农村土地改革的示范区、争创全国金融服务乡村振兴试验区等重点建设内容；谋划了农业科技创新促进工程、乡村人才培育聚集工程、农业产业功能区（园区）建设工程、成德眉资都市现代高效特色农业示范区建设工程、新农村现代流通服务网络示范工程、特色村镇建设工程、七大共享平台提质升级工程、会展经济体系建设工程等 8 项支撑工程。

起草了《构建成德眉资都市现代农业产业生态圈研究报告》，报告分为研究背景、案例借鉴、现状分析、对策举措等 4 个部分。通过对比京津冀城市群、长三角都市圈、粤港澳大湾区、日本东京湾城市圈和以色列、荷兰等国内外知名都市圈地区都市农业发展路径和显著特点，分析其发展过程中遇到的问题和解决方案，找到成都都市圈农业农村发展上的差距，提出构建成德眉资都市现代农业产业生态圈对策，主要包括持续优化区域主要农产品高质量供应链，促进供应方式变革；跨区域构建具备国际竞争力的千亿级都市现代农业产业集群；围绕产业链关键环节，集聚要素配置，沿“两山两水一轴三环”营造农商文旅体融合发展高品质场景；建设国家级都市型农业科创中心；深化农村改革创新要素配置和保障机制等 5 个方面。邀请中国农业大学、中国农业科学院、西南大学等农业产业、农产品加工、农商文旅体融合发展行业内专家对川菜、川果、川药、川酒、川茶等五大优势产业集群梳理现有优势、明确发展方向，拟包装成德眉资共建优势特色产业集群有关项目 32 个。

二　工作举措与创新做法

（一）坚持规划先行，高标准编制农业农村同城化规划

按照高标准编制成德眉资同城化农业农村规划的要求，确定由中国农业科学院都市农业研究所（国家成都农业科技中心）负责编制《成德眉资都市现代高效特色农业示范区发展规划》，规划认真吸纳了《成渝双城经济圈规划纲要》《成都都市圈规划纲要》《成渝现代高效特色农业带规划》等上位规划内容，并于2021年4月16日在省推进成德眉资同城化第三次领导小组会上审议通过。规划分为成德眉资“米袋子·菜篮子”供应体系、价值输出，区域特色农产品全球价值链战略、场能塑造，都市圈区域高质量都市现代农业新场景、优势产区布局与重大项目和保障措施等九个篇章，重点描绘了成德眉资在农业科技创新、对外开放、功能区（园区）合作、农业博览等方面的内容，提出了2023年实施“区域特色农产品全球价值链战略”，提升“‘川味’、果、药、茶、酒”五个千亿级优势产业集群的国际竞争力，将区域特色农产品输出提升为文化和产业体系输出，2025年将成德眉资都市现代高效特色农业示范区建成食品供应稳定高效、特色农业产业体系完整、生态生活环境优美宜居、全球知名的都市现代农业示范区和优势特色产业聚集区的目标。围绕“四子两都”的发展愿景，“装满‘米袋子’，丰富‘菜篮子’，做优‘果盘子’，充实‘农民钱袋子’，做强‘世界美食文化之都’、打造‘中国休闲农业之都’”。以跨行政区域“协同供应保障、协同价值输出、协同要素配置”三协同为发展路径，规划提出了相关优势产业的空间布局，提出了42个重点项目，总投资1721亿元。为推动规划持续落地，设置了包括组织领导、统筹规划、项目支撑、政策保障与深化改革在内的保障体系，围绕重大政策、重大改革、重大平台提出20项任务清单。目前规划送审稿已按照四市领导及相关部门的修改意见进行完善，通过了省推进成德眉资同城化领导小组第三次会议审议，待《成都都市圈规划纲要》《成渝现代高效特色农业带规划》等上位规划正式印发后，进一步修改完

善，以省委农村工作领导小组名义印发。

（二）打造农业特色优势产业

成德眉资四市共同梳理成德眉资农业特色优势产业目录，在粮油、蔬菜及食用菌、晚熟柑橘、伏季水果、中药材、茶叶、高端种业、农产品加工业等十大类20项农业产业中明确各区（市）县及农业产业园区的优势特色产业，在征求省级有关部门意见后，于2021年2月以农业农村厅名义发布了《成德眉资都市现代高效特色农业优势产业目录》。

成都市会同德阳市起草《成德临港经济产业协作带建设方案（2021～2025年）推进农业产业园区协同建设任务实施内容》，明确发展目标，通过五年建设，成德地区粮食、蔬菜、生猪保供能力明显增强，通过培育特色农业高能级企业、共建省级以上现代农业产业园区、强化区域科技协同水平等方面，梳理成德临港经济产业农业协作园区建设重大项目4个，推进成德区域农业农村同城发展。

（三）构建区域重要农产品的高质量供应链

研究构建区域重要农产品的高质量供应链。通过分析测算，按四市所辖服务人口3100万来计算，区域年产出口粮约410万吨、蔬菜约1110万吨、肉类约130万吨、蛋类约42万吨，主要农产品供应总量基本平衡。为此，我们在同城区域着力构建“从田间到舌尖”全流程、全体系协同的高质量供应链，通过提升“产地前置加工仓、枢纽核心物流仓、销地周转调剂仓”的物流体系，建设重要农产品“从田间到舌尖”全程数字化信息平台，完善农业农村金融体系，发展符合条件的供应链金融社会化服务体系。2021年7月27日在成德眉资同城化第二次领导小组会上，四市发改、农业农村部门签署了粮食生猪蔬菜区域生产保供合作协议，以合作共建、联建的方式在成德眉资等地建设挂牌认证益民示范基地，开展示范试验推广，目前已完成6个示范基地的选址工作。研究了成都都市圈农业农村高质量发展评价指标体系，涉及主要农产品自给率、农村劳动力本地就业比、新增毗邻融合型重点项目等指标，充分反映成德眉资同城化空间融合协同发展水平和区域保障协同能力。

发挥国有企业和平台公司作用。支持成都益民集团参与农业农村同城化发展，分别赴德眉资三市开展合作洽谈，在菜篮子基地建设、区域农产品公共品牌建设、农业金融服务等多领域推进同城化合作：与资阳市雁江区政府就种猪场基地建设项目确定项目用地；与眉山市彭山区国有粮食购销有限公司开展大宗粮食仓储合作；与德眉资三市专合社及农业公司签订《基地农产品供销协议》，建立直采直销基地。在蒲江、简阳、资阳拟布局3个生猪良繁养殖场，在德阳什邡市、简阳市、眉山等地目前已开展直采直销蔬菜基地建设、订单农业及产品购销合作，与德阳市什邡市穿金种植养殖专业合作社、什邡市信农农业有限责任公司、眉山市生宇生态农业专业合作社等成德眉资地区的20家专业合作社或农业公司签订《基地农产品供销协议》，建立直采直销基地，与眉山经济开发区食品生产厂家四川九升食品有限公司进行了对接并签订了产品购销协议，目前产品已进入益民菜市门店销售。

谋划构建成德眉资同城化重要农产品高质量供应链体系建设研究课题。该课题主要围绕确保成德眉资地区区域粮油肉蛋等大宗基础性主要农产品供应效率，增加城市应急保障能力，高效协调区域间粮油、生猪等基础农产品生产目标，通过生态补偿和异地基础设施共建等方式，增进产区生产积极性和协同性，在确保“米袋子”“菜篮子”供给安全方面，深入研究构建“从田间到舌尖”全流程、全体系协同的高质量供应链体系。目前，课题已通过成都市政府专家评审，准备开展前期调研工作。

三　发展构想

（一）积极探索毗邻地区农业合作园区建设

加快推进金堂——中江蔬菜（食用菌）产业建设合作示范园区项目。该项目获四川省农业农村厅2021年度成渝现代高效特色农业带合作园区试点项目支持。园区聚焦食用菌产业最鲜明特色和最大优势，全面构建技术研发、菌种培育、高端生产、物流加工、休闲观光等全产业链，全力扩链、补链、强链，推动菌业“专精”发展，树立行业标杆。推动两县食用菌产业规模化、智能化、高端化发展，构建“园区+基地+企业+农户”利益联结模式，建立园区引领牵头、龙头企业带动、国有企业支撑，推动农民人均增收1200元以上。园区通过建立项目联合申报运作机制、深化产业协作共建、共享科技创新成果、共建营销体系、促进人才培养等五个方面，坚持“两端强功能，中端做示范”的发展思路，金堂聚焦前端研发创新、后端品牌营销，通过金堂优新菌种共享、营销体系共建，带动中江做强中端标准化种植示范，全力补链、强链，形成产业集群发展的格局，促进两地食用菌产业全产业链高质量发展，走出一条毗邻园区相互促进、优势互补、共同发展、特色鲜明的产业共建发展道路，促进两地农业农村共同发展、乡村共同振兴。目前园区实施方案已得到农业农村厅批复，正在编制合作园区有关规划。

发布《彭州市—什邡市交界地带融合发展实施方案》，继续推动彭州、什邡两地共建彭什川芎现代农业园区，成立彭什川芎现代农业产业园工作领导小组。园区坚持跨区域同规、共建、联动，以川芎开发为主导，着力推进中医药行业“全链发展”“三产联动”，创新营造以川芎为鲜明特色的“中药+”应用场景，初步形成了“区域共通、产业共融、平台共建、资源共享、园区共营”的跨区域发展格局。截至2021年上半年，园区联片种植面积达到10万亩、辐射带动面积超20万亩，2020年川芎药材年产量近3万吨、年产值近8亿元，在全国的市场占有率达到75%以上。园区通过强化“协议+方案+规划”顶层设计、健全“领导小组+管委会+平台公司”组织架构、聚力打造川芎产业“精品示范”等三方面重点工作，围绕探索毗邻地区行政区与经济区适度分离，以园区为先行区，以园区管委会和平台公司为实践路径，在交界地带国土空间规划、土地整理、产业共兴、服务共享、生态修复、要素保障等工作领域思考谋划和推出一揽子举措，创造就业岗位约1500个，带动园区所在镇农民人均可支配收入达到2.4万元。

（二）加快特色现代农业产业示范园区建设

推动蒲丹晚熟柑橘现代农业产业园建设持续推进，已建立“联席会议”

“工作专班”等制度，培育家庭农场78家、专合组织307个，实现示范区14万亩晚熟柑橘绿色化、现代化、标准化生产。与天府商交所合作建立的丹棱县晚熟柑橘交易中心已投入使用，试运行期间平台交易额达到2500万余元。编制完成《简雁乐交界地区融合发展规划（修订稿）》，划定简阳市施家镇的信义村和清水村、雁江区老君镇的大溪村和龙星村、乐至县高寺镇的高寺社区和清水村为核心区（起步区），推进“秋千小镇”招商引资项目落地。下一步将把成都农业产业生态圈和产业功能区理念向德眉资三市纵深推进，共同探索跨区域构建都市现代农业产业生态圈和产业功能区。

（三）以农业产业链合作项目推进成德眉资同城化发展

积极推进成德眉资同城化发展工作“五张清单”和“十件大事”，有关部委和省上有关部门，及时了解《成渝双城经济圈战略规划》有关进展情况，以成都市政府名义致函农业农村部办公厅和农业农村厅修改意见3条。会同德阳、资阳、眉山三市梳理成都与德眉资三市同城化产业链合作项目。收集成德眉资同城化发展领导小组会议相关资料，对《成都平原经济区一体化发展2020年重点任务清单》认真研究，进行分工。

（供稿单位：成都市农业农村局）

ℝ.10

持续深化成德眉资同城化体制机制改革

自机制政策改革创新专项合作组成立以来，成都市委改革办认真贯彻落实四川省委省政府关于推动成德眉资同城化发展和成都都市圈建设部署要求，按照责任分工会同德眉资三市改革办，扎实推动同城化发展体制机制政策改革创新工作，为成都都市圈建设注入改革动能。

一　现状与成效

成都市委改革办始终坚持在大局中明方位，在实践中下深水，在落地上见真章，自觉服从和服务全国全省全市改革工作大局，突出创造性引领性改革推进、原创性原动力改革探索，研究推出一系列具有突破性、标志性、支柱性、前瞻性的重大改革任务、改革试点、改革举措，有力助推成德眉资同城化发展。

（一）坚定贯彻落实成德眉资同城化改革决策部署

坚持以党的十九届五中全会精神引领成都都市圈建设改革方向，深入贯彻党中央推动成渝地区双城经济圈建设的重大战略部署，积极推动落实省委十一届八次、九次全会和全省推动成渝地区双城经济圈建设暨推进区域协同发展领导小组第二次会议部署。在市委深改委第九次、十次会议上，集中学习中央、省委关于推动成渝地区双城经济圈建设、推进成德眉资同城化发展系列讲话精神，深刻学习领会、提高政治站位、增强行动自觉，确保成德眉资同城化发展部署不折不扣落地落实。全面协调保障省委改革办专项督导成德眉资同城化工作，组织专班同省同城办联合起草市委主要领导在省推进成德眉资同城化发展领导小组第三次会议上的讲话，总结2020年同城化工作推进情况，明晰成都都市圈建设方法路径，研究提出2021年重点工作。

图1　2021年3月省委改革办、成都市委改革办开展成德眉资同城化体制机制改革专项调研督察

（二）全面谋划成德眉资同城化年度改革任务试点

全面加强成德眉资同城化改革系统集成，集中力量抓好成德眉资同城化发展重点领域改革攻坚。出台《中共成都市委全面深化改革委员会2021年工作要点》，将创新成渝相向发展体制机制、创建成德眉资同城化综合试验区、创造性推动“两区一城”协同发展综合改革一并纳入推进成渝地区双城经济圈建设重大改革中，明确提出探索行政区与经济区适度分离、探索建立财政支持政策异地同享机制、协同推动跨区域基本公共服务标准体系互认互通和制度衔接等改革任务。全面落实《成德眉资同城化发展暨成都都市圈建设2021年工作计划》要求，配合省发展改革委推进《成德眉资同城化综合试验区实施方案》制定。编制出台《2021年成都市全面深化改革落实台账》，逐一确定成德眉资同城化发展涉及的9项重大改革任务和1项重大改革试点，统筹推进成德眉资同城化产业发展、人才招引、营商环境、公共服务领域改革，确定“高质量建设成德眉资同城化教育改革创新试验区”为省级部署在蓉改革试点，由文化教育卫生体制改革专项小组负责牵头落实，形成改革“任务书、时间表”，全面提升同城化体制机制改革的有效性和协同性。

（三）务实推进成德眉资同城化机制改革重点工作

按省推进成德眉资同城办《四川省推进成德眉资同城化发展专项合作组组建方案》（川成德眉资同城领〔2020〕13 号）的通知要求，会同德眉资三市改革主要部门成立成德眉资同城化发展体制机制政策改革创新专项合作组，制定并印发专项合作组工作规则，建立健全多层次常态化协商合作机制，联合德眉资市委改革办专职副主任及相关处室定期研究研讨成德眉资同城化发展机制改革创新工作，加强政策协同，共同推动重大任务、重大项目落实，推动重大改革试点在四市优先落地。2021 年 4 月 29 日，专项合作组召开第一次会议，深入学习四川省推进成德眉资同城化发展领导小组第三次会议精神，讨论确定成德眉资同城化发展机制政策改革创新合作组工作规则，研究推动四市改革落实和总结推广改革经验成果的具体举措，明确了合作组重点工作，将联合开展同城化发展科技、产业等领域改革创新政策制定，协同开展财税利益分享机制研究等，着力破除行政壁垒，深化“放管服”改革，加快市场体系统一共建，以深化改革引导要素合理流动和高效配置。

二　工作举措与创新做法

发展出题目，改革做文章。成都市委改革办始终坚持以优势互补、相互成就的理念推动共建现代化都市圈，会同德眉资三市改革办聚焦探索经济区与行政区适度分离，围绕努力实现基本公共服务均等化、基础设施通达均衡、群众生活保障总体相当等目标，探索建立健全区域合作、区域互助、利益补偿等机制，探索深化成德眉资同城化体制机制改革有效办法。

（一）坚持问题导向

聚焦成德眉资同城化发展的短板弱项，针对现行的四地行政区划管理存在的不适应方面和制约因素，统筹当前与长远、局部与全局，用改革的办法创新经济发展模式和行政管理体制，有什么问题就解决什么问题、什么问题紧迫就先解决什么问题，着力强短板、补弱项，高质量编制成德眉资同城化综合试验区方案，努力在利益协调机制、投融资体制改革、要素市场化配置改革、城乡融合改革等方面取得突破，探索建立跨市域项目财税利益共享机制和区域利益争端处理机制，针对异地建立总部、企业重组、园区共建、产业转移等差异化合作模式，分类制定财税利益分享办法。

（二）坚持重点突破

坚持四地优势互补、集优成势、集聚强链，在产业先行、模式创新、制度保障等方面率先探索，成德以成都国际铁路港为载体、以产业协同为重点，成眉以天府新区为载体、以项目合作为重点，成资以天府国际机场为载体、以园区共建为重点，构建精准对接错位协同的产业生态圈，通过产业生态圈和产业功能区融合产业链、要素链、供应链、价值链和创新链，突破德眉资三市受限于经济体量、企业能级、创新水平，尚不具备高效配置跨国生产要素、精准链接全球供需两端的能力的局限，在都市圈内共同构建具有国际竞争力和区域带动力的现代产业体系。

（三）坚持探索创新

立足成德眉资市情特征、改革基础等实际，贯彻中央区域协调发展决策部署特别是推动成渝地区双城经济圈这一重大战略，学习借鉴国内外改革经验，切实解放思想、大胆试验，发挥基层改革主观能动性和首创精神，在四市 7 个交界地区推动成德眉资毗邻地区高质量融合发展，加快建设融合发展示范点 8 个精品示范点，在重要领域打破行政壁垒、探索创新体制机制，打造交接地带融合发展先行示范区，推动同城化加快成型成势。

（四）坚持稳妥推进

根据成德眉资两两之间同城化程度，立足“起步、加速、成熟”等同城化过程，遵循城市群、一体化、同城化等发展规律，既适度超前，又适可而止，把现阶段需要做又能做的事先做好，把主体改革的配套保障跟上，确保改一项成一项，各项工作相互促进。在基本公共服务领域稳步推动资源共建共享，推动成都的优质医疗资源向德眉资流动，广泛开展双向转诊、远程会诊、医联体建设、互访交流、科研协作等合作，同级医疗机构检查检验结果互认，深化教育交流合作，推动知名学校在成都之外布局，渐次开展教育评估监测联盟、教育联合督导、教学资源开放、教育科研指导、教师互派、学生交流等活动。

三　发展构想

下一步，成都市委改革办将深入贯彻省推进成德眉资同城化发展领导小组第三次会议精神，全面对接推动落实已出台的成德眉资同城化发展专项改革方案、改革试点，加强成德眉资同城化改革经验系统总结和宣传推广，统筹抓好和协调推进成德眉资同城化改革领域研究工作，着力提高改革政策的可及性、有效性和协同性。

（一）加强工作联动

健全完善机制政策改革创新专项合作组工作协作机制，形成“一盘棋”的整体合力。在已有重点工作通报协调机制基础上，持续完善定期互访工作交流机制、研究成果转化共享机制等，促进信息互通、工作协同。根据工作任务加重、工作领域拓宽等情况，进一步增加专业力量，确保相关工作人员相对稳定，明确工作职责，确保合作组办公室成员既是具体经办人，又是派出地联络员，落实向本地领导报告、协调本地职能部门、向合作组办公室反馈本地工作推进情况等职责。

（二）坚持试点先行

以毗邻地区、合作园区等为重点，采取小切口、项目化方式先行先试，着力形成突破带动和示范引领效应。有的放矢谋划试点工作，在各地高度关注、诉求不一致、意见有分歧的领域，选准牵一发而动全身的关键性事项作为试点。张弛有度推进试点工作，带着目的、带着时间节点推进，定期督导检查，进度滞后的加大力度、增添措施，不适宜继续试点的及时终止或调整。积极主动抓好总结验收，形成可复制可推广的典型经验，采取现场观摩、研讨交流、案例汇编等方式在更大范围内推广。

（三）加强政策协同

梳理整合四市乡村振兴、新型城镇化、城乡融合等政策，构建促进城乡规划布局、要素配置、产业发展、基础设施、公共服务、生态保护等相互融合和协同发展的政策体系。在都市圈区域内，统一市场准入清单，消除歧视性、隐蔽性区域市场壁垒，让各类要素合理流动和高效集聚。搞好政策制定协同，一项重大政策施行，同步配套相关规定或办法，明确适用范围、行使主体和工作机制，防止顾此失彼、影响政策效果。搞好政策施行协同，既着眼当前急需，提高政策针对性有效性，又考虑长远发展，确保政策的连续性稳定性，充分预估政策风险，预留多种应对措施，确保政策推行平稳有序。

（四）营造良好氛围

提高政治站位，通过专题宣讲、理论辅导、会商研究等方式，全面增强领导干部共建成都都市圈的思想共识和行动自觉，提升境界、主动作为、全力推动同城化机制政策改革创新，澄清模糊认识，凝聚改革共识。综合运用传统媒体和新型媒体，开展都市圈建设和同城化机制政策改革创新宣传报道，让越来越多的人了解同城化、支持同城化、参与同城化，推动都市圈建设。研究出台专门措施，鼓励和支持企业等各类市场主体参与都市圈建设和同城化机制政策改革创新。联合开展创意策划和形象推介，着力塑造成都都市圈品牌，不断提升同城化的知名度、影响力、号召力。机制政策改革创新专项合作组成立以来，成都市委改革办认真贯彻落实省委省政府关于推动成德眉资同城化发展和成都都市圈建设部署要求，按照责任分工会同德眉资三市改革办，扎实推动同城化发展体制机制政策改革创新工作，为成都都市圈建设注入改革动能。

（供稿单位：成都市发展和改革委员会）

第三篇　创新案例

R.11
打造彭什川芎现代农业园区域协同示范点

2019 年，党中央、国务院出台《关于促进中医药传承创新发展的意见》，2021 年，国务院办公厅印发《关于加快中医药特色发展的若干政策措施》，高度重视中医药传承创新。2021 年，四川省政府办公厅出台《四川省中医药强省建设行动方案（2021～2025）》，将扶持一批全省中药材重点种植产业区，大力发展中医药养生保健服务和中医药健康旅游，中医药（川芎）振兴已蓄势待发。国家成渝地区双城经济圈战略关于把成德眉资同城化发展作为服务成渝地区双城经济圈建设的支撑性工程和实施“一干多支”发展战略的牵引性工程的决策，结合成都西部片区打造国家城乡融合发展实验区，地处彭什交界地带有着共同发展愿望的敖平镇与马井镇迎来黄金发展机遇。

在成德眉资同城化发展大背景下，在新阶段、新理念、新格局的要求下，加快农业农村现代化，努力实现共同富裕，是当下基层发展的中心目标。但是，川芎产业项目多处于起步建设期，两镇发展川芎产业的空间集约化程度低，产业资源优势未转为产业规模优势和产业发展优势，亟须更高层级推动产业规模和能级提升。

一　主要做法

自入选成德眉资交界地带首批精品示范点以来，彭州市、什邡市密切配合，在四川省及成都市、德阳市的大力支持下，在四川省推进成德眉资同城化发展领导小组的直接指导下，彭什川芎现代农业园区积极推动顶层设计，探索制度创新，努力推动园区建设走向纵深、取得实效。主要做法如下。

（一）强化“协议＋方案＋规划”顶层设计

从 2019 年起，彭州市、什邡市围绕贯彻落实成渝地区双城经济圈及加快推进成德眉资同城化发展战略，签署彭什跨区域资源转化合作框架协议，在框架协议指引下，按照四川省推进成德眉资同城化发展领导小组第一次会议要求，编制形成了《彭什交界地带融合发展实施方案》，正式提出“一核两组团”的空间发展格局，其中，将以彭什川芎现代农业产业园区为先手棋，推动两市产业协同先行先试，为彭什协同发展打开局面、积累创新经验。2021 年 3 月，两市签订《彭什川芎现代农业园区项目协议》，明确了园区建设范围、发展定位和重要任务。在协议指导下，两市共同研究形成了园区建设基本方案，明确了园区基本空间布局、重点任务和支撑项目（事项）。在方案基础上，两市联合启动园区总体发展规划、国土空间规划和产业专项规划编制工作，并将园区建设分别纳入了两市“十四五”规划重要篇章，确保园区建设科学、合规、有序。

（二）建立园区共营机制，探索跨区域高标准联建模式

一是构建层次分明的纵向领导体系。共同成立彭什川芎现代农业产业园区领导小组，两地市委分管领导任组长，各有关部门主要负责人为成员，统筹合作园区规划建设工作。在交界的敖平、马井两镇设立园区管理办公室，市级相关部门和交界镇工作人员为办公室成员，共同管理园区，并派遣骨干力量组建攻坚专班，合力推进项目招引、产业发展等工作。二是建立运转高效的横向协调机制。以“联席会议＋专题研讨＋实时沟通”的模式推动多层次、高效率沟通协调，整合双方土地、资金、项目等资源，开展项目申报等工作。目前，已争取省级资金 1000 万元，撬动社会投资 10 亿元，推动省级农业园区培育项目建设，弥补园区规模化种植、质量检验检测、产品精深加工等短板。三是制定龙头带动的联合经营制度。发挥彭什川芎行业协会自律服务和引导作用，整合两地现有种植、产销、土地合作社，跨区域组建彭什川芎产业联合社，共同商议、制定区域性优惠种植政策。发挥龙头企业对园区川芎种植、加工、生产、销售各环节的带头引领作用。

（三）探索服务共享模式，推动资源要素高效便捷流动

一是共享发展环境。依托彭州市天府中药城广阔产业平台，园区两地共用优质企业招引资源，共享科研成果应用场景，共同为中药城精深产品加工企业提供高品质原材料。借助什邡市鑫和国家级川芎合作社市场贸易优势，集聚两地川芎种植、产销专业合作社及大户，统一收储、统一销售，共享多元市场渠道，掌握川芎产品“定价权”。二是共享资源要素。持续探索跨区域开展行政区与经济区适度分离的全域土地综合和土壤修复项目，统筹开展交界地带国土空间规划及生态治理修复，协同开展大田整理及标准化田间示范工作，设立项目申报储备库，共同申请项目资金，合理分配使用，共同监督管理。三是共享创新平台。构建专业科创服务体系，依托省标准化示范项目，同步启动川芎智能 AI 云平台及川芎专家工作站建设，形成“智能平台 + 专家智库 + 科研团队”的全产业链科创服务模式。

二　取得的成效

一是通过园区共营、服务共享、产业共兴，促进机制、规划、要素和产业协同融合，推动区域协同发展取得实质性突破。合作建园后，园区川芎种植面积达到 10 万亩，辐射带动面积 20 万亩，年产量 3 万吨，在全国的市场占有率达到 75% 以上。两地川芎品质提升明显，均价从 13.5 元/kg 涨到 34 元/kg，增长 152%；川芎总产值（不含衍生品）达 5.75 亿元，同比增长 42.7%；彭什川芎现农业产业园区以全省最高分入选成德眉资交界地带融合发展首批精品示范项目。

二是彭什川芎现代农业园区聚力推动农商文旅体融合发展，将以共建共创共生共享的利益链接机制，充分保障项目区群众、集体经济组织利益，吸引资本下乡、人才下乡、信息下乡，促进乡村生产生活方式转变和产业迭代升级，园区集聚了成都天地网信息技术有限公司、四川新绿色药业等中药材精深加工、商贸类企业 5 家，创造就业岗位约 1500 个，带动园区所在镇农民人均可支配收入达到 2.4 万元，推动区域群众三年内人均增收 5000 元以上，加快实现乡村振兴。

三　经验总结

一是聚焦错位协同共绘发展“全景图”。协同完成《彭什（川芎）现代农业产业园规划方案》编制，确定“一轴三区五组团”产业功能布局，确立分区域、分领域、分时序布局重大项目。协同编制《彭什川芎标准化示范基地建设方案》《彭什川芎道地产业科创孵化园规划方案》《神谷·康田里——中药自然疗愈乡村康养产居聚落规划方案》，马井镇依托鑫和国家级川芎合作社开展一产标准化规范种植，敖平镇依托川芎道地产业科创孵化园优化二产智能化精深加工，依托天府中药村神谷·康田里提升三产差异化文旅体验，协同筑牢产业高质量发展根基。

二是聚焦标准建设争当行业“领头雁”。建立川芎全产业链标准化市场体系，统一园区内川芎育苗种植、初精加工等规程，分阶段搭建川芎生产技术、加工等标准体系，形成内控标准9项，持续推进《川芎国家药典标准》等标准制定，国际标准化组织（ISO）正式批准川芎国际标准立项，取得川芎标准制定主动权，切实增强川芎国际标准制定的话语权和中国川芎品牌的影响力。

三是聚焦融合发展建强川芎“产业链”。规划建设中医药（川芎）博物馆、主题民宿、绿道体系、观景平台等消费场景，引入总投资10亿元的“天府中药村——神谷·康田里”项目，打造中医药大地景观，建设川芎主题产业聚落“七星·泉村”，构建中医药“游、养、医、食、住、购”多业态融合的消费体系。持续挖掘“川芎+”特色发展模式，创新开发康养文创产品，引入胡氏喉门生物科技公司，成功研制以川芎为主要成分的穴位贴敷治疗贴、川芎泡腾片等产品。积极引入专业化公司，大力发展中医药康养民宿、文创工坊、疗养中心等新经济新业态。

（供稿单位：彭州市发展和改革局）

R.12 铁路公交化助推"轨道上的都市圈"建设

为贯彻落实成渝双城经济圈建设国家战略，充分发挥成都中心城市引领带动作用，加快建设成都国际性综合交通枢纽，按照省市决策部署和成都市交通运输局领导的工作安排，成都都市圈在铁路建设和运营管理模式、路地合作机制等方面探索新路径、实施新举措，在新建铁路通道的同时，充分挖掘既有铁路通道富余运能，有序推进铁路公交化运营的各项工作。在满足人民群众美好生活需要政策目标背景下，提升城市通勤效率，秉持"共建共享、互利共赢"的大局观，聚焦铁路规划建设、运输组织、优化服务，努力打造成都平原城市群轨道上的都市圈。通过加密动车组开行频次，优化运营组织，增购新型公交化动车组，强化成都与周边城市及近郊新城的交通联系，提供更加高效便捷的出行服务，有效助推城市空间结构调整和成都平原经济区一体化发展。

一　主要做法

（一）科学论证，提升线网规划

为更好地落实成渝地区双城经济圈建设国家战略，助力成德眉资同城化和成都都市圈加快发展，成都市结合"四网融合"理念，在原成都平原城市群"1 环 7 射"铁路公交化线网布局基础上，将成渝中线高铁、外环铁路、宝成铁路（成都经青白江至金堂），成都至德阳、眉山、资阳市域铁路，"西控"区域旅游环线轨道纳入公交化线网规划，至 2035 年可形成总里程约 2700 公里、覆盖成都平原城市群全部城市的"3 环 12 射"线网布局，构建起"分层定位、功能互补、便捷换乘、高效协同"的轨道交通体系。

（二）强化协同，建立高效推进机制

成都市会同德阳市、绵阳市与成都局集团公司签订成灌成彭高铁、成绵乐城际运营补贴协议，以政府购买服务方式对开行公交化列车运营现金流亏损进行适当补贴。2018 年 9 月，成都市联合成都平原城市群其他城市与成都局集团公司签订《关于推进成都平原经济区协同发展加快铁路公交化运营合作框架协议》；2019 年 10 月，四川省 14 个重点城市与成都局集团公司、中铁二院签订《落实“一干多支、五区协同”发展战略，提升铁路公交化运营服务质效合作备忘录》，路地院协作全面深化，共同推动铁路公交化可持续发展。

（三）攻坚克难，加快项目建设

积极落实资金、用地等要素保障，完成成灌成彭高铁公交化改造；加快建设紫瑞隧道、成自高铁、成都至资阳市域铁路等项目；编制完成铁路枢组环线新（改）建车站及新建崇州动车所可研报告、成渝中线高铁可研报告并上报；正加快推进城际外环铁路、宝成铁路（成都经青白江至金堂）公交化改造，成都至眉山市域铁路、成都至德阳市域铁路、“西控”区域旅游环线轨道等项目前期工作。

（四）创新模式，增加运力供给

为有效缓解“通道能力富余、运输装备不足”的矛盾，2018 年 12 月，成都市出资购置 10 组 CRH6A－A“天府号”公交化动车组，用于成灌成彭高铁公交化运营；2020 年 9 月，联合成都平原城市群五市融资租 11 组 CRH6A－A 型“天府号”公交化动车组、21 组动车统筹用于成灌成彭高铁、成绵乐客专、成雅蒲铁路，各线日开行增加 15～20 对，进一步提升沿线区域铁路公交化服务水平。

（五）深入研究，优化运输组织

按照“以人为本、需求导向、统筹兼顾”原则，强化客流需求分析，科学调配线路、停车检修整备设施及动车组资源，持续优化运输组织方案。一是通过开行成都至德阳和眉山等地定制动车、增加干线动车停靠等方式，不断提高运输服务水平。二是在雅安、邛崃、都江堰、青城山等 4 地设置动车组夜间存车点，延长运营服务时间，满足高峰通勤客流需求。三是节假日期间日均增加开行成都往返雅安、乐山、峨眉山、都江堰、青城山等重点旅游地区专列20对，有效缓解景区道路交通压力、助力节假日旅游经济发展。

（六）优化服务，提升出行体验

一是融合城市轨道交通购票方式，成灌成彭高铁实现天府通卡、码通乘，取消提前购票取票环节。二是犀浦站实现高铁地铁安检互信和同台换乘，大幅提升换乘效率。三是扩大成都东站地铁安检覆盖区域，优化换乘流线，实现成都东站地铁单向信任铁路安检，切实解决铁路到达旅客排队滞留和拥堵，提升旅客出行体验满意度。

二　取得的成效

（一）区域经济发展协同促进

铁路公交化以来，人流、物流、资金流及信息流加速流通，资源要素优化配置，各市至成都早晚通勤列次需求增多，通勤客流稳定增长，同城化、一体化趋势明显，成都平原经济区各城市产业也呈现出多点布局、资源共享、错位发展、优势互补的趋势，区域经济“极核”现象和“溢出”效应加速形成。据统计，2020年成都、绵阳、德阳、乐山、眉山第三产业GDP占比分别从公交化实施前的53%、36%、30%、30%、36%增长至66%、49%、42%、44%、47%；成德眉资四市第三产业GDP占比达61%；成都平原经济区八市第三产业GDP占比达58%。

（二）群众出行更加方便快捷

铁路公交化以其“速度快、频次高”优势，缩短了城际时空距离，市域30分钟、平原城市群1小时、成渝1小时高铁交通圈基本形成，极大地方便了群众出行。成都至都江堰、彭州、邛崃、大邑、崇州日均客流分别为1.65万人次、0.43万人次、0.42万人次、0.44万人次、0.44万人次，较2017年12月分别增长了65%、59%、100%、100%、100%；成都至德阳、眉山、绵阳、乐山日均客流分别为1.1万人次、1万人次、1.7万人次、1.4万人次，较2017年12月分别增长了120%、100%、57%、46%。

（三）社会资源占用有效减少

预计至2023年，成都市将累计投入约150亿元用于铁路公交化运营改造及补贴，实现市域内公交化线网运营规模达到560公里。相较于建设同等规模城市轨道交通，可节省投资约3000亿元，节约建设用地约8000亩，经济效益和社会效益显著。

（四）铁路运营降本增效

主动适应铁路运输市场转型创新发展、优化铁路运力资源配置，在满足干线列车运行的前提下，充分利用既有固定和移动资产及设备设施，实施公交化运营改造，拓展了铁路运输服务领域、降低了列车开行成本、提高了铁路公司收入、有效增强其财务生存能力。以成灌成彭高铁为例，2019年运营成本与2015年相比基本持平，客票收入增加88%。

三 经验总结

未来，将始终秉持为人民谋幸福的信念和宗旨，坚持创新、协调、绿色、开放、共享发展理念，致力于打破城市内外交通在思想观念、空间结构和管理体制上的固有界限，奋力推动铁路公交化运营再上新台阶。到2025年，成都平原城市群铁路公交化运营里程将达到840公里，基本建成成都市域内及至德阳、绵阳、资阳、眉山30分钟，至遂宁、乐山、雅安1小时交通圈。远期，进一步规划建设以成都为极核的“2环9射”1360公里的都市圈铁路公交化网络，打造“轨道上的都市圈”。

（供稿单位：成都市交通运输局）

ℝ.13

招优引专共创活力开放“都市圈”

按照四川省委省政府决策部署，自《成德眉资同城化发展暨成都都市圈建设三年行动计划（2020～2022年）》发布以来，成德眉资四地调动四市投资促进力量，充分发挥成都“一干”带头作用，以项目招引攻坚为抓手，大力招引先进制造业、生产性服务业及“专精特新”重点项目，围绕“活动共办、信息共通、平台共享”持续加强成德眉资四地招商协作，协同共建活力开放“都市圈”，推动了一批招大引强、招优引专项目签约落地。成德眉资四市以高质量发展为引领，全力招引具有辐射带动能力的重大项目和在全球具有资源整合、市场运作能力的优秀企业，推动成都都市圈现代化产业体系一体化，构建都市圈“研发+转化”“总部+基地”“终端产品+协作配套”等产业互动新格局，让都市圈成为积聚全球先进要素的引力场。

一 主要做法

（一）招引头部企业，引领产业协同发展，做优“产业生态圈”

一是强化产业化重大项目扩量提质，全面提高重点产业聚集度，为成都都市圈经济高质量发展提供强力支撑。充分发挥成都科技、开放、宜居等优势，吸引高层次人才、企业总部项目及先进制造业项目落户成都。二是分析研判成都与德眉资三地间产业发展差异和资源优势，围绕重点产业协同招引项目，共同推进都市圈产业全面融合错位发展，协同开展临港经济、高新技术、临空经济等重点产业招商和项目促进。三是实现产业生态圈和生态链对接，构建成都都市圈产业发展新生态，提升产业竞争新优势，共同打造产业集群。2020年4月，在成都电子信息产业生态圈推介会上，由成德眉资同城化区域内产业主管部门、行业组织、产业企业、高等院校、科研院所等各单位组成的成都电子信息产业生态圈联盟正式成立。

（二）共享活动平台，推介投资机遇，拓展“都市朋友圈”

成都积极会同德阳、眉山、资阳三市投资促进机构打造活动平台，用好“知名企业进四川”“进博会走进四川”等国内外重要招商引资推介平台，共同策划举办投资推介活动，开展招商宣传，推介四市投资营商环境，整体提升成德眉资四市在招商引资上的核心竞争力和显示度。2020 年 1 月，成都与德阳、眉山联合举办“亚蓉欧”全球合作伙伴大会，面向全球推介成都都市圈投资机遇。2020 年 5 月，成都市携手资阳市共同举办“创新引领合作共赢——‘四川造’产品外贸拓展暨市场采购贸易方式试点资阳专题推介会”，助推资阳名、优、特产品“走出去”，为成德眉资同城化发展注入新的活力。2021 年 3 月底，成都市与德阳市、眉山市等市州在蓉举办区域协同发展总部基地市州集中签约仪式，共同打造四川区域协同发展总部基地。

（三）拓宽招商渠道，发布机会清单，建好“信息共享圈”

一是推动成德眉资四市投资促进系统开展多层级互动交流，通过考察交流、签订战略合作协议等方式，加强常态化沟通联络，探索建立招商引资信息共享机制。2021 年 4 月，资阳市经济合作和外事局与成都市青白江区投资促进和经济合作局签订战略合作协议，双方将围绕建立工作联动机制、搭建同城合作平台、共促产业互动发展、协同推进开放合作等四个方面开展深入合作。二是发挥产业联盟、创新联盟、行业协会、商会的桥梁纽带作用，强化政策统筹，鼓励和引导社会资本参与同城化发展和成都都市圈建设。2020 年 4 月，成都市和德阳、眉山、资阳三市的相关商会、企业嘉宾代表在郫都区召开沟通洽谈会，有效推介成都投资环境，发布 43 个重大项目机会清单。三是探索多种形式、多个批次共同发布招商项目，形成资源互通、梯度互补的产业协作链。2020 年，成都市青白江区、新都区、金堂县、广汉市、中江县五地共同签署了《成德临港经济产业带党建联盟合作协议》，并发布了智能智造设备制造及配套产业链项目、铁路集装箱运输化工及新材料产品等 41 项合作机会清单（第一批）。2020 年 4 月，成都市郫都区召开成都市郫都区推进成德眉资同城化发展重大项目机会清单发布会，发布了43个重大项目，估算总投资1403亿元。

二　取得的成效

2021年上半年，成都市全市引进重大项目223个，协议总投资3765.95亿元，同比增长33.33%和61.91%。其中，引进江苏中航锂电50GWh动力电池及储能电池成都基地、广东华为人工智能大数据中心等30亿元以上重大战略性、支撑性项目33个，同比增长27%。全市重点聚焦要素敏感型高端制造业、战略性新兴产业开展项目招引，引进先进制造业重大项目115个，总投资2651.63亿元。吸引东方风电、攀钢集团等成德眉企业将总部、研发项目落户成都，助力市州企业做大做强。2020年6月至2021年6月，成都来源于德阳、眉山、资阳三市产业化项目实际到位内资超过100亿元。2021年4月，在“下好先手棋共建都市圈成德眉资头部企业引领产业协同发展”集中签约仪式上，25个项目签约，总金额达30.202亿元，项目涉及航空装备制造、电子信息产业、汽车产业、绿色食品业、轻工业、新材料产业等。2020年10月，在成德眉资产业链项目合作集中签约仪式暨2020年成德眉资“三区三带”产业协作带建设项目集中开工仪式上，25个产业链项目集中签约。

三　经验总结

成德眉资四市全力推动招商引资联盟建设，共同引导招引项目在成都都市圈错位布局，全面提升成都都市圈国际竞争力和区域辐射力。

一是努力构建产业集群。通过研究吃透成德眉资四市产业发展差异和优势，形成产业互动，建立起具有实际可行性的产业协同模式，推动产业成链、开展集群招商，不断提升区域合作水平。

二是加快组建成都都市圈招商联盟。建立招商引资联络机制，加强人员互动、信息共享和政策互通，变单一招商成专业联盟招商，推动成德眉资投资促进机构和驻外投促机构的全面合作，形成区域招商合力。

三是共同打造机会清单发布平台。共同举办都市圈重大投资促进活动，打造成都都市圈投资推广品牌，共同发布都市圈机会清单，持续扩大影响力。

（供稿单位：成都市投资促进局）

R.14
以片区综合开发模式开拓都市圈发展动力源

党的十九届五中全会提出，要健全区域协调发展体制机制，构建高质量发展的区域经济布局和国土空间支撑体系。在全省区域协同发展中，成德眉资承担着同城化发展排头兵的责任和使命。天府水城产业功能区作为成德同城化重要对接通道，围绕“南部拓展、北部营城”城市发展思路，实施临港新城片区综合开发和北河片区综合开发，践行区域协同共兴的使命担当，开拓都市圈建设发展新局面。天府水城产业功能区成立于2020年1月，涵盖金堂县赵镇、官仓、栖贤3个街道，毗邻全国首批陆港型国家物流枢纽——成都国际铁路港，规划面积248.9平方公里，建成区面积30.19平方公里，常住人口37.42万人。天府水城产业功能区作为成都东北部融合发展区域，是成都“北改”——国际铁路港大港区核心承载地、成德同城化重要对接通道、成都国际铁路港经开区拓展区与国际交往窗口。

基于国内外都市圈建设历程，各城市同城化大致经历四个阶段：要素交流扩张阶段、产业分工深化阶段、城市部分功能共建阶段、大都市圈形成阶段。当前成德眉资同城化正处于产业布局再调整、居住公服再配置的第三阶段。结合国家、省、市等上位规划，天府水城紧紧围绕强化工作机制、坚持规划引领、推动片区开发、开展项目攻坚、聚焦产业赋能五大方向，依托成都国际铁路港经开区平台功能，以通道聚贸易、以贸易扩市场、以产业兴城市，助力成都都市圈建设提速增效。

一　主要做法

（一）构建高效服务机制

坚持以扁平化、专业化、效能化为导向，持续深化“管委会 + 专业公司”体制和“区镇（街）融合机制”。天府水城党工委管委会主要负责产业功能区相关规划的组织编制和组织实施，统筹协调区域内重大产业项目、重大基础设施、公服设施的建设管理和产业项目协调服务等工作；与天府大港集团建立常态化联席会议机制，充分依托天府大港集团进行“投、融、建、管、运”等专业化运作。

（二）坚持科学规划引领

邀请同济大学规划设计院等专业团队，全面对接成渝地区双城经济圈、成德同城化、成都“东进”和“北改—大港区”战略，融入“生态文明建设”“公园城市”等先进营城理念，编制完成《天府水城产业功能区总体规划（2020～2035）》，推动区域协同发展；编制完成《金堂县临港新城战略规划》《金堂县县城南片区控制性详细规划》《金堂临港新城一期城市设计》，探索城市向南发展路径，打造“创享互联港城”的金堂临港新城；完成《月亮湾城市新中心城市设计》，为北部营城提供强力支撑，绘制“金堂新中心、山水迎客厅”公园城市新画卷。聚焦大港区“6 + 7”临港产业体系，编制完成《天府水城产业功能区产业发展规划》，差异化确定现代物流、临港智造、绿色建筑材料等主导产业。

（三）实施片区综合开发

按照“政府主导、市场主体、片区开发、滚动发展”思路，实施临港新城片区综合开发和北河片区综合开发。遵循“人城产”营城逻辑，以片区为城市开发载体，采用“授权开发 + 投资、规划、建设及运营一体化”模式，按照“整体开发建设、内部封闭运行”方式，政府与社会资本风险共担、共谋共建、共治共享。片区综合开发项目主要包括基础设施及公共服务设施建设、重大项目设施带动、人才安居配套、产业项目导入等。

（四）紧抓项目驱动引擎

按照“南部拓展、北部营城”发展思路，以片区综合开发为抓手，通过项目驱动强化城市配套支撑。抢抓成都国际铁路港获批国家级经济开发区发展机遇，依托临港新城片区综合开发项目推动南部拓展，加快推进7平方公里核心起步区建设，重点实施项目12个，年度计划投资18.32亿元；以打造国家县城新型城镇化建设示范为契机，依托北河片区综合开发项目实施北部营城，重点实施项目36个，年度计划投资29.44亿元。

（五）推动产业集聚赋能

瞄准冷链物流、智能家电制造、食品饮料加工、绿色建筑材料等产业领域，强化项目招引，加速产业聚集。依托适欧适铁产业招引工作专班，围绕主导产业，以“两图一表”为航标，聚焦重点行业、重点领域、重点企业进行招引。主动对接昇兴、颐高集团等59家企业；借助各行业协会、沿海地区四川商会及招商顾问等多方力量，邀请企业实地考察63批次，参与投资推介活动11场，发布投资机会清单14条，获取有效项目信息50条；促进中科智慧岛等7个已签约项目注册落地；加强跟进昇兴等10个重点在谈项目，加快适欧适铁产业集聚成势。

二　取得的成效

2020年，天府水城产业功能区认真贯彻落实产业功能区建设系列决策部署，坚持“活动聚人气、项目强功能、融合兴产业”，累计完成固定资产投资123.3亿元，产业增加值211.6亿元，被纳入全国县城新型城镇化建设示范试点，是国家发改委西部地区唯一直接联系点。依托大港区产业发展带，全面推进亚蓉欧冷链产业园等重大产业项目建设，强化项目招引，推动智能家电、食品饮料加工等适欧适铁产业成形成势。目前已签约北控冷链产业园、西南智慧供应链产业园、盼盼绿色食品生产基地等重大项目13个，协议总投资360.3亿元。

图1 “一带一路”亚蓉欧（成都）国际冷链产业园

稳步推进城市向南。临港新城产业孵化园主体施工已完成，正加快推进“一带一路”蓉欧冷链产业园及配套道路、北控冷链产业园、西南智慧供应链产业园、天府水城粮食产业园等6个项目建设进度；赵镇南部片区生态治理工程、市民中心、学校、医院、“两纵两横一环”市政道路、家珍大道南延线、云观大道西延线等项目建设前期工作有序开展，全力构建“五纵三横一环”交通路网体系和“一园一校一医院三中心”公共服务体系。

图2 临港新城核心起步区总体鸟瞰图

切实提升城北品质。北河片区综合开发项目已完成项目公司组建，正在进行首开区骨干道路、石板河水生态治理工程、栖贤生态湿地的方案设计工作。加快推动氡泉苑安居工程、文汇路等15个项目完工；全力推进北河四桥、北河东岸临江路、金堂县再生水厂一期等13个项目建设进度，持续跟进北河五桥、县人民医院二期、县疾控中心迁建项目等8个项目建设前期工作。

三 经验总结

（一）确定运管模式，激发建设主体活力

坚持“政府主导、市场运作”模式，充分发挥产业功能区资源配置作用，以专业化管理运营加强专业化协作，进一步激发“管委会+专业公司”模式主体活力。管委会专注战略研究、统筹协调、规划编制、产业发展服务等职责，做好顶层设计统筹功能区产业空间布局与总体规划。充分调动运营管理公司能动性，招引专业服务机构、创新科技服务机构等参与产业功能区开发建设，为园区企业发展提供有机养料。

（二）优化规划设计，打造产城融合示范

深入对接“北改—大港区”一体化规划，立足自身资源禀赋，结合全市产业功能区优化调整思路，进一步优化完善调整《天府水城产业功能区总体规划（2020～2035）》《天府水城产业功能区产业发展规划》等，加快各类规划设计法定化进程，进一步优化完善核心起步区、规划建设范围和管辖范围，实现功能区“瘦身”提质。

（三）创新合作模式，推动片区综合开发

采用片区“整体开发建设、内部封闭运行”方式，引入优质的城市合伙人进行片区综合开发。针对性包装策划项目，切实加强争取上级财政资金支持工作，多渠道解决项目所需资金，推动实现“开发—运营—增值—融资再开发”。将相关投资回报与合作期限内片区内新增收益紧密挂钩，打通功能区发展和企业成长正向利益连接通道，实现项目总体资金平衡、现金流稳定持续。

（四）瞄准重点区域，开展项目招引攻坚

遵循“整体成势、相互成就”理念，立足自身资源禀赋优势，科学研

判临港新城发展方向，全面融入金青新“一带一路”大港区建设。着力构建以现代物流、临港制造和绿色建筑材料为核心的现代产业体系，加快适欧适铁产业集聚成势。以产业生态圈思维动态优化“两图一表”，瞄准头部企业、“隐形冠军”和上下游左右岸关联企业，常态化开展项目招引攻坚、狠抓项目落地建设，打造高质量发展动力源。

（五）争取上位支撑，提高新城战略层级

进一步完善区域轨道交通体系，积极争取将宝成铁路公交化改造项目纳入正在编制的《成渝城市群多层次轨道交通体系规划》，该项目完成相关审批程序后将于 2022 年开工建设。规划铁路港大道作为大港区城市主轴线，构建区域一体、客货分流的大港区交通体系，着力推动金青新大港区交通内畅外通、无缝对接，促进区域高端要素自由流通。

（供稿单位：金堂县天府水城管理委员会）

R.15
周家大院林盘群落建设盘活“沉睡资源”

四川天府新区茅香村，地处巴蜀古驿道，背靠龙泉山城市森林公园，东接东部新区，南临白沙水库，生态资源禀赋、区位优势明显，内有川西林盘、周家刀等文脉，不二山房、道和国际书院、子非我书屋、大地景观等项目，面积4.3平方公里，辖6个组，人口3346人1149户，其中16岁以下少年儿童占比13.5%，60岁以上老年人口占比23%，青壮年劳动力外出务工比例高达90%，辖区内闲置了大量农房、田地，村内有形无形资源利用率较低，使得村组发展后劲不足。

在成渝地区双城经济圈建设、成德眉资同城化发展浪潮下，茅香村紧抓机遇，化问题为资源，坚持“政府主导、市场主体、商业化逻辑”，以周家大院林盘群落项目为抓手，经过3年的前期摸索和市场研究，联合国企天投农业公司，以“特色镇+川西林盘+田园综合体”探索出一条全域化辐射的公园城市乡村表达新路径，对盘活农村闲置宅基地和闲置住宅进行了一系列探索与实践，推动成都都市圈建设。

一 主要做法

按照“景观化、景区化、可进入、可参与”理念，以“布点、连线、扩面”思路，着力“原貌优先、原址原建”，避免“大拆大建、为改而改”，跳出“就林盘论林盘”惯性思维，将周家大院周边7个大小林盘与起伏的浅丘、与大区域生态农田融合考虑，推动场景营造引领功能叠加，以综合性的农商文旅体项目代替单个林盘改造，激活林盘的生态、美学、经济、人文、生活多元价值，实现“自我造血”功能。

一是差异化定制，突出多元主导。严格对标上位规划，对区域进行专业性总体规划和前期基础配套建设，成立天府新区首个登记赋码集体经济组织“茅香村股份经济合作联社”，搭建乡村资源服务平台，形成“村级联社＋组合作社＋村民”三级体系，探索出村民受益的“AOS”（激活 activation、运营 operation、共享 share）生态资源开发模式，形成“28 字诀”（4 阶段 14 个环节：学习省市先进、议事会入户摸底、村组梳理三资情况、街道村企业商讨模式、召开项目宣讲会、村组丈量土地、企业和村民核定房屋、特殊群众诉求讨论、房屋田地租赁合同签订、建设租赁用房决议签字、选举项目理事会成员、村企举办招聘会、成立股份经济合作社、授牌股份经济合作社），切实有效团结村民力量，整合村民资源，保障村民利益。

二是全域化辐射，坚持市场主推。构建兼顾公共属性和商业利益的市场化运营共同体，以综合性的农商文旅体项目代替单个林盘改造，打造田园休闲＋亲子教育的川西四合院“子非我书院”，以国学礼仪、传统武术、手工体验为主导的道和国际书院，以亲子教育、自然课堂为主题的乡村生活美学体验项目“不二山房”等特色项目。

三是本地化激活，凸显群众主体。充分挖掘整合乡村资源，以集体经济股份合作联社（是天府新区首个登记赋码的集体经济组织）为平台，探索经营权租赁＋租赁性住房的土地资源整合模式，通过土地租金、房屋租金、务工收入等多元途径促进村民持续增收，逐步疏解传统土地整理方式中的制约瓶颈，有效激发村民参与乡村建设的热情。

二　取得的成效

一是周家大院林盘群项目成功入选成都市乡村振兴十大案例，荣获“十大最美川西林盘”奖项。天府汉服文化中心落户不二山房，不二山房成为流量“网红”打卡地，天府童村成为成都市儿童之家，重庆两江新区康美街道等纷纷赴该项目考察学习。截至目前，此项目已整合各类投资近

5000余万元，陆续接待了来自美国、法国、英国、瑞士、荷兰、葡萄牙、墨西哥、以色列等15个国家的国际学员2000余位，先后开展了传统武术、中式射箭、茶道、汉服、木艺、汉语角等文化交流体验活动50余场。

二是积极盘活乡村闲置资源，推动一二三产业融合发展，农户收入不断增长。截至目前，该项目已辐射盘活宅基地10处、流转土地152亩，带动周边农户200余人，农户户均增收超2万元，最高可达7万元，村社集体经济增收近6万元，初步实现了“村民离土不离乡、家门口就业和推窗见公园”。以“不二山房”为例，项目所在地涉及8户村民，其中4户为低保贫困户，项目落地后，村民以家庭为单位可以直接增加以下收入：①从宅基地经营权租赁获得40~90元/（平方米·年）（以宅基地建筑物砖混、砖木结构区分）收入，每三年5%递增，按照每户200平方米核算，每户每年可达8000~18000元；②从土地租金中获得每年2600元/亩（按米价折算）的收入；③外出务工收入每年20000~80000元；④家门口就业收入每月3000元。

三是社组集体经济组织得到壮大。一方面，有项目方建设廉租房免费供应流转农户居住，房屋产权归属村组，一次性增加140万元不动产（1000平方米），另一方面，从田坎、沟渠、集体塘堰等流转土地中收入5万余元，其中仅塘堰租赁收入就从之前1300元/年增加至16000元/年。

四是村集体经济得到壮大，助推乡村振兴。村集体从流转土地中获得每年50元/亩的管理费，后续还将增加停车场、物业管理等收入。

三　经验总结

新兴街道始终以习近平新时代中国特色社会主义思想为指引，坚持顺势而为、乘势而上，抢抓成渝地区双城经济圈建设、成德眉资同城化发展机遇，着力突出“生态”本底、“乡味”本色，以周家大院林盘群落项目为抓手，奋力建设“城市绿楔·创意新兴”，助力天府新区打造内陆开放门户、推动成都都市圈建设。坚持“政府筑底、国企搭台、企业唱戏、群众参与”，紧扣“三权分置”乡村改革方向，在尊重村民发展意愿、尊重乡村肌理、尊重市场需求的前提下，探索“经营权租赁 + 租赁性住房”资源统筹模式，集合市场多方资源，共同创建智能联动平台，实现村集体经济组织、村民、企业、多方共赢，协同发展。

（供稿单位：四川天府新区新兴街道办事处）

R.16
成都农交所德阳所首创“三书模式”唤醒闲置农房

成都农交所德阳所是贯彻落实成德同城化发展战略部署，以成德合资共建模式，由成都农交所和德阳市产投集团共同出资设立的专业化、市场化、区域性的农村产权交易平台公司。该所集统筹城乡改革平台、农村金融平台、“三农”工作招商引资平台于一体，积极促进成都、德阳两地农村生产要素加速流动和优化配置，特别是其首创的闲置农房使用权规范流转“三书模式”，盘活因农村人口外流造成的大量闲置农房资源，唤醒农村沉睡资产，推动农村资产资本化、农村资源市场化、农民增收多元化，进一步加快农业农村现代化建设和乡村振兴发展。

一　主要做法

闲置农房使用权规范流转“三书模式”是指“律师法律审查意见及见证书”、“公证书”与“交易鉴证书”。“律师法律审查意见及见证书”围绕解决交易主体合法性问题，出具律师法律审查意见及见证书。针对自主交易合同中存在的主体资质不清、标的物产权不明而导致的交易合同无法律效力、事后产生产权及债务纠纷等问题。由律师事务所在交易前对转让方资质、受让方资质及流转房屋权属进行逐一审查，确保流转交易合同合法合规。“公证书”围绕解决交易过程真实性问题，出具公证书。针对自主交易中存在的程序不规范、证据缺失、告知不及时而导致的事后毁约、产生纠纷等问题。由公证处全程参与农房流转交易各环节，确保交易过程得到全程监督。“交易鉴证书”围绕解决交易服务欠缺性问题，出具交易鉴证书。为解决农房流转中供需信息不畅、效率不高、矛盾调处困难等问题，由成都农交所德阳所为流转双方办理流转合同签订、流转款项支付等具体手续，向流转双方出具交易鉴证书，并提供法律仲裁、金融保险等服务，保障流转双方的合法权益。

（一）深入调查，精准把脉现状

成都农交所德阳所时刻关注关心支持农村发展，主动联合公证处、律师事务所等机构对全市1000多个村进行抽样调查，发现随着城镇化进程加快，农村劳动力大量外出，农村空心村现象突出，平均每个村至少有5栋以上农房闲置，农房资源浪费严重。供给双方结构性矛盾突出，一方面，农民出租空置房屋增加收入意愿强烈，另一方面，缺少平台推广及法律程序保障，承租人顾虑重重、望“房”兴叹。如何让闲置农房“活”起来，成为实现乡村振兴需要解决的问题。

（二）汇聚众智，首创“三书模式”

在借鉴武汉等有关地区盘活农村闲置农房和宅基地经验基础上，德阳所与有关部门、公证处、律师事务所等机构多次研讨论证，从现实需求出发，不断细化完善闲置房流转程序设计、可行性操作、过程风险防范等，2018年8月在全国率先提出闲置农房使用权规范流转“三书模式”。通过三项审查、三项监督、三项服务功能，对转让方、受让方进行资质审查，对流转房屋进行权属审查；对流转程序、证据收集、规范告知进行监督；对交易鉴证、法律仲裁、金融保险进行服务。“三书模式”以法律视野规范农房使用权流转的程序和资料要件，明确交易双方权利义务，规避可能产生的各类矛盾纠纷，切实保障交易双方合法权益，使交易双方吃下了“定心丸”。

（三）以民为本，严格服务流程

成都农交所德阳所作为德阳市农村产权流转交易平台，始终本着以民为本的发展思想，做好流转全程指导服务，切实规范闲置农房使用权流转。流转前，对出租农户开展政策宣讲，严格核实农房所有权合法性、农房所有权人流转意愿等，确保交易合法无纠纷。随后，成都农交所德阳所利用平台征集意向受让方，审核必要的征信记录、违纪违法情况等，对信誉不良等潜在风险者一律取消受让资格。正式交易环节，农交所、公证处、律师事务所等第三方机构现场出具“三书”文件，共同见证租让、受让双方签订《闲置农房使用权流转合同》，确保交易流程公开公正、公平合法。

（四）不断探索，发挥市场功能

为盘活农村闲置资源，推动乡村振兴，2020年，中央一号文件和省委关于全面深化改革有关精神明确指出，各地可探索宅基地所有权、资格权、使用权“三权分置”。为响应中央、四川省委有关号召，中共德阳市委农村工作领导小组于2020年11月11日印发《德阳市农村宅基地“三权分置”改革方案》。成都农交所德阳所始终坚持农房流转和宅基地有偿退出一体化推动，在遵循“强化公众参与，尊重群众意愿，实现阳光退出”等原则，在农民自主自愿且符合宅基地有偿退出条件的前提下，探索将农民闲置宅基地有偿退出引入成都农交所德阳所进行公开交易，并运用“三书模式”进一步规范交易流程，同时运用市场价格发现功能，引入市场机制调节，体现农村土地和房屋的市场价值。

二　取得的成效

截至2021年8月30日，德阳所通过“三书模式”，开展闲置农房使用权流转337宗，成交金额5147.65万元，安置房和商品房合同权利转让、资产处置等共计完成76宗，成交金额2607.1万元。目前，该模式逐渐扩展延伸用于特色农产品引入交易、安置房合同权利转让、商品房合同权利转让、农业项目投资等综合服务。

2019年6月12日，农村闲置农房使用权流转“三书模式”取得四川省版权局颁发的“作品登记证书”，10月12日取得国家知识产权局商标注册“中农三书”，并作为知识产权成功输出至湖南省株洲市，创新成果经验首次推向省外，社会反响极好，中央电视台、《四川法治报》等多家媒体予以报道，得到了省、市两级的充分肯定。吸引江苏、北京、陕西、成都、甘孜州等地人员到德阳农村地区投资发展。

同时，德阳市人民政府市长何礼分别于2019年1月8日、2020年1月16日两次将“三书模式”纳入当年政府工作报告；2019年8月13日，四川省政府办公厅第129期《政务晨讯》“省内动态”对其作专题介绍；2019年8月16日《法制日报》以《三书模式让闲置农房“活”起来》进行了专题报道；2019年9月5日，德阳市司法局将“三书模式”以《关于创新实施闲置农房流转法律服务“三书模式”的情况报告》专题报告形式呈四川省司法厅，并于2019年9月8日获四川省司法厅厅长刘志诚批示“同意上报并全省推广”；2020年4月，省委全面依法治省委员会印发《四川省乡村振兴法治工作规划（2020~2022年）》，规划明确，总结推广“三书模式”等法律服务新模式，延伸农村法律服务链；司法部公共法律服务局副局长孙春英，省委副秘书长、政研室主任、改革办常务副主任唐文金等领导先后开展专题调研。

“三书模式”是成都农交所德阳所结合宅基地所有权、资格权、使用权“三权分置”有关政策精神，探索适度放活宅基地和农民房屋使用权的有效做法，创新了公共法律服务在乡村振兴中的新方式，拓展了公共法律服务在乡村振兴中的新领域，彰显了公共法律服务在乡村振兴中的新力量，有效防控了农村产权交易风险，防范基层腐败，避免和减少纠纷，对维护交易的合法性、公平性和保障交易双方当事人的合法权益具有积极意义。

三　经验总结

一是流转交易公平化。成都农交所德阳所对每一宗“三书模式”业务均采用挂牌方式公开征集受让方，严防私下交易，流转交易过程公开透明。

二是办理程序规范化。“三书模式”的显著功能之一，就是提供了一个简洁明了、步骤明确、标准统一的交易办理程序，确保经“三书模式”办理的交易流转合法合规、符合交易双方的真实意愿。

三是交易文书专业化。“三书模式”有效发挥了公共法律服务“黑匣子”功能，包含了由律师事务所出具的“律师法律审查意见及见证书”、公证处出具的“公证书”、成都农交所德阳所出具的“交易鉴证书”系列法律文书。专业文书充分考虑平衡双方当事人的合法权益，并对可能出现的法律风险进行了明确约定，为维护双方当事人的合法权益和促进双方全面诚信履行合同义务发挥了重要作用。

四是模式具有可推广性。“三书模式”的本质是用三方规范性的具有法律效力的文书简化了农村闲置房屋流转过程中复杂且不可靠的多项流程，为交易双方提供了“一站式”服务，在合法合规的基础上，大大降低了办理成本、提高了办理效率。作为交易量最大、操作最为复杂的交易品种，农村闲置房屋流转的“三书模式”在整个农村产权交易中具有可操作性、可复制性、可推广性。从实际情况来看，“三书模式”在其他领域也有积极的借鉴作用，如城管行政执法领域，也可在作出行政处罚决定前，引入律师、公证服务，以固定处罚证据和处罚依据，从而提高行政执法的公正性、权威性、合法性。

（供稿单位：成都农村产权交易所德阳市农村产权交易中心）

R.17
成德眉资按下医保服务同城化“快捷键”

2021年10月20日，中共中央、国务院印发的《成渝地区双城经济圈建设规划纲要》发布，标志着成渝地区双城经济圈建设踏上了加快推动高质量发展的新征程。为在成渝地区双城经济圈建设深入推进的战略机遇期，下好成德眉资同城化发展的“先手棋”，助力发挥成都辐射带动成都都市圈区域发展的城市责任，成都市医保局主动发挥在成德眉资医疗保障同城化发展中的主体责任和协同带动作用，于10月25日采取成德眉资四市医保局联合发文的方式，印发了《关于印发〈成德眉资职工基本医疗保险关系转移接续办法（暂行）〉的通知》（成医保发〔2021〕26号，简称《办法》），《办法》实施后，成德眉资四市职工医保参保人员在成都都市圈区域内办理参保关系转移接续时，可依规累计计算缴费年限，并享受相应职工医保待遇。

一　主要做法

在当前全国主要人口流入城市没有成熟先例的情况下，成都市医保局主动攻坚克难，协同德眉资医保部门，采取协同调研、对标学习、座谈研讨等方式展开攻关研究，以出台《办法》的形式固化“逐步推进、稳慎实施”的共识。

一是明确转移原则，转移职工的基本医疗保险关系、年限以及个人账户结余资金，暂不转移统筹基金，并在办理转移接续后缴费当月享受转入地医保政策。

二是明确转移范围，严格将缴费年限互认的范围限定为成都、德阳、眉山、资阳四市本地实际缴费年限，简化四市年限互认计算流程，明确不适用于对实际缴费年限有要求的四市差异化政策。

三是确认医保退休地，将四市互认缴费年限合并计算后的累计年限作为确认条件，结合退休时缴费年限的实际认定情况，确认一地为医保待遇享受地，维护四市参保职工的合法权益。

四是确保基金安全，四市共同探索建立防范基金支出风险的调剂金制度，建立兜底的风险调节机制，进一步筑牢基金的风险防范底线。

五是确保经办先行，率先搭建业务经办专用通道，四市协同提升经办事项标准化、经办数字化、流程规范化水平，于 2021 年上半年先期实现职工医保关系转移接续转入地线上直接办理。

二　取得的成效

一是推动成都都市圈成为继长三角后，全国第二个实现职工基本医疗保险参保关系跨统筹区转移接续缴费年限累计互认的地区，《办法》于 2022 年 1 月 1 日开始实施后，将有效助力推动人才等各种要素在成都都市圈中自由流动，融通四市民心，激发同城化区域创新活力。

二是于 2021 年上半年先期实现职工医保关系转移接续转入地线上直接办理，办理时限由 20 个工作日缩短至 15 个工作日，高效服务办事群众，截至目前已办理职工医保关系转移转入地“一站式”通办事项 2000 余人次。

三　经验总结

一是从易到难，循序渐进。在成德眉资四市各自施行医保市级统筹，医保基金独立收支且互不划转联通，以及四市经济社会发展水平和医疗资源分布不尽一致的背景下，提出了在医保体量较小的德眉资三市首先落地，在实现德眉资三市间职工基本医疗保险转移接续和缴费年限累计互认的基础上，再推行四市全域实施的两步走推进计划，确保政策实施顺利过渡。

二是信息先行，制定规程。四市结合四川省医保一体化大数据平台上线工作，着眼医保精细管理，系统全面梳理医保经办管理业务需求，在完成相关事项流程差异化比对后，形成《成德眉资职工医保关系转移经办规程》，建立业务经办专用通道，实现职工医保关系转移接续转入地线上直接办理，办理时限由 20 个工作日缩短至 15 个工作日。

三是构筑网络，优化经办。从办事群众办理相关业务的体验感出发，立足成德眉资 42 个医保经办大厅和成都市 200 余个医保服务工作站（点），初步打造形成“就近可办、同城通办”的成都都市圈医保经办服务网络，高效支持职工医保关系转移接续等医保同城化业务办理。

（供稿单位：成都市医疗保障局）

全球陆海货运配送体系。

在中欧班列发展过程中，逐渐形成了自身特色，一方面，获批开展中欧班列集结中心示范工程建设和铁路运邮业务，创新“欧洲通”运输服务模式，率先开展中欧班列“一单到底、两段结算”运费机制改革试点，加密开行跨境电商等定制化多元化班列和东向辐射日韩的陆海联运班列，班列品牌影响力持续增强。另一方面，主动融入新发展格局，以成渝地区双城经济圈建设为战略引领，成渝两地开展中欧班列深度合作，作为全国中欧班列开行的开拓者和探索者，历年两地中欧班列合计开行量约占全国开行总量40%。2021 年 1 月 1 日起，成渝两地在中欧班列的品牌建设、统一数据、协商定价、沟通机制等方面的合作迈出了实质性步伐，实现中欧班列（成渝）统一品牌运行。

三　经验总结

深入落实“一干多支、五区协同”发展战略，全力推动成德眉资同城化发展，以共建共享亚蓉欧班列通道为依托，助力四川电子信息、装备制造、先进材料、生物医药、整车及零配件、农副产品远销欧亚，本地货源占比超 70%，年均带动进出口贸易 120 亿美元以上。与全省 15 个市（州）共建组货基地，带动德阳机械设备、眉山化工品、攀枝花水果、夹江茶叶、安岳柠檬等“川货出川”，干支衔接能力不断提升。

一是不断探索创新模式。成都国际铁路港在服务于成德眉资的区域协作中，不断探索同城化发展的新路径、新模式，推进重大事项、重点项目、重要政策落地落实，助力成德眉资区域合作从“相互交流、凝聚共识”走到了“优势互补、互相成就”的新阶段，有力支撑四川乃至西南地区经济社会高质量发展。

二是加强德眉资与成都物流的联系。常态化保障德阳、眉山、资阳外向型产业发展需求，支持三地特色产品通过成都国际铁路港的物流通道开展国际国内物流和贸易，带动德眉资机器类、塑料橡胶制品类、化工类等优势货源“走出去”，同时支持成都大型物流企业在德阳、眉山、资阳设立联合办事处或揽货受理点。

三是签署合作共建协议书。成都国际铁路港与德阳国际铁路物流港先后于2019年5月、2020年11月签署合作共建协议书，在德阳国际铁路物流港挂牌“成都中欧班列德阳基地”和“蓉欧+东盟国际班列德阳基地”，共同打造“蓉德欧枢纽”，从通道构建与班列开行、口岸建设与保税功能、基础设施与技术装备、管理运营与标准规范、招商政策与产业项目等多方面推进两港一体化，促进资源要素跨区域高效整合，创新合作模式和一体化运营机制，推动成都国际铁路港和德阳国际铁路物流港实现功能互补、错位发展。

（供稿单位：成都市口岸与物流办公室）

R.20 公共资源交易同城化优化都市圈营商环境

2020 年 1 月，习近平总书记主持召开中央财经委员会第六次会议并发表重要讲话，深刻阐明了推动成渝地区双城经济圈建设的重大意义、总体思路、基本要求和重点任务，为新时代成渝地区高质量发展擘画了美好蓝图、提供了根本遵循。成渝地区双城经济圈建设上升为国家战略，为成德眉资交易平台同城化发展提供了战略引领。2020 年 3 月，四川省同城化领导小组印发了《成德眉资同城化发展暨成都都市圈建设三年行动计划（2020～2022 年)》，其中将“创新公共资源交易机制”列为公共服务试验性项目，为之后成德眉资四地交易平台合力共进、大胆创新提供了政策支撑。

成德眉资四地启动公共资源交易改革的时间不一、成立公共资源交易平台的时间也不一样，四地均十分重视公共资源交易平台建设，经过勤奋耕耘和长期努力，都形成了各自的特色和亮点。与此同时，由于地方财力、人力等因素限制，各地交易平台发展水平参差不齐，交易平台的影响力、辐射力存在一定差异。如何推动四地交易平台优势资源互补，形成协同发展合力成为深化交易平台整合共享、提升资源配置效率效益、改善交易营商环境的重要课题。

2021 年 6 月 29 日，德阳市国有建设用地使用权出让项目在成都市公共资源交易服务中心顺利成交，这是四川省首宗跨区域跨平台交易的国有建设用地。该宗地的成交，打破了德阳现有城南片区土地拍卖价格纪录，在相邻地块拍卖价上基本实现了翻番，大幅提升了德阳土地资源的配置效率。2020 年以来，按照市委市政府的工作部署要求，成都市公共资源交易服务中心主动融入成渝地区双城经济圈建设大局，准确把握公共资源交易平台整合共享新阶段、新要求，积极下好成德眉资公共资源交易平台同城化发展先手棋，积极推动成德眉资公共资源交易项目跨区域、跨平台交易。德阳市的土地在成都市顺利拍卖，是公共资源交易平台同城化发展和公共资源交易项目跨区域跨平台交易的一个缩影，成德眉资公共资源交易平台同城化发展，将有利于四地交易平台优势资源共享互补，持续提升市场化配置资源效率效益，营造更加规范公正、便捷高效的交易营商环境。

一　主要做法

在工作初期，成都市公共资源交易服务中心组织召开成德眉资交易平台工作对接会，推动签署合作框架协议，建立工作协调会议、常态交流互访、对口部门联系和同城化工作成果合力宣传四项合作机制。明确以推动成德眉资公共资源要素共用、竞争优势同构为目标，以优势资源共享为主线，着力从改革经验共享、制度机制共享、智慧系统共享、平台融合共享、专家资源共享、培训资源共享、采购文件模板共享七大方面推进成德眉资公共交易平台资源共享、优势互补、协同共进，为四地公共资源交易平台同城化开了好头。

在推动德阳市土地到成都公共资源交易中心进行拍卖的进程中，成德两地交易中心积极对接研究，将该事项申请纳入省同城化办公室主任办公会2021年第一次会议议题，力促相关部门形成一致意见，明确实施路径，为探索推行土地跨区域、跨平台交易提供了有力的政策支持和指导。此后，在成都市公共资源交易服务中心的支持配合下，德阳市公共资源交易中心起草并会同当地自然资源局联合印发了《德阳市国有建设用地使用权出让跨平台交易操作规程》，为探索推行国有建设用地使用权出让跨区域、跨平台交易提供了制度保障，同时也在探索公共资源跨区域、跨平台交易上形成了具有地区特色的制度创新成果。

在推动合作框架协议落地落实的过程中，四地交易机构细化制定实施方案，细化具体工作任务，强化责任落实、任务推进和工作督促考核，有力保障了四地交易平台同城化发展各项举措落实落地。每季度召开同城化工作协调会，每一次会议都从务实、解决问题和推进工作的角度设置议题，共同讨论对策，每一次会议都核验上一次会议议定事项的落实情况，有力推动了成德眉资交易平台同城化从蓝图转化为实际行动、转化为实际效果。

二　取得的成效

一是“成德眉资”公共资源交易信息专区正式运转。成都市公共资源电子交易云平台于2020年12月7日正式上线“成德眉资专区”，集群展示四地公共资源交易信息，各交易主体可通过成都市公共资源电子交易云平台集中获取成德眉资公共资源交易信息，有力保障了市场参与主体的参与权、知情权。截至2021年6月，“成德眉资专区”已发布交易信息12630条。

二是异地评标机制逐步建立。在推进成德眉资同城化的过程中，成德眉资四地把跨区域远程异地评标作为重要抓手强力推进，让专家资源在成德眉资四地共享共用，有力破解了评标“熟面孔”，从源头杜绝了评标不公。截至2021年6月，成德眉资四地开展异地远程评标30个，逐步走向常态化。

三是土地跨区域交易模式已基本形成。2021年8月4日，旌北新区89亩宗地登上成都公共资源交易中心进行拍卖，德阳市实现了第二宗国有土地所有权跨区域拍卖顺利成交。土地的跨区域交易已经基本形成成熟的模式，目前正在向眉山和资阳推广。与此同时，政府采购集采项目的跨区域交易已列入日程。

从德阳市土地在成都交易平台的拍卖结果看，四地公共资源项目跨区域交易直接带来了市场化配置资源效益的提升。第一宗跨区域拍卖土地以500万元/亩的单价创德阳市现有城南片区土地拍卖价格历史最高，而第二宗土地，成交单价更是达到了630万元/亩，大幅提升了德阳土地资源的配置效益。

三　经验总结

公共资源交易营商环境是区域营商环境的重要组成部分。公共资源交易信息的跨平台共享，项目跨区域交易，有力提升了服务便捷度，也提高了交易透明度，特别是通过异地远程评标、交易文件模板共建共享，增强了交易的规范性公正性，有力推动了四地营商环境持续改善。成德眉资公共资源交易平台同城化发展有效整合了四地的平台优势，特别是更加充分发挥了成都作为“新一线城市”的辐射效应、带动效应，利用成都交易平台的辐射力、影响力，同时通过信息集群展示，有力提高了信息传播效力。成德眉资交易平台同城化发展已经走在全国前列。交易平台同城化发展必须要敢为人先，而进一步的推进离不开四地行业主管部门的支持和在规则上的配套，需要四市相关部门由点到面、有序推进。总的来看，目前成德眉资交易平台同城化发展实现了“点”上的突破，要实现“面”上的全面胜利，下一步，成德眉资四地交易平台将朝着统一规则、统一系统、统一质效的目标方向，更加深入推动公共资源跨区域跨平台交易，推进建立成德眉资四地统一的政府采购电子卖场，不断拓展国有建设用地使用权跨平台交易范围，积极推动成德眉资政府采购项目跨区域交易试点，不断提高资源配置效率和效益，持续优化成德眉资交易营商环境。

（供稿单位：成都市公共资源交易服务中心、
德阳市公共资源交易中心）

R.21
成德眉资税收协同促显成都都市圈发展红利

2020年1月3日，中央财经委员会第六次会议研究了推动成渝地区双城经济圈建设。1月15日、16日，成德眉资同城化发展推进工作会议召开，会议提出要把成德眉资同城化发展作为服务成渝地区双城经济圈建设的支撑性工程、作为实施“一干多支”发展战略的牵引性工程，下好先手棋，加快推动成渝地区双城经济圈建设在川开局起势。促进成德眉资税收同城化发展，无疑是成都都市圈协同发展的应有之义。面对重大改革发展任务，如何准确把握在新一轮改革进程中的历史性机遇，如何科学运用互联网、大数据、区块链、人工智能等科技创新手段，进而依托“发票”这一纳税人关心关注的重要工具推动成德眉资税收同城化发展，更好发挥税收在国家治理中的基础性、支柱性、保障性作用，是成都税务作为全省税务系统“首位”和“主干”的使命职责。在成都都市圈发展进程中，立足税收职能优化纳税服务，始终是成都税务审慎考量并认真对待的时代课题。

成德眉资税收同城化发展，必须实实在在地落脚到回应基层困难、消除深层矛盾、解决实际问题上。成都税务着眼成都都市圈纳税人内在服务需求目标任务，紧扣纳税服务提质增效和区域同向协调发展方向，直面当前涉税业务中发票业务量占比最大、平均耗时最长、社会关注度最高的客观实际，围绕“发票服务”目标通过系统性创新手段创新推出“票e达”“蓉票儿”等一批发票服务取用环节全覆盖的“拳头产品”。

一　主要做法

（一）前端领票提速：推出“票 e 达”发票寄递服务

意莫高于爱民，行莫厚于乐民。为应对成都都市圈数量巨大且呈井喷式增长的发票申领业务，解决纳税人申领发票排长队、成本高的问题，成都税务推出“票 e 达”发票寄递服务，实现全域发票“网上申领、邮政配送”。“票 e 达”发票寄递服务于 2018 年启动，成都税务制定《发票寄递中心建设方案》，并建成成都市发票寄递中心。2020 年，成德眉资税（费）票证寄递中心正式挂牌成立。四市打破地域和建制壁垒项目，统一同城服务标准，规范发票寄递管理，深挖数据分析运用，初步形成了“一个票证寄递、数据管理中心（成都），三个寄递分中心（德阳、眉山、资阳）”的运行模式，实现了“数据集中处理、发票就近配送”的寄递服务目标。

开发票申领“零接触”先河。在发票寄递之前，市民仍需到政务中心等处现场办理申领手续。“票 e 达”则实现了纳税人和税务机关在整个发票申领过程完全不见面，线上靠网络，线下靠邮政，使纳税人申领发票从“最多跑一次”到“一次都不跑”，实现了“办税大厅不添堵、税务企业双减负”。

启发票寄递“便利化”时代。企业和个人领用发票业务是日常业务，领用量巨大。面对海量的发票寄递量，“票 e 达”突破了系统压力测试、税邮无缝对接、快速分拣包装、配送全程监控等技术难关，发票寄递时效实现主城区 T+0，周边区域 T+1，纳税人线上申请成功到终端吐票由原来的 4 分钟缩短至 1 分钟。

解发票管理“安全性”难题。发票是税务违法行为的高风险领域，如何在寄送数千万份发票的过程中保证发票安全，是“票 e 达”必须解决的问题。在寄递中心建立终端监控管理平台实现发票状态实时监控，建立发票追溯平台实现了发票信息全记录、可查询、能追溯，有效确保了海量发票寄递的安全可控。

（二）后端开票减负：建设“蓉票儿”移动端发票服务助手

“蓉票儿”移动端发票服务助手是成都税务深化国税地税征管体制改革

以来，为深入贯彻落实党中央深化供给侧结构性改革和深化“放管服”改革要求，减轻纳税人和基层负担，立足成都都市圈实际开发的由税务机关拥有知识产权的移动端发票服务产品。“蓉票儿”在成德眉资四地打通电子发票服务“最后一公里”，成功搭建了多场景、全覆盖、综合性的发票服务体系，全面突破了原有的票种单一、开具不便、成本较高等局限，在技术设置、质量效应等方面达到了全国领先水平。

在维护发票权利上属全国领先。“蓉票儿”使开具电子发票由商家发起变为消费者发起，商家无法拒绝申请，既有效杜绝了常见的商家借故拒开纸质发票问题，又改变了传统电子发票由商家发起，可能借故不开或拖延不开的问题。消费者通过“蓉票儿”开具发票后，可根据开票金额获取积分兑换虚拟充值卡券，鼓励了消费者主动索票、协税护税。

在开票便捷程度上属全国领先。消费者通过手机扫描开票二维码，3 ~ 5 秒即可开票，并自动获取电子发票信息。全国首创单一平台统一开票，通过“蓉票儿”可开具所有商家的电子发票。全国首次突破传统电子发票平台只能开具电子普通发票的局限，还可扫码开具纸质增值税专用发票、纸质增值税普通发票、增值税卷式普通发票。全国首次实现消费者在 7 个自然日内，远程上传支付小票、收银条等支付凭据申请补开发票。全国首次实现支持符合条件的自然人和未安装税控设备的小规模纳税人在线代开电子发票，有力支持了创新创业和小微企业发展。

在发票开具成本上属全国领先。“蓉票儿”免费对纳税人开放，既减少了商家运输、保管纸质发票的费用，又节约了商家建设、使用和维护电子开票平台的成本。此外，“蓉票儿”开票流程简单快捷，商家仅需简单核对金额，相比传统模式使用人力少、开票效率高、出错频率低。

二　取得的成效

成都市发票寄递中心自 2020 年底升级成为成德眉资税（费）票证寄递中心以来，截至 2021 年 6 月底，已向成德眉资区域内的纳税人寄送发票包裹 132.25 万件，寄递发票 10202.89 余万份，服务纳税人 46.28 万户，为纳税人减免邮资达 466.83 万元。“蓉票儿”也自上线以来发出第 460 万张发票。

（一）发票全域寄递多快好省

“票 e 达”发票寄递服务通过构建“网上申领、全程自动、邮寄到家”模式，以成德眉资税（费）票证寄递中心为节点开展发票全域寄递服务，帮助纳税人亲身感受全量、迅速、高效、省时的“足不出户，发票到家”领票体验。

（二）发票智能开具安全便民

“蓉票儿”移动端发票服务助手将区块链理念和技术有效植入传统税控电子发票，重点解决传统税控电子发票存在的额外隐形成本、重复报销风险、信息归集不易等弊端，为纳税人提供更为开放、便捷、安全的发票全流程管理服务，既减轻纳税人负担，又增强税收管控能力。

（三）发票协同服务促显红利

发票服务系列举措在上级税务部门和地方党委、政府的肯定支持下，在周边地区的影响力明显增强并实现快速覆盖，为成都都市圈实现发票统一服务奠定了坚实基础。2021 年，“票 e 达”“蓉票儿”已基本覆盖成德眉资全域。其中，“票 e 达”成德眉资税（费）票证寄递中心正式运行后，日均寄送发票包裹 1.01 万件，日均寄递发票 77.92 余万份。“蓉票儿”注册商户 29 万户，累计开票金额 74.4 亿元。

三　经验总结

成都税务主动应用互联网、大数据、区块链、人工智能等信息化手段，围绕注册登记、发票领用、区域通办、注销退出等纳税人关注的重点领域，从办理流程、办理资料、办结时限入手，对税收征管服务进行持续的全域同质探索。形成更多可复制可推广的经验做法，为成都都市圈发展大局贡献更多税务智慧和力量。

（一）以需求为导向

从“票e达”“蓉票儿”等一系列改革事项的成功推广来看，改革必须从纳税人和缴费人的需求出发。只有协同成都都市圈相关城市实施涉税费业务的减环节、统流程、优体验、降成本，才能为纳税人缴费人带来实实在在的改革体验，才能为成都都市圈建设大局提供实实在在的改革经验。

（二）以创新为基础

从“票e达”“蓉票儿”等一系列改革事项的成功推广来看，改革必须要充分应用创新转型“利器”。数据社会的轮廓，一眼望去难见边界。从大数据到云计算，从信息共享到远程协作，不仅打破传统地域限制，更加拓展成都都市圈税收区域协作的边界、提升成都都市圈协同税收服务的能力。

（三）以协同为手段

从“票e达”“蓉票儿”等一系列改革事项的成功推广来看，改革必须要实现区域办事标准的统一。只有在成都都市圈区域税费业务的办理上制定统一的“度量衡”，才能在简政放权和简并业务办理流程环节基础上实现“再优化”和“再提升”，进而建成法治化、国际化的成都都市圈营商环境。

（供稿单位：国家税务总局成都市税务局）

R.22

“金青新简广中”区域合作背景下金堂县推进医保事业同城化发展

成德眉资同城化发展是推动成渝地区双城经济圈建设的战略性工程和实施“一干多支”发展的牵引性工程。成都、德阳作为其中一个重要的区域经济板块，两地的融合发展，需要从各个方面全面发力、寻求突破。这其中，医保事业的协同发展是非常重要的一个方面。成德两地的人员流动日益频繁，患者的就医半径也在不断地拓展，在这种背景下，医保关系的转移、异地就医的结算、基金监管等方面会越来越复杂。如何更好保障广大群众的医疗保障需求，如何破解区域医疗保障事业发展不平衡、不充分的问题，需要各地医保部门紧密联系、相互配合、携手共治，共同推进医疗保障事业高质量发展，助力成德眉资协同发展规划落地见效。

一 主要做法

金堂医保在全市率先落实成德眉资同城化战略，2020 年 5 月，携手青白江、新都、广汉、中江签订成德眉资同城化“金青新广中”五地医保事业协同发展战略合作协议，围绕民生保障、基金监管、协同发展等工作，深化医疗保障基础建设共建共享，在“金青新广中”医疗保障领域率先形成高效的“同城化”医保服务和“联通式”医保基金监管区域合作格局。2021 年，简阳纳入战略合作协议范围，进一步拓宽了区域合作半径。

（一）打造更便民的医保服务体验

一是建立委托受理报销合作制度。六地参保人员因特殊情况个人垫付医疗费的，可自愿就近选择就医地医保经办机构委托受理，或回参保地报销。

二是建立异地就医备案互通机制。实行异地就医备案“六地通办”，积极推行异地就医备案“全市通办”“成德眉资通办”。三是推进医保关系无障碍转移。施行医保关系转移接续同城化服务，推进职工基本医疗保险参保关系转移转入地“一站式”通办。四是提高异地就医管理服务水平。不断扩大异地就医联网结算定点医疗机构覆盖面，落实“两定”互认。

（二）构建更有效的医保基金监管机制

一是共同搭建医保基金监管联动机制。建立医保基金“检查内容统一、检查人员联动、检查结果互认”联合监管模式。二是建立第三方专家资源共享机制。组建“金青新简广中”第三方专家库和评审专家队伍，实行专家联合抽调并开展交流和研讨活动，共同促进医保基金监管水平提升。三是建立案件的传递和协查机制。六地医保局共同建立医保案件传递和协查机制，进一步打击跨区域团体性欺诈骗保行为，对存在严重违规行为的连锁药店、诊所或医疗集团在六地进行联合通报。

（三）探索更深入的战略合作格局

一是坚持问题导向，协作创新。在医疗服务价格改革、病种分值付费方式改革、基金监管改革试点等方面深入研讨。二是加强交流，凝聚共识。通过多方位、长远的合作，推动区域医疗保障事业在更多领域、更广阔的空间协同发展。三是通力配合，共破难题。在战略合作协议框架指引下，携手破解成德眉资同城化医疗保障发展中存在的困难和问题，共同推进医保治理能力和治理体系现代化。四是党建引领，拓展合作。建立医疗保障系统党建联盟，充分利用各地区位、资源、政策和人才等优势，拓展医保领域合作深度和广度。

二　取得的成效

（一）聚焦“民生关切”，“痛点”变“亮点”

一是实现六地异地就医垫付医疗费用报销“不跑路”。截至 2021 年 7 月，金堂县通过委托受理报销医疗费用 26 人次。二是异地就医备案更便捷。

施行异地就医备案“全市通办”“六地通办”“成德眉资通办”，畅通临柜、线上、电话等办理渠道，截至2021年7月，金堂全县累计办理备案4311人次。三是医保转移办理更高效。同城化发展区域内职工基本医疗保险关系转移实现“一地申请、一次办结”，办理时限压缩25%以上，有效解决医保关系跨区域转移慢、参保人员两地奔波等难点，实现无障碍办理医保关系转移，2020年以来，金堂县共办理医保转移1016人次。四是实现异地就医费用结算同城化。金堂县率先取消对德阳、资阳等成都平原经济区7个地市的异地就医提前备案程序，全县413家定点医药机构率先在全省实现异地就医联网结算全覆盖；加强与中江、广汉两地医保局对接，推进毗邻地区定点医药机构异地就医联网结算全覆盖，实现毗邻地区参保群众异地看病住院“一卡通行、一站结算”。截至2021年7月，金堂县异地就医联网累计结算8.3万人次，结算金额3386万元。

（二）紧盯“基金安全”，“单管”变“共管”

一是开展联合（交叉）检查。联合开展医保领域系统治理，交叉检查定点医药机构81家，有效整合区域内医保监管力量，强化医保监管联动态势。二是建立案件传递和协查机制。实现案件的在线传递和信息沟通，对存在严重违规行为的区域内跨区县连锁药店、诊所或医疗集团在六地进行联合通报，进一步打击跨区域团体性欺诈骗保行为，守好参保群众“钱袋子”。三是建立第三方专家资源共享机制。组建“金青新简广中”第三方专家库和评审专家队伍，抽调第三方医疗专家交叉评审病历842份，实现医保第三方评审专家交流互动和资源共享。

（三）突出“协同发展”，“壁垒”变“桥梁”

一是落实六地联席会议制度。合作区县间在经办服务、医保智能监控平台建设、基金监管典型案例等方面开展交流研讨，共同促进医保治理能力提升，推动合作机制不断完善。二是建立协同发展共商模式。积极探索在“互联网+医疗”发展、智能监控体系建设、支付方式改革等多方面、多领域拓展合作范围，共同研究和处理协同发展中出现的问题，总结经验，推动合作机制不断完善。三是宣传医保“同城化”发展。以各区县全面开通异地就医联网结算为契机，加大成德眉资医保同城化宣传力度，主动回应社会关切，提升参保群众对医保便民服务的知晓率和参与度。四是共建医保系统党建联盟。共同签订《医疗保障系统党建联盟共建协议》，按照"组织共建，队伍共抓，资源共享，发展共谋"的原则，创新合作模式，促进资源要素跨区域高效整合，实现良性互动、协同发展。

三 经验总结

（一）加大区域医保服务协作通办

加大区域医疗保障业务交流合作，全面推进经办服务规范化、标准化、智能化建设，全力推进"一站服务、一窗受理、一单结算"，进一步拓宽区域"医保服务圈"半径，积极推动区域医疗保障便民利民公共服务协作共建，促进医疗保障事业同城化发展。

（二）加强区域医保发展经验共享

加大区域医疗保障事业接轨联动，实现支付方式改革、智能监控试点等改革创新先进经验共享，助力区域医疗保障事业创新提能。

（三）实施区域医保基金监管共治

主动加强与区域医保部门协作，延伸扩展基金监管联动机制，搭建大数据平台，建立区域医保信息互通、结果互认、力量套叠，在区域内构建严厉打击欺诈骗保的高压态势。

（四）探索区域医保撬动城市发展共建

站位战略全局、立足医保实际、把握当前发展大势，积极发挥医疗保障基础支撑作用、杠杆撬动作用和引领推动作用，力促区域产业合作、城市互动，为高质量构建区域合作良性大循环贡献医保智慧和力量。

（供稿单位：金堂县医疗保障局）

R.23
成德高端能源装备产业集群入选“国家天团”

2020 年 5 月，德阳联合成都以“成德高端能源装备产业集群”（简称“成德集群”）作为参赛对象参加工信部先进制造业集群竞赛，“德阳市中小企业服务中心”作为集群促进机构代表参赛对象参加公开招投标。经过初赛和决赛角逐，2021 年 3 月 22 日，工信部公示先进制造业集群决赛优胜者名单，全国 25 个入围者中，“成德高端能源装备产业集群”位列其中。

一　主要做法

（一）促进集群网络化发展

加强平台协作，以德阳市中小企业服务中心为班底建立促进机构。推动制造协作，提高产业链配套水平，加强产业链分工协作。建立开放式的政产学研协同创新体系，推动成德之间采取“成都研发 + 德阳制造”“成都总部 + 德阳基地”等模式进行合作。推动信息共享，推进装备制造工业互联网二级标识解析节点建设，加快创建国内一流“5G + 工业互联网”先导区。截至 2020 年底，建成科技企业孵化器 57 个，产学研创新载体 23 个。建成装备制造工业云，上云企业 4000 余户，入选工信部“制造业与互联网融合发展试点示范项目”。建成装备制造供应链服务平台，初步形成产能共享、供应链互通、品牌互动的融通发展成效。

（二）提升集群创新能力

借力中国西部（成都）科学城建设，深入推进成德绵国家科技成果转移转化示范区建设。健全集群创新投入机制，推进集群创新载体和服务平台建设，成都“科创通”在德阳建立分平台。推进人才建设、创新机制建设、强化知识产权管理，支持德阳企业到成都设立“飞地”研发机构，入驻四川区域协同总部基地。集群产业技术水平不断提升，2019 年集群研发投入强度超过 4.6%，成功攻克一批“卡脖子”技术，“华龙一号”核电机组、白鹤滩百万水电机组等高端能源装备研制投用，国产首台 50MW 重型燃气轮机满负荷运行。拥有高温长寿命国家级实验室等国省级创新载体累计 45 个。创新主体地位不断增强，政策体系基本构建，累计参与制定国际、国家标准 144 个。

（三）推动集群要素聚集

以高质量规划为引领，以标准厂房和科创空间建设为重点，加快推动成德高端能源装备产业功能区高质量发展。发挥产业基金引导作用，加强成德两地产融合作。实施“领军人才”“英才计划”“技能大师”等专项人才引育工程。优化交通枢纽与物流节点空间布局，完善枢纽集疏运系统。截至 2020 年底，产业集聚度进一步提升，达到 80%。建成多渠道融资服务体系，集群拥有各类投资机构 428 家，产业基金规模达 420 亿元。已初步形成管理人才、研发人才、技能人才等多层次人才队伍。成德共建国际铁路物流港姊妹港实现一体化运营。

（四）促进集群开放合作

扩大利用外资，开展多种形式招商，承接国际国内产业转移。融入“一带一路”，充分利用海外市场、资源，推动国际产能合作。搭建对外交流合作平台，依托展览展会、企业驻外机构等载体，提升集群影响力。截至 2020 年底，创建中德工业园等国际合作园区 5 个，成功与 200 余个国家和地区建立经贸关系，能源装备产品遍布世界 137 个国家和地区，贸易金额超过 400 亿元。成功举办中国西部国际博览会等大型活动，打造对外交流合作重要平台。

（五）增强集群组织保障

建立健全工作机制，成立由成都、德阳市政府领导任组长的“高端能源装备制造产业集群”建设领导小组，制定行动方案和年度实施计划，明确时间表和线路图。争取工信部、四川省政府支持建立共建机制，推动成德高端能源装备产业集群建设。完善政策保障措施，已初步形成涵盖上位规划引导、产业发展指导、科技创新激励、财政金融扶持、企业招商引育、人才引进培育等领域的政策体系。

二　取得的成效

截至2020年底，成德集群拥有东方电气、国机重装、宏华石油、通威太阳能等能源装备企业2686户，其中规上企业759户。2020年，成德集群实现产值2108亿元，占国内全行业的22%，诞生了8万吨模锻压力机、50MW重型燃气轮机等一批“国之重器”，以核能、水电、火电、光伏为代表，核能关键技术装备、晶硅电池等主导产品居市场前列，通威太阳能公司是全球最大的晶硅电池生产企业，生产的晶硅电池全球市场占有率达7.8%，生产制造了全国60%的核电产品、50%的大型电站铸锻件、40%的水电机组、30%的火电机组和汽轮机。东方电气集团、宏华集团、通威太阳能等大型企业通过信息共享、技术协作、供应链互通等方式，带动促进产业链中小企业发展，成德集群初步形成良好的融通发展格局。

2017~2019年，成德集群攻克了424项关键核心技术，其中68项达到国际一流水平，21项填补国内空白，131项重大技术装备获得国家、省首台（套）认定。2020年，成德集群新增发明专利授权量349个，获得国家、省科学技术奖数量23个；新增国家级技术创新载体数量3个，新增省级技术创新载体数量5个；参与制定的国际标准数量1个、国家标准数量36个；国家级高新技术企业441家，入库科技型中小企业965家。

三　经验总结

布局完善，配套齐备。成德集群中，德阳是全国三大动力设备制造基地之一，成都是全国重要的硅电池生产基地。从火电、水电、风电、核电、光伏等发电装备，到油气钻采装备，再到氢能、储能等新能源设备，不同类型的能源装备，成德集群都有涉足。能源装备属于技术密集型产业，门槛相对较高，而成德集群历经长年发展，已形成从材料、零部件到产品、服务的完备产业链条，具备做大做强的坚实基础，也拥有“搬不走”的强大优势。

龙头带动，集群发展。成德集群中，大中型企业与小微企业比例接近1∶5，金属材料加工、输配电设备、仪器仪表等主要配套产品的区域内配套率超过40%，这也带来了更高的“用户黏性”。集群化，有利于龙头企业之间强强联合，协同创新、共创市场，也有利于大中小企业融通发展，增强全产业链竞争力。龙头企业的长期稳定发展，给产业链供应链上的中小企业创造了丰富的合作机会、可观的市场空间。

适应形势、主动转型。成德集群多年来的发展壮大，得益于适应形势、主动转型。在落实“碳达峰、碳中和”战略过程中，势必将推动能源行业加速向低碳转型，成德集群也已做好了充分准备，围绕“源网荷储”低碳高效，大力发展清洁能源装备，构建协同完整的产业配套体系，着力培育国际一流、国内领先的清洁能源装备产业集群。

（供稿单位：德阳市经济和信息化局）

ℝ.24

以河长制E平台为引领共建“绿水青山”

成德眉资四市位于我国青藏高原向四川盆地的过渡带，占有“天府之国”成都平原的中心，处于“一带一路”与长江经济带“Y”字形大通道的交汇处，是成渝双核之一极，具有承东启西、集聚南北的独特区位优势，既是我国长江上游的重要生态屏障，又是我国重要的经济区。加强成德眉资及成都平原经济区生态共建和环境共保，提高生态文明同城化、一体化建设水平，可为实现成渝地区双城经济圈建设“两中心、两高地”，实现高质量发展提供重要保障。自党的十八大以来，四川省委省政府、成都市委市政府高度重视成渝两地生态文明建设，成德眉资同城化、成都平原经济区一体化建设都在生态环境联防联控联治方面积极探索，形成多部门、多地区生态环境合作新局面。2021年7月13日，成德眉资河长制E平台的启用实现了跨区域流域问题治理手段信息化，为全国都市圈首创。

一 主要做法

（一）都市圈河湖治理

一是四市共建共用河长制平台。2021年1月，成德眉资四市河长办达成以成都河长制平台为基础、共建共用四市平台的一致意见，省同城化办大力支持成德眉资河长制E平台建设，调动三市同城化工作牵头部门敦促落实，推动四市政府、同城化工作牵头部门、相关部门指导支持平台建设，形成“一个共识”，达成一个计划，德眉资三市数据不完整、资金难落实等问题得到有效解决，系统建设进度超前完成。二是四市共建河湖水洗一张底图。在成德眉资四市现有天地图基础上，采集全量河流、渠道、湖泊、水库和相关水利工程设施，形成水系矢量数据并录入平台，采用人工与程序、查阅河湖档案与现场实地查勘相结合的方式，构建四市 1∶2000 高精度水系“一张图”，为平台建设提供强有力的基础信息支撑。三是共同建立巡检考核“一套标准”。实时掌握四市各级河长在线巡河动态、巡河频次和问题解决率，依据平台巡河记录，逐市逐河统计河长巡河履职情况，并实现智能考核通报。各地根据通报情况，及时分析问题原因，有针对性地采取整改措施，进一步推动河长巡河履职。四是共用数据管理“一个平台”。利用可视化工具，统览、统计四市的数据，进行多维度分析展示，通过大屏展示直观地了解四市河长制业务的开展情况和有关业务数据，提供防洪、水资源开发利用及水质预警功能，为下一步重点工作方向及目标提供决策支持。基于河湖长制及河湖管理工作实际，集成相关工作涉及的静态数据、动态数据、管理数据、成效数据，以及数据来源、填报主体、应用范围等，建立河湖长制及河湖管理的统一“大数据”平台。五是健全业务联动“一套制度”。对于左右岸、上下游等边界问题，实现跨区域业务处理无缝流转、交互、处置、反馈；实现四市在线巡河、在线通报、在线评价、在线协同，以此达到河长制的全域一体化目标，实现跨区域解决问题的业务闭环，提高跨区协同解决问题的能力。

（二）空气质量联合管控

一是开展大气污染联防联控，持续推进空气质量改善。按照“点面结合、区域协同、精准减排、科学管控”的原则，以环境空气质量改善为目标，以协同控制 PM2.5 和臭氧为主攻方向，以交界区域为重点，持续优化调整产业布局，协同深化工业污染治理，联合实施移动源整治，强化城乡大气环境共治，共推同城化精细管理，助推成德眉资成都都市圈生态环境联防联治同城化。二是四市统一标准，协同推进空气质量治理。制定《成德眉资扬尘污染防治管理办法》，统一扬尘防治措施和标准。实行全域、全时段、全种类禁烧农作物秸秆。建设成德眉资秸秆综合利用示范区。

（三）都市圈生态环境联合执法

一是探索“两两”交界联合执法工作机制。2021 年成德雅眉资五市生态环境局联合印发《成德雅眉资合作开展2020～2021年冬季污染防控攻坚联合执法工作方案（试行）》，明确联动执法目标，清单化联动执法内容，扩大联动执法范围，将工业污染源应急措施落实情况、机动车监测站环境守法情况、汽车维修企业废气排放情况纳入重点执法工作，明确联动执法工作范围，成都与德阳主要对彭州市—什邡市、青白江—广汉市等交界区域展开联动执法。二是强化联合执法人员培训与技术交流合作。以2020～2021年冬季污染防控攻坚联合执法为主攻方向进行专项集中执法培训，通过系列联动执法培训，学习最新法律法规，把执法培训范围扩大到乡镇监管人员及网络员，按照依法、科学、精准执法要求，相互学习，交流互通，共享共用执法技术与资源，提升都市圈整体执法效能与执法能力。三是探索区域“互查”模式并肩作战“铁拳”执法。2020年3月14日，人民渠油污致德阳市区饮水暂停，两市立即行动，沿路排查污染源，强化与什邡、彭州地区紧密联系，采取有效措施截污拦污，有力保障饮用水质，及时恢复市区饮水。2021年3月4日，成德雅眉资共抽调12名执法骨干，相继对彭州市、什邡市交界区域企业开展两次执法行动，采取“四不两直”工作方式，强化与彭州公安环境犯罪侦察大队的密切配合，明察暗访相结合，什邡域内排污单位5家，发现环境问题6个。2021年3月30日至4月1日，成都市机动车排气污染防治技术保障中心赴德阳开展为期三天的机动车检验机构检查，通过核查过程数据、追溯检测视频、现场检查等方式对6家检验机构进行了全面的监督检查，发现5家检验机构未进行车辆一致性核查，发现1家检验机构涉嫌出具虚假检验报告。

二　取得的成效

一是河湖联控能力有所增强。汇聚了成德眉资四市河长制各类基础数据和业务数据，集成水系、河长信息等基础数据7.4万条，巡河记录、巡河轨迹、巡查问题等业务数据6723万条，外场物联感知站点166个。打造了PC端、手机端、微信公众端多个应用场景，实现了在线巡河、问题督办、指挥调度、考核评估等功能，为四市河长、各成员单位、督查暗访人员、“民间河长”以及社会公众提供了围绕河湖管理保护的综合业务应用与信息支撑。

二是空气质量协同治理能力有所提升。围绕成德眉资四市机动车污染防治区域性环境问题，以创新协作机制为抓手，以联防联控为重点，强化区域生态网络共建、环境污染联防联治，合力加强区域在用车检验机构的管理，落实机动车排放检验机构的主体责任，切实减少机动车排放污染，草拟了《成都平原经济区机动车排放检验机构联防联控试点工作方案》；积极推进大气污染防治条例立法交流工作，成德眉资四市都积极编制各市大气污染防治条例，条例中专门涉及“加强成德眉资区域协同”，实现大气污染防治工作基本同步。

三是联合执法机制逐步健全。近年来分别印发《四川省沱江流域突发环境事件联防联控框架协议》《成都平原经济区生态环境保护一体化发展合作框架协议》《成德眉资生态环境联防联控联治专项合作组工作规则》《成德眉资生态环境联防联控联治专项合作组实施细则》，构建“指导协调层 + 牵头执行层 + 配合执行层”的三级联动协调架构，基本形成生态环境保护联合执法工作格局。2021 年落实成德雅眉资五市 2020 ~ 2021 年冬季大气攻坚联动执法行动，五市执法人员共计检查交接区域排污单位 23 家，发现存在环境问题 14 个，其中成都市区域内发现环境问题 12 个，其余区域内发现环境问题 2 个。

三　经验总结

河湖治理方面，随着成德眉资河长制 E 平台正式投用，四市河长制工作的信息化水平、指挥扁平化水平、监管系统化水平、联动制度化水平也将进一步提升。下一步，将深化完善系统数据、强化信息更新、加强业务运维，以信息化建设为共建美丽幸福、山清水秀的都市圈做出更大的水务贡献。空气质量管控方面，共同开展成德眉资四市环境质量预测预报工作，实时共享四市每日环境质量预报等相关信息，为成德眉资四市预警应急响应、大气污染管控、环境质量管理和重大活动保障提供科学技术支撑；为城市间的技术交流、科研合作、人员培训等提供平台；同时，利用成都市院士（专家）工作站平台，借助国内顶尖科研团队，共同促进四市大气污染防治技术水平的提升，推动区域联防联控工作，实现空气质量的持续改善。联合执法方面，探索相邻两地生态环境部门执法互相授权与跨界检查，推进环境执法跨界现场检查互认机制，跨界执法人员有权实施跨界环境检查，检查过程严格制作现场勘察记录、合法获取影像资料和监测数据，作为行政处罚依据；统一环境执法依据，尤其是统一生态环境行政裁量基准和统一的污染物排放标准，加快推进成德眉资四市污染管控区域标准制定，推动生态环境同城化发展立法协作制度建立，尽早实现“标准统一、措施一致”；完善区域环境联合执法制度，建立长效化的执法机制，制度化并规范化执法主体、执法权限和执法依据。

（供稿单位：四川省推进成德眉资同城化发展水资源保障专项合作组、成都市生态环境局、成都市水务局）

第四篇　研究专论

ℝ.25

成都都市圈同城化体制机制改革创新研究

本文从都市圈同城化体制机制改革创新的政策逻辑入手，充分借鉴国内外都市圈治理的经验做法，立足成都都市圈发展实际及体制机制建设基础，顺应全国都市圈发展大势，尊重都市圈同城化发展规律，明确提出成都都市圈同城化体制机制改革创新应坚持成德眉资同城化发展方向，以探索经济区与行政区适度分离改革为总揽，积极承担国家改革创新职能，深度谋划推动实施一批有力度、有牵引性和全国率先示范性的重大改革举措，加快破除都市圈人口流动、资源要素配置障碍，高质量协同创建成德眉资同城化综合试验区，打造综合改革创新高地，切实提高成都都市圈在全国的影响力。从创新系统共塑、产业生态圈共筑、幸福都市圈共建、公园都市圈共创、城乡融合发展、新发展格局共融等重点领域分析了体制机制改革创新的重点任务及其实施路径，最后从深化市场化同城改革、强化省级层面制度建设保障、加强改革清单管理和责任落实等方面研究提出有关对策建议。

一　成都都市圈同城化体制机制建设的现状

（一）基础成效

自2020年《关于推动成德眉资同城化发展的指导意见》印发以来，成德眉资四市进一步凝聚同城化共识，成都都市圈同城化体制机制改革各项工作逐步拉开推进。

1. 在全国率先构建跨区域规划综合性工作机制

将规划统筹作为推动同城化的先手棋，制定了规划协同工作机制，建立了“1+1+N”[①] 规划体系，推动实现都市圈及四市重大规划同编同审、协

① “1+1+N”即以发展规划为统领、国土空间规划为基础、各领域专项规划和重点区域规划为支撑的规划体系。

同实施。构建了都市圈规划编制纵横衔接机制以及规划实施评估督导机制，形成了统一的规划建设技术指引，建立了统一的规划管理信息平台。

2. 产业和创新协作机制逐步建立

推动构建四市“政府部门—社会组织—企业”三级产业协作推进机制，搭建了都市圈产业生态建设企业供需对接平台。持续扩大“进出口结算在港区、生产基地在市州”合作模式，创新开展“班列 + 园区”合作模式，共建“亚蓉欧”产业基地，有效推动自贸试验区改革红利的释放。建立金融协调发展与风险协同防控工作机制，积极推进投融资同城化改革，组建了成德眉资金融顾问服务团，共同打造了交子金融“5 + 2”平台。初步探索资源共享、平台共建、政策共通、人才共用的一体化创新机制，深化成德绵国家科技成果转移转化示范区建设，联动协同的区域创新格局开始形成。

3. 公共服务一体化机制加速完善

政务服务方面，四市共同推出同城化无差别受理模式，开展异地受理跨区域办理试点①，形成“0130”② 快速服务机制，组建“一体化企业登记服务专窗”，实现市场主体登记注册电子基础信息共享。民生服务方面，构建社保就业“4 + 1”③ 协作体系，推动成都养老服务政策向德眉资延伸，推行就医“一码通”和异地就医联网结算，共建教育“八大共享平台”。建立交通“同城同网”工作机制，共同制定了交通同城化重大项目清单，形成了工作台账，动车公交化运营逐步实现，公共交通正式实现“一卡通刷、优惠互享”。

4. 建立生态环境保护联防联控机制

建立生态环境保护联防联控联治工作机制，构建“指导协调层—牵头执行层—配合执行层”三级联动体系。构建大气污染协同共治体系，制定了联合预报预警工作细则，积极推进相关立法交流。深化“两江”流域

---

① 四市将金堂、中江、仁寿、安岳、广汉五县市作为试点，探索标准统一、异地受理、远程办理、协同联动的政务服务新模式。

② “0130”即 0 成本、1 环节、30 分钟领证的“极简”审批模式。

③ “4 + 1”即就业服务、养老保险认证、流动人口信息登记、社保卡办理和信息化系统。

“三水共治”[①] 协同治理机制，共建河长制 E 平台，推动流域“系统共融、信息共享、问题共决”，积极探索流域横向生态保护补偿机制。强化跨界污染联合执法机制，围绕交界区域联动执法。

5. 城乡融合发展机制逐步建立

积极推动建立毗邻地区融合发展示范机制，制定了毗邻地区融合发展总体实施方案和 7 个交界地带融合发展实施方案，首批纳入 14 个乡镇（街道）实施 8 个示范项目。首创“政企银交担保”生态商业闭环模式和闲置农房使用权流转“三书模式”[②]，进一步创新了资源要素交易机制。

表 1　成德眉资同城化制度建设成效

主要领域	成效
跨区域规划综合性工作机制	①制定了规划协同工作机制。 ②建立了“1 + 1 + N”规划体系。 ③构建了都市圈规划编制纵横衔接机制以及规划实施评估督导机制。 ④形成了统一的规划建设技术指引。 ⑤建立了统一的规划管理信息平台
产业和创新协作机制	①构建“政府部门—社会组织—企业”三级产业协作推进机制。 ②搭建了都市圈产业生态建设企业供需对接平台。 ③持续扩大“进出口结算在港区、生产基地在市州”合作模式。 ④创新开展“班列 + 园区”合作模式。 ⑤建立金融协调发展与风险协同防控工作机制。 ⑥组建了成德眉资金融顾问服务团。 ⑦共同打造了交子金融“5 + 2”平台。 ⑧初步探索资源共享、平台共建、政策共通、人才共用的一体化创新机制。 ⑨深化成德绵国家科技成果转移转化示范区建设
公共服务一体化机制	①形成“0130”快速服务机制。 ②组建“一体化企业登记服务专窗”，实现市场主体登记注册电子基础信息共享。 ③构建社保就业“4 + 1”协作体系。 ④推行就医“一码通”和异地就医联网结算。 ⑤共建教育“八大共享平台”。 ⑥共同制定了交通同城化重大项目清单，形成了工作台账。 ⑦动车公交化运营逐步实现。 ⑧公共交通正式实现“一卡通刷、优惠互享”

① “三水共治”即水污染治理、水生态修复、水资源保护。

② “三书”即律师审查意见书、公证书、交易鉴证书。

续表

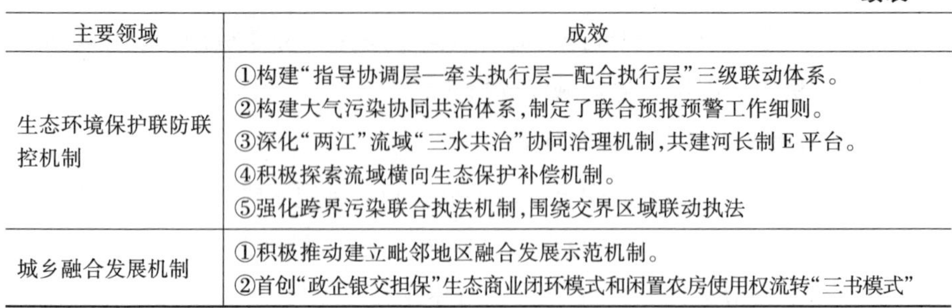

主要领域	成效
生态环境保护联防联控机制	①构建“指导协调层—牵头执行层—配合执行层”三级联动体系。 ②构建大气污染协同共治体系，制定了联合预报预警工作细则。 ③深化“两江”流域“三水共治”协同治理机制，共建河长制 E 平台。 ④积极探索流域横向生态保护补偿机制。 ⑤强化跨界污染联合执法机制，围绕交界区域联动执法
城乡融合发展机制	①积极推动建立毗邻地区融合发展示范机制。 ②首创“政企银交担保”生态商业闭环模式和闲置农房使用权流转“三书模式”

资料来源：笔者整理。

（二）短板问题

1. 与国家都市圈制度建设的目标导向还有差距

成德眉资同城化综合试验区建设尚处于方案研究起草阶段，综合改革的具体任务、权责划分仍未明确。经济区和行政区适度分离仍在初步探索，交界地带融合发展试验还未形成可复制可推广的经验做法。亟待加快研究推进一批都市圈同城化体制机制改革举措，尽早取得实效，形成改革创新经验，积极为全国都市圈制度建设顶层设计提供成都都市圈范例。

2. 政策协同机制有待完善

四市政策存在落差，成都凭借国家中心城市的政策优势和强大的人力物力财力支撑，在制定激励政策时标准普遍高于德眉资，如在蒲（江）丹（棱）都市现代农业融合发展示范区建设过程中，成都的蒲江县处于四川成都西部片区国家城乡融合发展试验区，集体经营性建设用地可用于工业和服务业，但眉山的丹棱县难以享受相同的政策。此外，在部分跨区域工作中，各地在建设时序、执法标准等方面仍有差异，如四市建立了生态联防联治机制，但工作中协同不够，成都和资阳两地对老鹰水库环保执法标准不统一，形成饮用水源地环境隐患。

3. 重点领域同城化机制需加强

四市重大产业布局统筹力度还不够，部分高关联度产业尚未实现合理分工、优化发展。如成都编制的《淮州新城分区详细规划》，在产业布局方面没有与毗邻的德阳凯州新城做好有效衔接，《成都东部新区总体方案》空间布局也没有将成资临空经济产业协作带纳入进来。四市养老、教育、医疗等专项规划衔接不充分，部分跨区域公共服务项目较难按统一时序进度建设，基本公共服务标准化建设有待突破，医保缴费标准和支付比例等仍有不一致现象，基本医保关系转移接续仍有“堵点”。

4. 要素保障机制亟须健全

土地方面，四市城乡统一的建设用地市场还没有建立，一方面，重大项目建设供地不足、指标缺口大，另一方面，“开而不发、圈而不用、多征少用”的情况依然存在，造成部分土地闲置。资本方面，跨区域重大项目多采用分段立项、财政出资的方式，资金来源相对单一，社会资本参与程度不高。

二　成都都市圈同城化体制机制改革创新的政策依据及可借鉴经验

（一）成都都市圈体制机制改革创新的政策依据及重要性

1. 习近平总书记重要讲话精神为探索推进都市圈制度创新提供了根本遵循

习近平总书记关于新型城镇化的重要论述，明确以人民为中心是新型城镇化根本宗旨，农业转移人口市民化是新型城镇化首要任务；要求统筹推进户籍制度改革及配套改革，提高非户籍常住人口基本公共服务水平；提出城市群是新型城镇化主体形态，要推动大中小城市和小城镇协调发展；强调城市可持续发展是新型城镇化重要内容，要发挥规划重要引领作用，营造群众满意宜居环境；指出城乡融合发展是新型城镇化内在要求，要推动城乡要素配置合理化，完善覆盖全民的社会保障体系。习近平总书记关于新型城镇化的重要论述为都市圈城乡融合、布局优化、分工协作、服务共享等领域同城化制度创新提供了时代坐标和科学依据。

2. 贯彻落实中央关于成渝地区双城经济圈建设战略部署的政策需要

《成渝地区双城经济圈建设规划纲要》明确提出创建成德眉资同城化综

合试验区，支持成都都市圈探索经济区和行政区适度分离改革，这是成都都市圈建设上升为国家战略、深入推进体制机制改革的重大决策部署，为成都都市圈承担重大改革使命、推动制度建设创新提供了政策依据和机遇。聚焦综合试验，研究同城化改革清单，强化通过系统性改革突破行政区划壁垒障碍、凝聚发展合力，是落实中央关于成渝地区双城经济圈建设战略部署的重要体现。

3. 示范引领全国都市圈制度建设的全局需要

“十四五”时期是全国全面建设现代化都市圈的重要时期，目前都市圈建设发展中存在的诸多共性短板问题，究其根本涉及体制机制改革和制度建设层面因素。成德眉资同城化发展已经取得阶段性成效，积累了一批经验做法，在此基础上深化体制机制改革，积极探索一批可学习借鉴、复制推广的改革创新做法，对于国家层面研究都市圈顶层政策设计和全国其他都市圈建设都具有重要价值。

4. 丰富完善成都都市圈规划政策体系的现实需要

成都都市圈前期已经形成了以发展规划为统领、国土空间规划为基础、各领域专项规划和重点区域规划为支撑的“1＋1＋N”规划体系。规划发展蓝图已经绘就，重大改革创新举措是推动规划落实落地生效的制度保障。通过研究制定重大改革清单，围绕重点领域、关键环节和重大制度建设需要，推出一批重要改革举措及配套措施，形成“1＋1＋N＋X”的规划政策体系，是下一步扎实推进成都都市圈建设的重大现实需求。

5. 抓住牛鼻子破解成都都市圈发展深层次障碍和瓶颈制约的实践需要

都市圈建设发展的重要特征和本质要求在于促进同城化，同城化进程的难点在于根本性打破行政壁垒、解决行政区划分割带来的各种阻碍发展的樊篱。目前成都都市圈跨区域协同机制的建立大多停留在部门工作协调层面，要解决资源要素配置障碍、加快形成成德眉资推动发展的强大合力，关键在于牵住深化同城化体制机制改革创新这项牛鼻子工作。

表 2　习近平总书记重要论述及重要文件要求

政策依据	主要内容	制度创新导向
习近平总书记重要论述	①推进以人为核心的城镇化。 ②强化城市间专业化分工协作,增强中小城市产业承接能力。 ③建立空间规划体系,推进规划体制改革,加快规划立法工作。 ④推进城镇化必须从社会主义初级阶段基本国情出发,遵循规律,因势利导。 ⑤要加强创新合作机制建设,构建开放高效的创新资源共享网络,以协同创新牵引城市协同发展。 ⑥要推进城市科技等诸多领域改革,让创新成为城市发展的主动力。 ⑦要加快建立健全城乡融合发展体制机制和政策体系,健全多元投入保障机制,推动人才、土地、资本等要素在城乡间双向流动。 ⑧要建立健全城乡基本公共服务均等化的体制机制,推动公共服务向农村延伸、社会事业向农村覆盖	①都市圈同城化及体制机制改革应以人为核心。 ②都市圈同城化制度建设要遵循规律。 ③同城化体制机制改革需要因势利导,更好发挥不同城市比较优势。 ④应将创新融合、产业协作、服务共享、规划引领、城乡融合、市场开放等领域体制机制改革作为重要抓手
《国家新型城镇化规划(2014～2020年)》	特大城市要适当疏散经济功能和其他功能,推进劳动密集型加工业向外转移,加强与周边城镇基础设施连接和公共服务共享,培育形成通勤高效、一体发展的都市圈	同城化发展应形成增强中心城市辐射带动功能的相关机制
《关于培育发展现代化都市圈的指导意见》	①以强化制度、政策和模式创新为引领,坚决破除制约各类资源要素自由流动和高效配置的体制机制障碍。 ②充分发挥市场配置资源的决定性作用,更好发挥政府在规划政策引领、空间开发管制、公共资源配置、体制机制改革等方面的作用。 ③尊重基层首创精神,鼓励先行先试,及时推广成功经验	①同城化过程应加快建设统一开放市场,营造规则统一开放的市场环境。 ②应形成市场与政府协同推进机制。 ③应支持部分地区改革创新先行先试
《成渝地区双城经济圈建设规划纲要》	创建成德眉资同城化综合试验区,支持成都都市圈探索经济区和行政区适度分离改革	推进综合改革试验,承担国家都市圈制度建设使命
国家"十四五"规划	鼓励有条件的都市圈建立统一的规划委员会,实现规划统一编制、统一实施,探索推进土地、人口等统一管理	同城化应以实体化机构作为支撑,并完善机构运行管理机制

资料来源：笔者整理。

（二）国外都市圈制度建设的主要经验

经过多年探索，英、美、日、韩等国都形成了各自的都市圈发展模式，积累了大量治理经验，在规划手段和协同治理等方面，对国内都市圈治理具有一定借鉴价值。

1. 制定动态性、前瞻性的都市圈同城化规划

国外都市圈规划更为注重前瞻性与动态性，通常经历过多次更新，持续根据变化趋势调整目标和举措，以维持规划的实用性。日本政府前后四次更新首都圈规划，各次更新都根据世界发展态势和国内发展要求及东京城市定位变迁进行适应性调整完善，实现了规划理念上由硬性控制向柔性管理、空间结构上由圈层结构向网络结构的转变。英国通过大伦敦规划，把伦敦及周边地区作为规划范围整体考虑，大伦敦管理局分别在 2004 年、2008 年、2011 年、2016 年和 2021 年根据经济、社会、交通、环境等方面的情况变化发布了新版规划。韩国三次通过首都圈整备计划调整目标和举措，实现了由单一目标向多目标、由都市圈管理向都市圈治理的转变。

2. 构建多样化的区域协调机制

国外都市圈跨区域协调，主要有各级政府推动、大都市区委员会推动、区域联合机构推动等方式。东京都市圈主要依赖中央政府推动区域协调，中央政府凭借有力的配套政策和资金保障，主导东京都市圈协同发展的目标，与此同时，东京都市圈也探索出不少地方性协调机制，如跨区域协议会、各地方联席会议等，此类协调会议成为中央政府主导的区域协调机制的有益补充。大伦敦都市区以地方政府为主推动区域协调，各地方政府在法律政策的指引下、在中央政府的指导下，通过举办地方政府峰会、成立政治领导小组和战略空间规划官员联络小组等方式，强化跨区域事务的沟通协调。华盛顿都市区通过大都市区委员会推动区域协调，委员会实行成员制，其收入来源于联邦和州政府拨款、成员契约费，并通过设置专门机构推动地方政府达成合作协议。柏林—勃兰登堡大都市区通过区域联合机构推动区域协调，成立跨州区域联合规划机构——柏林—勃兰登堡联合规划部，把各自的空间规划全部整合至大都市区的规划体系中，联合规划部作为唯一拥有规划职能的部

门，具有编制和实施大都市区层面规划的决定权，目标是协调解决区域间的发展矛盾。

3. 对都市圈治理制度给予立法保障

从20世纪50年代起，日本政府先后出台了《首都圈整备法》《城市规划法》《土地基本法》等数十部相关法律，以及同上述法律相配套的规章制度和技术标准，维护了都市圈规划的严肃性和权威性。与此同时，日本政府还制定了税收与资金政策，以保证首都圈规划顺利实施。英国政府1999年制定的《伦敦政府法》明确了伦敦市长跨区域协调的职责，2004年制定的《规划和强制性采购法》规范了地方规划与大伦敦空间战略的协同关系，2011年制定的《地方主义法》明确了大伦敦各地方政府在与可持续发展相关规划方面有合作义务。此外，大伦敦规划通过年度监测报告、机遇地区和强化地区规划框架、规划指南等文件，进一步健全了规划落实保障。

表3 国外部分都市圈治理经验

都市圈	主要经验
东京	①四次更新首都圈规划，根据世界发展态势、国内发展要求以及东京城市定位进行适应性调整。 ②实现规划理念由硬性控制向柔性管理、空间结构由圈层结构向网络结构的转变。 ③中央政府推动区域协调，探索跨区域协议会、各地方联席会议地方性协调机制作为有益补充。 ④出台了《首都圈整备法》《城市规划法》《土地基本法》等数十部相关法律，以及配套规章制度和技术标准，维护都市圈规划严肃性和权威性。 ⑤制定税收与资金政策，保证首都圈规划顺利实施
伦敦	①通过大伦敦规划把伦敦及周边地区作为规划范围整体考虑。 ②21世纪以来5次根据各方面情况变化发布新版规划。 ③都市圈内地方政府推动区域协调，通过举办地方政府峰会、成立政治领导小组和战略空间规划官员联络小组等方式强化跨区域事务沟通协调。 ④制定《伦敦政府法》，明确了伦敦市长跨区域协调的职责。 ⑤制定的《规划和强制性采购法》，规范地方规划与大伦敦空间战略协同关系。 ⑥制定的《地方主义法》，明确了大伦敦各地方政府在与可持续发展相关规划方面合作义务。 ⑦通过年度监测报告、机遇地区和强化地区规划框架、规划指南等文件健全规划落实保障

续表

都市圈	主要经验
首尔	通过首都圈整备计划调整目标和举措,实现由单一目标向多目标、由都市圈管理向都市圈治理的转变
华盛顿	大都市区委员会推动区域协调,委员会收入来源于联邦和州政府拨款、成员契约费,通过设置专门机构,推动地方政府达成合作协议
柏林—勃兰登堡	区域联合机构推动区域协调,通过成立跨州区域的柏林—勃兰登堡联合规划部,把空间规划全部整合至大都市区规划体系中,联合规划部具有编制和实施大都市区层面规划的决定权

资料来源：龙茂乾、李婉、扈茗、欧阳鹏、卢庆强，《新时期我国都市圈治理的新逻辑与变革方向探讨》，《规划师》2020 第 3 期；胡明远、龚璞、陈怀锦、杨竺松，《“十四五”时期我国城市群高质量发展的关键：培育现代化都市圈》，《行政管理改革》2020 年第 12 期。

（三）国内部分区域体制机制改革创新的经验做法

近年来，国内许多区域都进行了不同程度的区域一体化、同城化发展方面的积极探索，不少经验做法具有参考价值。

1. 建立高效决策实施机制

坚持加强统筹协调、推动共建共享的大方向，形成多层次多领域的工作推进机制和沟通协商平台。广（州）佛（山）以同城化党政联席会议为治理制度核心，建立了“党政四人领导小组—市长联席会议—分管副市长工作协调会议—市直部门组成的专责小组”的市级层面四级垂直型协调机制，并逐渐形成“市—区—镇（街）”多层级治理框架。长三角三省一市在一体化发展过程中，构建了“三级运作、分层负责、集中办公、专题推进”的合作机制，搭建了主要领导明确方向（决策层）、联席会议负责协调推进（协调层）、区域合作办公室及专题合作组具体落实（执行层）的工作框架。特别是长三角示范区创新提出了“理事会 + 执委会 + 发展公司”的管理模式，探索政府和市场力量的有效平衡点。

2. 形成合理分工协作机制

完善分工协作机制、促进优势联动是同城化发展的关键路径。广佛两市通过整合毗邻地区产业园区，共同建设了科技创新产业示范区和数字经济创新示范区，构建了“广州创新大脑 + 佛山转化中心”的一体化发展机制。

长三角通过G60科创走廊，打通沿线9市区域壁垒，推动产业在沿线协同布局，构建了产业链、创新链、供应链、价值链融合机制。厦（门）漳（州）泉（州）三市通过共同建设安溪经济合作区等产业园区，完善产业协作机制，促进了厦门加速向生产性服务业转型，推动了先进制造业在漳泉加快聚集。

3. 完善成本共担利益共享机制

长三角设立了多地共同出资的投资基金，统筹用于长三角示范区开发建设；探索对新设企业形成的税收增量属地方收入部分实行跨地区分享，分享比例按确定期限根据因素变化进行调整。京津冀积极推动税收合作向深度和广度拓展，先后推出了“一统三互”[①]、简化纳税人跨省（市）迁移手续、企业迁入地和迁出地三大税种税收收入五五分成、跨区域税收风险管理协作等政策措施，为协同发展提供了很大支持。

4. 推动区域市场改革一体化

长三角制定了全国首个跨省域政府核准投资项目目录，赋予长三角示范区执委会统一管理跨区域项目的权限，在长三角示范区实行统一的企业登记标准，推动企业高频事项异地申报、异地办理。厦漳泉三市构建了一体化的政务大数据中心和网上办事大厅，推动实现行政审批事项信息共享、异地办理，支持三地互设金融机构。京津冀率先在北京通州区与河北三河、大厂、香河三县市建立统一互认的人才评价和行业管理政策，全面调整北三县各行业管理规范，实现在高新技术产业认定、人才评价等方面与北京保持程序一致、结果互认。

表4　国内部分区域同城化、一体化制度创新经验

地区	经验
广佛	①把同城化发展置于发展规划(如“十四五”规划)重要位置。 ②构建由各重点领域规划构成的专项规划体系。 ③建立以党政联席会议为核心的四级垂直型协调机制。 ④构建“市—区—镇(街)”多层级治理框架

① “一统三互”即统一的纳税服务平台、资质互认、征管互助和信息互通。

续表

地区	经验
长三角	①长三角示范区实行规划统一管理,共同编制国土空间规划和控制性详细规划。 ②构建“三级运作、分层负责、集中办公、专题推进”合作机制。 ③搭建“决策层—协调层—执行层”工作框架。 ④长三角示范区提出“理事会 + 执委会 + 发展公司”管理模式。 ⑤通过科创走廊打通沿线区域壁垒,构建产业链、创新链、供应链、价值链融合机制。 ⑥赋予长三角示范区执委会统一管理跨区域项目的权限。 ⑦在长三角示范区实行统一的企业登记标准,推动企业高频事项异地申报和办理。 ⑧共同出资设立了投资基金,统筹用于长三角示范区开发建设。 ⑨探索对新设企业形成的税收增量属地方收入部分实行跨地区分享
京津冀	①推出了“一统三互”政策措施。 ②简化纳税人跨省(市)迁移手续。 ③实行企业迁入地和迁出地三大税种税收收入五五分成。 ④开展跨区域税收风险管理协作。 ⑤在北京通州区与河北三河、大厂、香河三县市建立统一互认的人才评价和行业管理政策
厦漳泉	①推动实现行政审批事项信息共享、异地办理。 ②支持三地互设金融机构

三　成都都市圈同城化体制机制改革创新的思路方向

（一）积极承担国家改革职能，为全国都市圈制度建设提供先行示范

从“十四五”时期国家推进都市圈建设全局出发，对标国家层面对都市圈同城化制度建设的总体要求，加强与国家有关部门的工作沟通，深入研究全国都市圈体制机制改革和制度建设的共性领域和关键环节，把深化成德眉资同城化制度建设作为政治使命和责任当担，积极承担国家都市圈体制机制改革试验任务，在一些重点领域和改革深水区积极争取国家层面给予综合改革试点授权，力争形成一批在全国率先突破、叫得响立得住、可复制可推广的改革成果，积极为全国都市圈同城化制度创新提供经验示范。

（二）着力破除行政壁垒，推动经济社会同城化治理

紧扣探索经济区与行政区适度分离改革这个总揽和主线，以强化制度、政策和模式创新为引领，推动从工作协同到规划协同、任务协同、政策协同等全面升级，分层次、多主体深度参与同城化综合改革试验，坚决破除制约各类资源要素自由流动和高效配置的体制机制障碍，深入推进城市间务实分工协作，更好发挥各市县比较优势，在同城化中实现互利共赢和整体提升。

（三）强化系统集成，提升体制机制改革创新综合效能

坚持目标导向、问题导向和结果导向相结合，以全局观念和系统思维谋划推进成德眉资同城化体制机制改革和制度建设，增强都市圈体制机制改革创新的系统性、整体性和协同性，谋划实施一批创新性、突破性、长效性改革事项，开展更多差异化探索、首创性改革和创造性实践，通过深化改革攻坚促进制度集成、提升综合效能，全面释放成德眉资同城化发展的潜力和活力。

（四）顺应都市圈发展规律，处理好政府与市场关系

都市圈是城镇化走向高级形态、市场机制作用发挥的必然过程，不能逆城镇化进程、超越市场机制、违背规律实施人为行政干预。成都都市圈正处于快速成长期，要素向成都中心城市集聚和向外围城市扩散并存，经济社会领域同城化治理供需不平衡不协调明显。为此，成都都市圈体制机制改革，既要协调好存量各方的利益关系，更要关注增量发展空间的共生共赢，让制度建设为市场机制更充分发挥配置资源的决定性作用提供保障。

四　围绕成都都市圈同城化重点领域扎实推进体制机制改革创新

（一）助力科技创新中心建设，构建高效协同的创新系统共塑机制

1．引领性科技联合攻关机制

加强成德眉资科技创新规划对接，形成成都市圈区域性重大创新目标任务会商机制，共同编制都市圈重大科技问题专项规划。构建跨区域政府、企

业、高校、科研院所和新型研发机构等创新主体共同参与的协同机制，围绕重点领域和关键环节打造创新共同体开展科研联合攻关。

2. 高价值科技成果协同转化机制

建立跨区域政产学研用金介深度对接合作机制，协同建设区域统一技术交易市场，清理都市圈内因技术标准差异形成的市场壁垒。形成科技成果转移转化示范区建设机制，支持成都高校院所与德眉资政府企业共建科技成果转移转化基地，提高科技成果市场化、产业化水平。整合都市圈技术转移和成果转化机构资源，共同培育职业技术经理人，推动四市联合举办技术展示推介、资本对接等活动。

3. 高品质创新要素共享机制

构建成德眉资科技创新交流机制，建设都市圈创新资源共享平台，推动成都科技基础设施、仪器设备、文献信息向德眉资开放，设立都市圈通用通兑的创新券，推动高层次人才共育共引共用。支持德眉资吸引成都高校院所设立分支机构，引进相关创新人才。

4. 创新政策协同机制

建立高新技术企业跨区域认定和制度建设，健全财政奖补机制，探索共建科创基金池，推动区域创新资源高效利用。探索出台人才协同发展专项支持政策，形成统一的保障标准，推动评价互认。健全都市圈外国人才服务体系，制定更为开放的外国人才政策，开设都市圈外国人才创新“绿色通道”。

5. 区域创新共同体共建机制

建立都市圈创新创业空间共享机制，支持和促进都市圈各类创新创业空间和创新创业主体交流合作，推动共建跨区域创新创业平台载体，完善创新创业项目资金共同投入、利益共同分享机制。共同设立离岸创新创业基地，支持海外人才开展离岸研发。

（二）聚焦核心竞争力凸显提升，建立产业生态圈共筑机制

1. 产业生态圈省级“圈长制”

编制跨区域产业生态圈建设行动计划，围绕产业链、供应链上下游协同和产业融合发展，推动在都市圈打造先进制造、大旅游、大农业产业生态

圈，建立由省级领导亲自挂帅的圈长制，对产业生态圈进行统筹规划，协调招商引资、项目建设、人才引进、技术创新、政策扶持等工作，推动实现建圈强圈，打造若干具有竞争力的超级产业集群。

2. 产业功能区联建机制

推动组建都市圈产业园区建设联盟，形成跨层级、跨地域、覆盖全产业链的园区协作系统。支持四市通过一区多园、双向飞地等方式，与区域相邻、产业相关的产业园区联动发展，探索异地共建等不同形式的园区共建机制。探索以“轻资产”模式为主，向德眉资园区输出成都品牌园区管理经验和运营模式。

3. 产业能级统筹倍增机制

支持都市圈企业开展跨区域兼并重组，推动企业集团化，打造都市圈品牌企业。制定都市圈统一的产业指导目录，建立区域间招商项目共享机制，推动四市共搭招商平台、共享招商资源，加强招商引资政策对接，推进集群式招商、协同式落地，减少项目流失、无序竞争，共同打造承接产业转移示范区。探索“研发主要在成都、应用辐射全域”产业技术创新机制，协同建设产业创新发展联盟，形成产业技术需求联合发布机制，推动四市联合申报重大项目，促进产业链跨区域布局。

4. 经济利益协调机制

探索经济区和行政区适度分离后经济统计分算方式，建立互利共赢的地方留存部分税收分享机制。细化跨区域项目经济指标核算分成办法，出台跨区域项目财政资金支持政策，探索建立财政协同投入机制。完善园区合作中各方共担运营成本、共享经济效益的合理机制，通过政策协同引导、协作企业利益结算等方式实现共赢。

（三）顺应新时代美好生活需要，完善幸福都市圈共建机制

1. 优质公共服务一体化机制

建立都市圈社会保障服务对接机制，推动社保医保服务同城化，推动工伤认定政策统一、结果互认。形成都市圈住房保障共商共建共享机制，联合申报住房公积金支持租赁住房国家试点。支持四市联建社会化养老机

构，创新实现四市相互代管代服的市民化管理养老服务模式。构建都市圈公共交通一体化运营机制，开行毗邻地区城际公交。构建都市圈公共服务共享机制，建立标准化体系，在都市圈内开展多层次多模式合作办学办医，探索各级各类文体场馆联盟式运行模式。形成都市圈就业和用工信息共享机制，轮流举办就业服务活动，探索建立都市圈农民工就业监测机制。推动都市圈公共服务从按行政等级向按常住人口规模配置转变，形成财政支出统筹分担机制。

2. 智慧政务服务同城化机制

创新政务服务同城化一网通办机制，推动都市圈政务服务事项全部纳入统一平台办理。进一步便利都市圈内行政审批和证件申领等事项，推进政务服务“无差别受理、同标准办理”，建立民生档案异地查询联动机制。打造都市圈政务信息云平台，持续开展数据共享交换，推进政务服务互信互认，协同推进都市圈大数据创新应用和区块链服务网络建设。

3. 多元化社会协同治理机制

推动成德眉资城乡社区协同治理，形成大联动与微治理相结合的全域网格化、一体化的都市圈社会服务管理模式。推广成都党建引领社区治理经验，推动都市圈共建“社区云”，打造都市圈社会治理联盟，构建社会、社会组织、社会工作“三社联动”参与社区治理的机制，创新社区治理O2O模式，加强城乡社区治理成果共享。完善同城化服务公众找茬机制，畅通都市圈居民反映问题渠道，形成反馈机制，优化服务流程、打通服务堵点，营造共同推动都市圈建设良好氛围。构建都市圈社会治安综合治理联动机制，共同消除公共安全盲区。

4.“全灾种、大应急”管理合作机制

建立都市圈洪涝、地质灾害和生产安全事故救援物资储备区域一体化保障机制，逐步形成规划对接、资源共享、应急调用长效机制，提高区域物资储备效能。搭建都市圈综合监测预警和信息发布平台，推动各类公共安全风险管理信息平台和四市应急指挥平台互联互通。构建都市圈应急联动机制，形成覆盖资源保障、信息沟通、风险预警、应急协调、恢复重建全周期的应急协同体系。健全都市圈应对突发公共卫生事件联动机制，形成紧急医疗救援联动机制。

（四）描绘近悦远来美丽画卷，健全公园都市圈共创机制

1. 国土空间协同治理机制

构建都市圈国土空间规划与发展规划以及省、都市圈、成德眉资四市国土空间规划的衔接机制，共同确保都市圈重点项目建设用地。强化规划底线约束，统筹都市圈生产、生活、生态空间，探索建立推动都市圈空间布局持续优化的长效机制，推动公园形态与都市圈空间有机融合，支持在毗邻地区共建公园都市圈新场景。

2. 青山绿道蓝网颜值共升机制

建立都市圈资源环境承载能力监测预警和生态空间联合保护机制，共同编制生态环境管控方案，开展生态系统保护修复。建立财政资金激励引导机制，引导都市圈社会资本投入生态环境保护修复等领域。推动都市圈生态环境监测网络一体化，实现四市资源、环境、生态信息共享，建立大气、水、土壤、噪声污染和固体废弃物综合防治线上线下协调机制，开展污染联防联控。推动都市圈环境质量联合会商，实现企业环保失信联合惩处，形成突发环境事件应急协作处置机制和生态环境损害赔偿机制。

3. 横向生态补偿全覆盖机制

通过省级财政引导、四市财政支持，在都市圈率先达成流域横向生态保护补偿协议，推动在岷江、沱江流域完善横向生态补偿机制，形成以成本共担、效益共享为基础的跨区域流域协同保护格局。升级水源地保护机制，推广成都饮用水水源保护激励机制，推动都市圈开展对集中式饮用水水源地、水生态修复治理区的资金激励，合理确定激励标准并制定相关管理办法。加强都市圈重大工程项目环评共商，推动四市受水区饮用水安全保障体系，共同开展区域性水质联合监测。

4. 绿水青山价值协同转化机制

构建都市圈生态产品价值评价机制，联合制定核算规范，加强核算结果应用，统筹推进生态文明示范区、“两山”实践创新基地等建设。形成生态

产品供需有效对接机制，依托天府旅游名县文旅发展联盟，建立都市圈生态产品定期推介机制，建设生态产品交易中心，联合制定电商平台管理制度规范，促进生态产品需求方与供给方、投资方与资源方精准对接。建立生态产品品牌价值提升机制，打造岷江、沱江流域及龙泉山、邛崃山脉公用品牌，实现都市圈生态产品认证互认和生态产品信息可查询、质量可追溯。探索生态资源权益交易机制，深化水系“蓝网”价值探索，在都市圈建立覆盖四川、着眼西部的水权交易平台，创新完善水权交易机制，推动构建都市圈旅游碳普惠机制，引导金融机构创新绿色金融产品，开展森林覆盖率等资源权益指标交易。

（五）着眼谱写共同富裕发展新篇章，深化城乡融合发展机制

1. 城乡人口有序流动机制

进一步推进户籍制度改革，吸引农业转移人口在都市圈内城镇均衡落户。推动居民户籍迁移便利化，实现成德眉资居住证信息互通共享，探索居住证互认，推进公共资源按常住人口规模配置和基本公共服务均等化。维护进城落户农民在农村的有关权益，探索进城落户农民自愿有偿转让退出农村权益机制。保障新村民依法享有农村相关权益，构建农村集体建设用地整合开发和入市机制。

2. 城乡基本公共服务普惠共享机制

完善都市圈教育医疗资源均衡配置机制，打造城乡教育联合体和县域医共体，形成公共服务标准化体系。推动城乡基本公共服务信息网络建设，构建远程结对帮扶机制，探索在都市圈范围统筹使用人员编制。完善城乡公共文化服务体系，以优先购买成德眉资四市服务的方式支持社会力量参与农村文化活动。健全基层社会事务服务体系，探索建立便民服务配送机制，打通服务群众“最后一公里”。

3. 城乡基础设施一体化发展机制

推动都市圈基础设施规划和建设标准对接，形成一体化规划建设机制，实现四市市政公用设施向城郊村、中心镇延伸。按照城乡基础设施定位，健全都市圈公共基础设施项目投资分担机制，推动城乡基础设施项目打包融

资、一体开发，探索进行 REITs 试点。完善城乡基础设施分类管护机制，提高除经营性设施外设施管护的市场化程度。

4. 完善农民持续增收机制

构建工资性收入增长机制，培育新型职业农民，率先在都市圈实施乡村振兴人才“订单式”培养。建立经营性收入增长机制，发展多种形式适度规模经营，形成利益联结机制，让农民分享产业增值收益。完善财产性收入增长机制，创新农村集体经济组织运行机制。探索建立普惠性补贴长效机制，推动形成补贴持续增长机制。创新“研企村”互动合作机制，支持科研人员服务乡村，支持其以技术入股与农民专业合作社、家庭农场、农业企业等结成经济利益共同体。

5. 城乡融合发展平台共建机制

推广四川成都西部片区国家城乡融合发展试验区建设经验，在都市圈内统筹布局建设各级各类城乡协调发展功能平台，发挥四市城区辐射带动作用，促进城乡要素跨界配置和产业联动协同发展，形成一批城乡融合典型项目。建立美丽乡村和各类农业园区发展水平协同提升机制，联合开展农村一二三产业融合发展示范项目，共同打造城乡产业协同发展示范区。依托成德眉资公共资源交易平台，形成农村产权依法流转和配置机制。

（六）争当西部地区交汇融通表率，完善新发展格局共融机制

1. 营商环境共同优化机制

制定统一的营商环境评价标准，加快推进都市圈营商环境联合评价，以评价结果倒逼同城化改革。协同推动商事制度改革，实行统一的市场准入负面清单和企业登记标准，开设都市圈企业登记绿色通道。协同优化行政审批流程，探索实行行政审批无差别化受理。在都市圈内先行先试省内需分步实施或试点的税收政策，探索建设都市圈税收征管一体化机制。协同开展都市圈市场监管，推动地方标准共建，形成市场监管数据共享机制和征信联动机制。探索构建公平竞争审查协作制度和联合执法机制，共建都市圈公平竞争环境。

2. 国内大循环整体融入机制

建立健全成都都市圈融入国省战略的机制，深度融入成渝地区双城经济圈、“一干多支”等区域发展战略，共同对接长江经济带发展、西部大开发、长三角一体化、粤港澳大湾区建设、海南全面深化改革开放等区域重大战略，加强与国内最重要区域的合作，形成四川融入新发展格局的重要支撑。推动建立国内都市圈层面的交流机制，加强与重庆都市圈、武汉城市圈、南京都市圈、杭州都市圈等的沟通交流，形成制度创新经验复制推广机制。支持与都市圈外地方政府、园区、企业的合作，共同探索特别合作区等飞地经济特殊机制，完善与通行规则接轨的市场体系，创新审慎包容的新经济监管模式。

3. 国内国际双循环相互促进统筹对接机制

对接融入川渝自贸试验区协同开放示范区建设，探索更加扁平化的改革创新授权机制，推动都市圈内自贸试验区协同改革先行区建设，复制推广自贸试验区改革试点经验。形成都市圈国际贸易投资平台共建机制，推广成德跨境电子商务综合试验区通关、结售汇等特殊政策，共同建设“一带一路”进出口商品集散中心，协同创建各级外贸转型基地。建立都市圈贸易便利化协同推进机制，实现通关数据互通和口岸物流信息共享，推动在都市圈综保区进行贸易多元化试点。形成都市圈企业“走出去”综合服务机制，推动全球产业协作网络建设，强化境外经贸合作区联动。构建多层次国际合作机制，推动都市圈加强与各国的文化、旅游、教育、卫生领域的交流，一体化推进更高水平对外开放。

五　强化改革落地生效的六方面保障举措建议

（一）加快促进实现要素同城市场化配置

一是推进土地市场一体化。稳妥推进农村集体经营性建设用地入市，依托成都农交所逐步形成城乡统一建设用地市场；支持四市统筹用地指标，优化建设用地布局，完善建设用地二级市场，盘活存量用地和低效用地，探索建立建设用地多功能复合利用开发模式；协同推进产业用地市场化配置改革，探索实行“标准地”供地模式和新型产业用地制度，全域推进城乡建设用地增减挂钩，探索以空间发展权交易为手段的城乡区域空间保护机制。二是促进金融服务同城化。推动四市共同建设金融服务平台，联合开展金融创新试验，支持符合条件的金融机构跨区域设立分支机构，探索设立都市圈绿色发展基金，构建都市圈金融风险联防联控机制，推动信用体系一体化；落实金融财政互动政策，依法适当扩大都市圈专项债券发行规模，多渠道筹集同城化发展资金；支持组建都市圈投资运营公司，探索设立都市圈发展基金，支持跨区域重点项目和平台建设。三是建设统一的技术和数据市场。推动都市圈技术要素市场建设，促进技术与资本融合发展，探索通过天使投资、创业投资、知识产权证券化、科技保险等方式推动科技成果资本化；深化科技成果使用权、处置权和收益权改革，开展赋予科研人员职务科技成果所有权或长期使用权试点；探索在都市圈开展数据交易试点，形成统一规范的数据管理、隐私保护、安全审查和定价交易制度，逐步构建都市圈数据市场。四是优化人力资源同城协作机制。推进都市圈劳务供给与需求市场一体化建设，建立四市共享的人力资源库以及重点项目、重点产业人力资源需求清单，进一步推进人力资源的需求与供给相匹配，人力资源与产业发展相匹配；建立一体化的人力资源服务体系，共同制定实施人力资源服务业标准，促进人力资源自由流动和高效配置。

（二）率先推进省级层面同城化制度建设

一是建立健全一体规划机制。坚持全域规划一盘棋理念，研究建立统一的都市圈规划委员会，率先在科技创新、产业发展、交通建设、公园城市等重点领域实现规划统一编制、统一实施，探索推进土地、人口等统一管理。二是积极探索经济区与行政区适度分离。发挥省级部门统筹协调作用，探索在招商引资、项目审批、市场监管等方面，率先实现经济管理权限与行政区范围适度分离。三是推动建立政策协调对接机制。加大省级部门政策支持和引导，围绕税收优惠、土地开发、房地产市场调控等领域加强政策沟通和协调，形成政策和行动合力，缩小各地政策梯度差。四是健全跨区域投入共担机制。通过省级财政引导、地方财政共同出资，围绕基础设施建设、生态环境保护、民生事业发展等重点领域，构建都市圈重大项目财政资金共保机制。五是完善都市圈统计监测制度。借鉴国际上都市区统计方法，建立涉及人口、土地、产业、企业、生态等经济社会各领域的都市圈统计标准，进行常态化监测。

（三）积极推进交界地带改革创新先行先试

发挥基层首创精神，聚焦群众关切，推动合作模式创新，着力打破行政界限，推动四市交界地带毗邻地区在规划布局衔接、公共设施统筹、产业协作互补、公共服务共享、生态环境共治、社会治理融合等方面积极探索、深度合作，支持都市圈交界地带建设同城化体制机制改革创新试点，鼓励其他毗邻县（区、市）探索开展交界地带融合发展试验，打造一批同城化发展示范区，及时总结可复制可推广的经验做法。

（四）建立以同城化为导向的绩效考核评估机制

强化对同城化发展情况的跟踪分析和督促检查，适时组织开展阶段性评估，主动引入第三方评估，加强重大项目动态管理，确保完成各项目标任务，形成同城化建设“实施—评估—调整—实施”的良性机制。将同城化建设成效纳入党委、政府考核体系，建立有利于同城化发展的考核办法，针对四市特点制定差异化考核标准，强化考核结果运用，对考核排名居前列的给予用地、财税等奖励。

（五）研究出台实施成都都市圈发展条例

强化都市圈建设的法治保障，推动将成德眉资同城化工作纳入法治化轨道，通过法治化手段解决长期困扰同城化发展的痛点、难点、堵点问题，发挥法治引导、推动、规范、保障同城化制度创新的作用。适时研究出台都市圈发展条例，通过立法强化对成德眉资同城化发展方向、管理体制、规划建设、重点领域协同发展及居民和各类市场主体参与等方面的激励约束，积极回应社会关切，广泛凝聚社会共识，激发都市圈建设的主动性创造性。

（六）以制定改革清单为抓手协同创建成德眉资同城化综合试验区

加快推动编制高水平的成德眉资同城化综合试验区实施方案，加强与国家有关部门沟通衔接，积极争取有关综合改革授权，强化改革的首创力度、系统集成和协同高效，积极破解都市圈跨城市生产力空间布局、产业协作、成本共担、利益共享等体制机制障碍，以体制机制创新和政策整合为引领，打破不合理的行政壁垒和市场分割，促进要素高效流动、合理配置。研究制定重大改革清单，按照“清单制 + 责任制”，明确每一项改革的落实任务、落实时间、落实权责、落实要求、落实措施，将改革创新落到实处。

R.26

高质量发展目标下成都都市圈现代产业体系优化升级与路径研究

综观国内外都市圈的不同发展阶段，其空间规模的扩张和经济能级的跃迁的原动力均来自不同阶段产业结构的调整与要素资源的二次配置。地理相邻的城市从单打独斗、相互竞争、重复建设的数量型增长模式，过渡到基于交通、物流设施的模块化发展模式，先后历经工业化前期、中期、后期和后工业化阶段最终形成了以资源共享、要素协同、链条耦合、城市融合为特征的网状产业结构体系和一体化市场，并同步促进都市圈空间治理体系、公共服务和生活服务都市圈治理一体化，带动都市圈空间结构的动态演化。本文从成都、德阳、眉山、资阳四城市产业关系入手，首先，论述了协作共兴现代产业体系的内涵；其次，分析了产业协作的现状和潜力，对标国内外成熟都市圈提出成都都市圈产业协作进步空间；最后，提出构建成都都市圈产业协作体系的思路和建议。

一　成都都市圈协作共兴现代产业体系的内涵

（一）产业驱动都市圈发展的内在规律

1. 工业化驱动都市圈崛起

都市圈的出现与演化受益于工业化的发展。在工业化前期，单体城市各自依托自身禀赋优势发展劳动力密集型或资源密集型产业，这一阶段土地成本和运输成本是影响产业和人力资源分布的主要因素，城市与城市之间的互动类似于市场交易中的买方与卖方；在中心城市率先进入工业化中期之后，对人力资源的吸引使得中心城市与其他城市之间的互动增加了人口流动因素，职住分离使得都市圈初步成型，此阶段各城市基于各自的地理区位和生产要素比较优势进行产业结构调整，逐渐形成有一定差别但又明显竞争大于互补的格局；进入工业化后期阶段，都市圈内城市已逐渐形成具有明显发展梯度的城市组团，分别形成以资源、资本或劳动力密集型产业为主导的产业结构体系，中心城市凭借突出的政、产、学、研优势承接国际和沿海地区产业转移，发展科技型产业和现代制造业，通过跨国企业的影响力，实现对都市圈内其他城市的辐射与带动，其他城市则各自基于禀赋基础，或依托石油等自然资源出口，衍生出提炼、加工和制造等中下游产业，形成都市圈的重工业化产业链，或依托机械加工基础发展以汽车制造、机械制造为代表的具有一定技术附加值的资本密集型产业，或凭借当地劳动力成本优势承接都市圈内的产业转移，发展以纺织、小商品制造为代表的劳动密集型产业。

工业化梯度发展所带动的都市圈内产业结构调整对圈内城市的分工协同起到了至关重要的作用，产业协同推动城市间的优势互补，各自所具有的人、财、物要素以空间治理体系、公共服务、要素市场一体化等方式重新勾联组合，促进了都市圈内城市与城市之间的耦合；产业分工推动产业的专业化、集聚化发展，吸引了上下游关联产业在周边集聚，又促进了城市与小城镇之间的耦合，从而形成相互依赖、有机循环的都市圈产业生态。同时产业的扩张使得中心城区空间向外蔓延，形成了都市圈的外围通勤圈层人口增加，所带动的消费能力提升也促进了通勤圈层的服务业发展，到工业化后期，拥挤效应导致一些对土地价格敏感的产业向中心城市以外的地区迁移，而一些对通勤成本不敏感的居民为提升生活质量也开始向中心城市外围流动。总之，都市圈的空间结构和内部各节点之间的连接随产业结构的演化调整而变得愈发紧密。

2. 生产性服务业促进都市圈结构优化

在后工业化阶段，规模经济所带来的红利已趋近极限，制造业本身对都市圈的引领作用减弱，由制造业企业服务部门和制造业配套服务企业衍生而来的生产性服务业从传统制造部门中分离，以其高附加值、低环境损耗的优势占领都市圈核心区域，接棒制造业成为推动都市圈继续向高级结构演化的新引擎，而制造业受益于信息技术的发展不再需要拘泥于核心地带。产业结构的调整过程伴随着传统产业的外迁和人口结构的调整，继而衍生出新的产业圈层，使得都市圈影响力范围进一步扩大，形成以高端产业为核心，通勤居住、生产加工、商务互动等多功能融合的都市圈圈层结构。此外，为了保证都市圈功能的可持续运转，国际上一些成熟的都市圈还在外围边缘区设置生态圈，以限制圈层的无序扩张，或将拥有生态优势的外围中小城市吸纳进都市圈，形成生态涵养圈层，以保证生态承载力与产业承载力同步增长。在产业结构“二退三进”调整下，都市圈能级分工也趋于多元化，次中心、交通节点的培育也逐步完善都市圈内部的网络化连接，空间结构由“单中心”辐射向“一极核城市 + 多节点城市”散射过渡，通过增强极核城市与节点城市的协同能力，加快区域一体化进程。

（二）成都都市圈建设对国家发展战略的响应

国家明确提出重点发展以中心城市为核心的现代化都市圈。我国的城市发展探索从过去均衡发展思路（鼓励中小城市发展）逐步转变为今天的增长极发展思路（重视并发挥大城市的作用，并以大城市为中心引领周边城市发展），都市圈成为持续推动城市群能级跃升、大中小城市梯度协调发展的新模式，成为深入推进城市群发展和促进大中小城市与小城镇协调发展的新抓手。中心城市作为现代制造业灯塔工厂的聚集地、作为产业创新和科技创新的策源地、作为高标准生产性服务业的示范地，肩负参与全球竞争、吸引全球合作的责任，是中小城市和小城镇难以替代的。2019 年国家发改委发布《关于培育发展现代化都市圈的指导意见》，提出要以辐射带动功能强的大城市为中心，建设现代化都市圈。此项政策的出台彰显了国家发挥大城市的辐射带动作用的调控意图：在协调发展的主基调上，在尊重大城市集聚规律和区域发展规律的基础上，建设现代化都市圈，充分发挥大城市的溢出效应和辐射作用，避免单中心大规模聚集而可能引发的“大城市病”。国家“十四五”规划纲要提出，要发展壮大城市群和都市圈，分类引导大中小城市发展方向和建设重点，形成疏密有致、分工协作、功能完善的空间格局。

自2010年起至今，国家有关部门陆续明确支持北京、天津、上海、广州、重庆、成都、武汉、郑州和西安建设国家中心城市。为治理“大城市病”，部分大城市进入疏解城市功能的发展阶段，大城市相继提出非核心功能疏解的战略举措，国家发改委印发的《2021年新型城镇化和城乡融合发展重点任务》提出支持成都都市圈编制实施发展规划，则进一步鼓舞了成都、德阳、眉山、资阳共同探索成都都市圈建设；《四川省国民经济和社会发展第十四个五年规划和二〇三五年远景目标纲要》也明确提出支持成都主城有序疏解非省会城市核心功能，强化成都主干功能，加快推进成德眉资同城化，促进全省发展主干由成都拓展为成都都市圈，推进成都、德阳、眉山、资阳同城化发展，加快生产力一体布局，构建形成中心城市引领型、组团式多层次网络化空间结构。在此背景下，提出“三区”（成都东部新区、四川天府新区、成都国际铁路港经济技术开发区）、“三带”（成眉高新技术产业带、成资临空经济产业带、成德临港经济产业带）方案，是以产业协作共兴推动“都市圈”建设的具体措施，也是对国家给予成都“中心城市”定位的积极响应，更是落实“增强改革动力，形成产业结构优化、创新活力旺盛、区域布局协调、城乡发展融合、生态环境优美、人民生活幸福的发展新格局”嘱托，将总书记嘱托转化为成都发展新作为的表现。

（三）以产业协作共兴推动成都都市圈发展的政策内涵

1. 都市圈产业协作共兴是实现高质量区域经济布局的新路径

一方面，在客观经济运行规律下，产业、人口与资源向优势地区集聚，进而形成以都市圈为主体形态的经济增长动力源泉，带动整体经济效率提升。中国东部与西部之间、西部地区主要中心城市之间、四川省内部城市组团之间的资源禀赋分布并不均匀，按照要素禀赋理论，生产要素禀赋的空间差距决定了不同区域比较优势的差异，而比较优势则是决定区域分工的主导机制。在新发展阶段，成都作为“国家中心城市”，其肩负的责任已经不再是城市本身的发展，不仅需要顶天——把握世界城市发展趋势，从世界坐标系来标定成都的城市发展定位，也需要立地——发挥中心城市的引领示范和辐射作用，通过合理的分工与协作带动周边城市共同发展。另一方面，新经济地理学证明，地区间势必会呈现“中心—边缘”的空间结构，一些区域在向心力作用下形成产业集聚，发展为中心城市，另一些区域则在离心力作用下成为边缘城市。在这种客观规律下，区域发展差距存在着必然性，而成都都市圈协作共兴发展则是根据区域条件在发展中促进都市圈内部城市的相对平衡，以缓解乃至抵消“中心—边缘”的不利影响。通过合理分工和优化发展，把地理邻近、发展阶段不同的城市组成一核多节点结构，节点城市按照不同的能级围绕极核城市运转，在相互适应和协调的过程中共同实现能级跃迁，将“中心城市对边缘城市”的“虹吸效应”转化为“极核城市与节点城市”的“耦合效应”。具体到成都都市圈，就是形成以成都为极核城市，以德阳、眉山、资阳为节点城市的动力结构，以成都、德阳、眉山、资阳城市间的产业协同为抓手，在空间治理体系一体化、公共服务和生活服务一体化、都市圈治理一体化的共同保障下，促进各类生产要素合理、高效地流动与配置，逐步形成成、德、眉、资市场一体化和现代化产业体系一体化的都市圈经济布局。

2. 都市圈产业协作共兴是破解区域一体化难题的新思路

从目前国内区域一体化发展状况来看，整体上仍存在产业同构、重复建设、无序竞争等问题，区域一体化发展总体上处于初级阶段，区域内城市间的有机联系、互通有无的一体化格局尚未形成，错位发展、分工协调的发展模式有待进一步培育。在区域一体化的探索实践中，都市圈是破局区域一体化的新发展思路，2019 年国家发改委公布了《国家发展改革委关于培育发展现代化都市圈的指导意见》，强调了都市圈在目前顶层规划和区域发展中的重要性，将都市圈确定为未来一段时期区域一体化的主要空间实现方式。改革开放以来成都经济持续增长，从四大支柱产业到十大重点产业集群，再到五大支柱产业，通过产业结构的应时应势调整，成都不断丰富产业层次，并以前瞻性进行战略布局，与其他中西部城市形成错位竞争。当然，在成都改革开放 40 年地区生产总值增长 386 倍、人均生产总值增长 194 倍的同时，成都也不可避免地对周边城市产生了虹吸效应，客观上扩大了发展鸿沟。现阶段的成都已具备由“虹吸发展”转向“共享发展”的条件，即不再单向地吸纳集聚周边城市的劳动力要素，而是与周边城市建立均衡协调的发展方式，通过共享资本要素和创新要素，对周边城市形成外溢效应，共同寻求更大的发展空间和更多的产业资源，与以往的“区域一体化”发展思路相比，较大空间范围涉及城镇众多，发展水平不均衡，各地也各自存在其特殊情况，因此容易导致区域一体化的推进措施陷于空泛，难以实际执行；而成都都市圈以通勤 1 小时距离划定范围，其内部德阳、眉山、资阳发展水平相对来说差异较小，产业基础具有互补性，是四川省产业的重要组成部分，且行政主体之间交流与协商较为方便，有利于推进政策的出台和落实。以都市圈产业协作共兴为抓手推进区域协同发展，有助于共同推动经济引擎由高速转向高质量发展，推动城市发展的内涵由规模扩大转向效率提升。

3. 都市圈产业协作共兴是实现城市群耦合发展的新机制

都市圈产业协作是指城市之间在经济交往上日益密切，有统一、整合的产业链发展目标与规划，有高度的产业协调性和整合度，有严谨和高效的协调运作机制，内部平等、相互开放，整个都市圈形成高度协调的产业链系统。都市圈产业协作强调城市主体相互配合、共同发展，体现为区域从无序竞争走向有序配合的共赢过程。首先，都市圈产业协作为都市圈内中小城市的发展提供了重要外部环境。都市圈中心城市具有增长极核的作用，有较强的辐射带动能力，中小城市的产业、资源易受到中心城市的吸引而逐步流失。都市圈产业协作使得圈内城市逐步形成完善的产业体系，有助于中心城市功能的疏散与转移，形成大中小城市、小城镇良性互动的局面。成都作为成都都市圈的极核城市，承担着引领整个都市圈产业转型升级的任务，在新发展阶段需要将有限的土地、资本配置给产业链中的研发、设计环节，德阳、眉山、资阳将承接成都部分产业功能疏解，以此增强成都科技研发的核心功能，而作为成都都市圈的重要部分，产业协作也会给德阳、眉山、资阳带来较大的红利，在成都辐射带动下三个城市将获得更加优越的产业发展环境。其次，都市圈产业协作突破了区域一体化跨界主体不明、协调机制低效的问题。在规划方面，都市圈产业协作要求都市圈建设突破传统行政边界的规划路径，重构新型跨界区域空间规划体系，引导各个城市在规划体系方面走向互动，整合共享，形成有序合理高效的区域空间结构体系，在管理方面，都市圈产业协作要求破除行政壁垒和限制，实现各类要素无障碍流动，建立跨界协调管理机制和机构创建，创新协商合作机制。

二　成都都市圈产业协作现状

（一）成都都市圈产业概况：基于三次产业的分析

从地区生产总值来看，成都都市圈的GDP总量由2009年的6028亿元以年均13.56%的增速扩大到2019年的21507亿元（见图1），增长速度高于四川（12.66%）及全国（10.43%），人均GDP由2009年的25375元增长到2019年的83879元。在一产稳定、二产高速增长的基础上，第三产业也迅猛发展，三次产业结构由2009年的9∶46∶45持续优化为2019年的6∶33∶61，产业高级化程度接近中等发达国家的产业结构水平。从都市圈内部考察，作为西部中心城市，成都GDP独占都市圈鳌头，德阳、眉山、资阳成第二梯队，成都、德阳、眉山、资阳四个城市对GDP贡献的比例约为79∶11∶6∶4（见图2）。总体上，成都都市圈已形成城市版“先富带后富”发展格局（见图3），通过不同能级城市协调发展，践行党中央对现代都市圈发展设想。

（二）成都都市圈产业集聚现状：基于空间基尼系数的分析

空间基尼系数是衡量产业空间集聚程度指标，指标值在0~1区间，越接近0说明产业的空间分布越均匀，越接近1则产业集聚程度越强。从行业的空间集聚情况来看，成都都市圈范围内的第一产业在空间上的集聚较为明显；第三产业的空间基尼系数较小，说明四个城市的第三产业发展较为均衡，但生产性服务业相较于整个第三产业来说空间集聚较为明显；在第二产业的制造业细分行业中，目前产值占比较高且表现出空间集聚发展的前十行

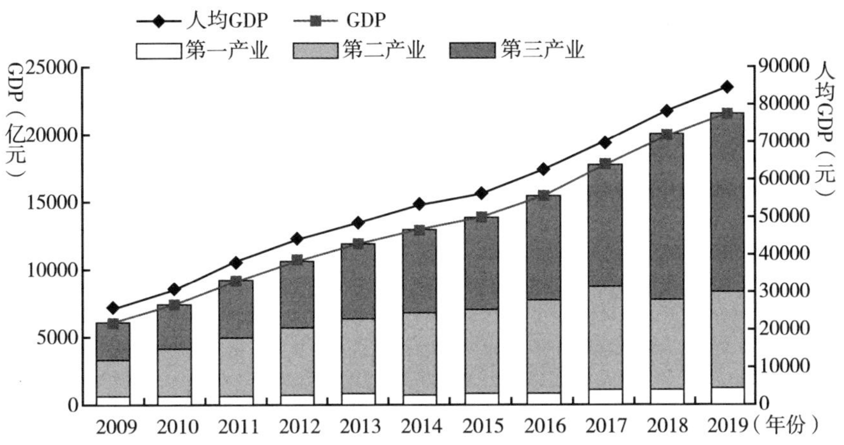

图 1　成都都市圈 GDP 及三次产业比例

资料来源：笔者整理。

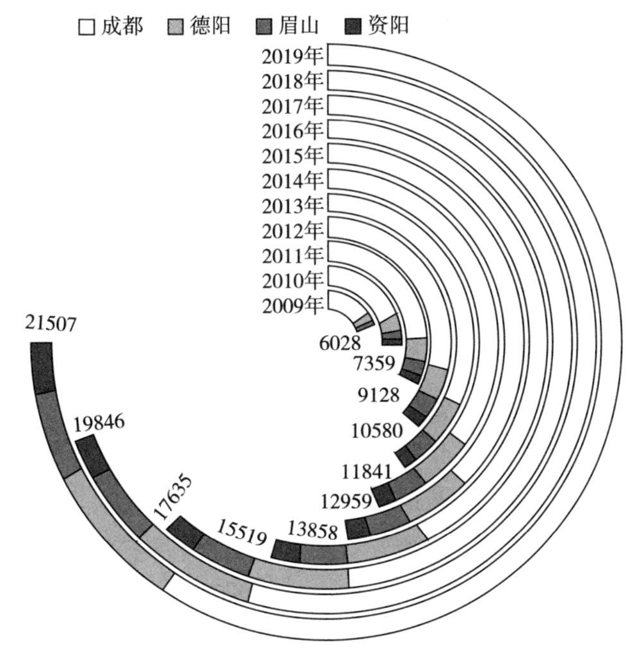

图 2　成都都市圈 GDP 构成（亿元）

资料来源：笔者整理。

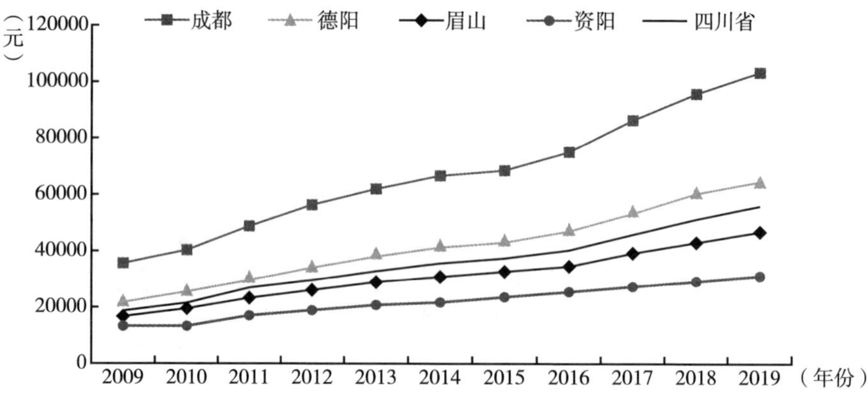

图3　成都都市圈人均 GDP

资料来源：笔者整理。

业分别是纺织服装、服饰，化学纤维，计算机、通信和其他电子设备，化学原料及化学制品，石油、炼焦及核燃料，有色金属冶炼和压延加工，文教、工美、体育和娱乐用品，农副食品，专用设备，通用设备。在空间基尼系数测算结果（见图4）的基础上，结合成都、德阳、眉山、资阳四个城市的产值占比（见表1），有以下几点值得注意。

①成都在技术密集型产业上具有较为夯实的产业基础，计算机、通信和其他电子设备，石油加工、炼焦及核燃料，专用设备的产值占比超德眉资三市总和，成都应进一步强化这些产业的集聚发展，积极完善产业链以进一步发挥规模效应；②德阳在化工领域的产业基础较强，化学原料及化学制品、化学纤维的产值在四个城市中占比最高，未来可积极利用成德临港经济产业带的优势，围绕化工产业向相关产业延伸发展；③眉山的有色金属冶炼和压延加工业仅次于成都，有色金属是国防工业、新能源新材料发展必不可少的基础材料和重要的战略物资，眉山应在成眉高新技术产业带框架下，积极发挥与成都地理邻近、四川天府新区地跨成眉的优势，积极开展成眉新能源新材料、机械装备制造、电子信息、绿色化工等系列产业对接活动；④资阳在纺织服装、服饰，化学纤维，农副食品等劳动力密集型产业具有一定的产业基础，未来需要以成资临空经济产业带为跃级发展契机，在优势产业中积极

引入临空制造、智能制造要素，如以农副食品业为基础延伸发展航食供应，在纺织业中积极引入无人化生产，强化与成都的分工协作，引导产业项目错位布局，形成成资临空经济产业带专业化分工体系；⑤生产性服务业在空间上集中于成都有其客观原因（如金融机构、研发机构多半会将驻地设置在成都），但是生产性服务业在属性上是服务于制造业的配套产业，有必要在空间上尽可能地接近服务对象，过于集中于成都，未必能有效地外溢服务于德阳、眉山、资阳的制造业，因而相比于强调“制造业集聚发展”，未来应更重视生产性服务业在四个城市的“均衡发展”，如下放德眉资金融分支机构权限、增加科技服务在德眉资推广扩散机构等。

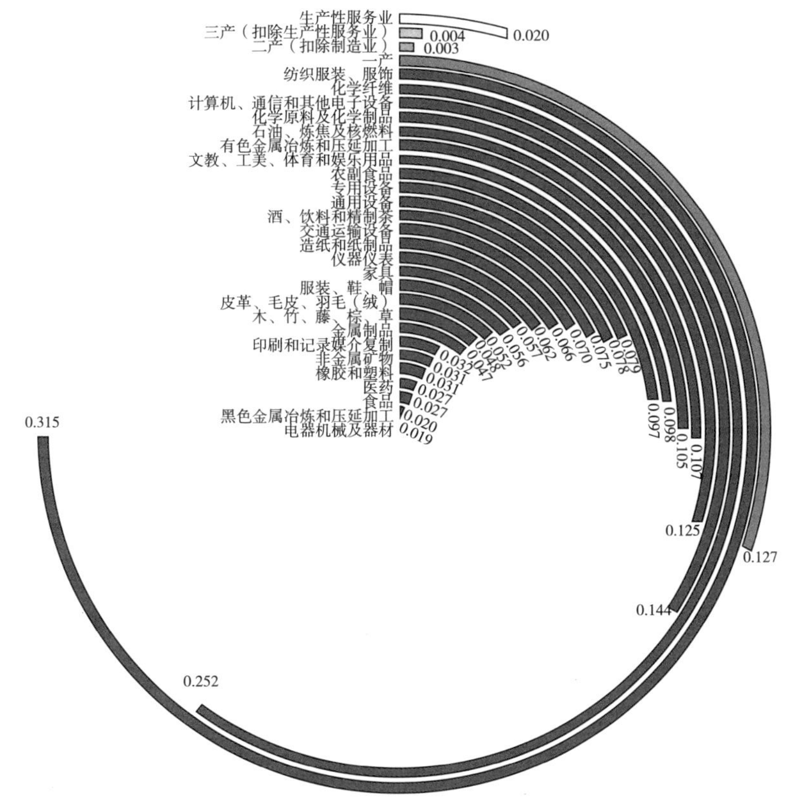

图 4　成都都市圈分行业空间基尼系数

资料来源：笔者整理。

表1　空间集聚前十产业的产值占比

单位：%

产业	成都	德阳	眉山	资阳
计算机、通信和其他电子设备	88.31	9.08	2.59	0.02
文教、工美、体育和娱乐用品	78.68	6.03	11.66	3.63
石油加工、炼焦及核燃料	75.88	6.10	17.47	0.54
专用设备	55.23	32.49	2.84	9.43
有色金属冶炼及压延加工	42.70	23.60	30.55	3.15
通用设备	41.22	37.95	6.16	14.66
农副食品	35.53	21.52	18.58	24.37
化学原料及化学制品	33.47	39.16	21.27	6.11
化学纤维	27.18	31.86	9.52	31.45
纺织服装、服饰	16.69	21.81	19.84	41.66

资料来源：笔者整理。

（三）成都都市圈产业结构现状：基于产业同构指数的分析

产业同构指数是对产业相似程度的一种测度，指数越低代表两区域产业结构相似度越小，反之，两区域产业结构有趋同现象。总体来看，成都都市圈制造业同构现象较为严重，但已显示出差异化发展趋势（见图5至图8）。2019年，成都与德阳、眉山、资阳的结构相似系数分别为4.54、4.01、4.10，德阳与眉山、资阳的结构相似系数分别为10.12、6.09，眉山与资阳的结构相似系数为5.28，变异系数为1.73。说明目前都市圈内，尤其是德阳、眉山、资阳的制造业结构相似度非常高。从变化趋势上看，成都与其他三个城市、资阳与其他三个城市的产业结构相似系数呈下降趋势，表示成都、资阳正在朝着差异化方向发展，德阳、眉山与成都、资阳也显示出下降趋势，但德阳与眉山之间的产业结构近10年来同构性愈发明显，产业结构相似系数从2009年的6.29持续上升至2019年的10.12，一方面反映出都市圈一体化为德阳与眉山之间的要素流动提供了便利，另一方面也需要注意在高质量发展阶段应尽可能避免两城市简单的同质化发展。

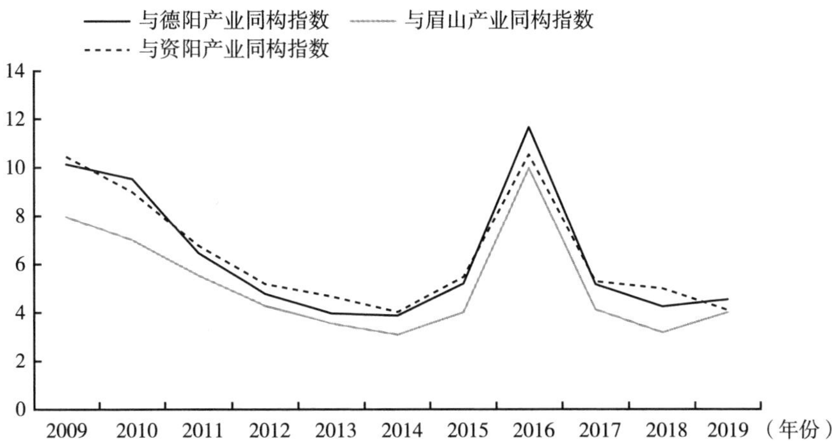

图 5　成都与都市圈其他城市产业同构指数

资料来源：笔者整理。

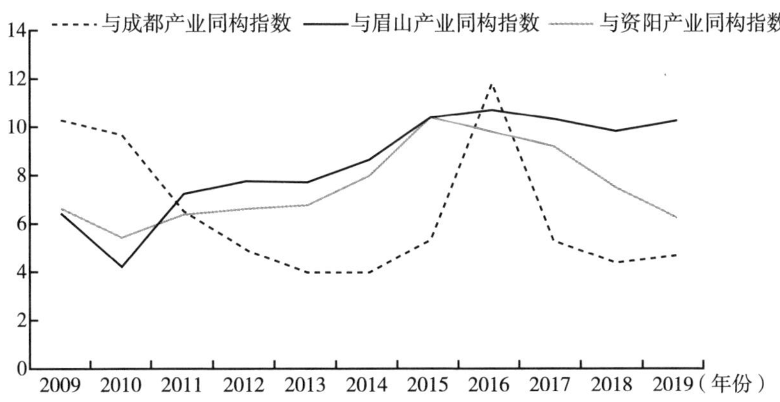

图 6　德阳与都市圈其他城市产业同构指数

资料来源：笔者整理。

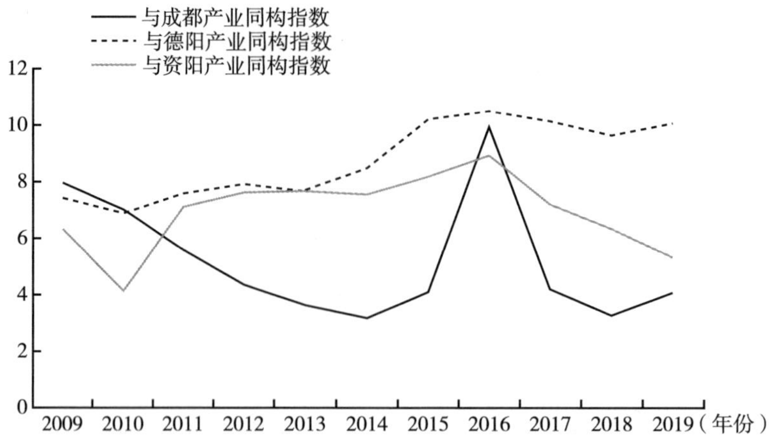

图7　眉山与都市圈其他城市产业同构指数

资料来源：笔者整理。

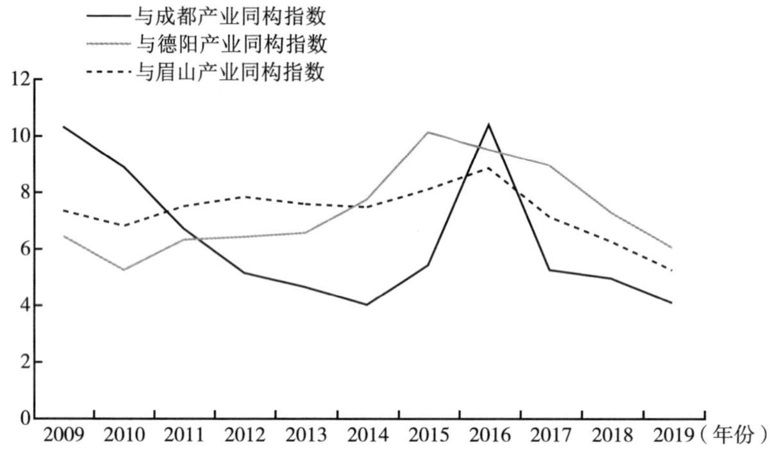

图8　资阳与都市圈其他城市产业同构指数

资料来源：笔者整理。

三　成都都市圈产业协作共兴潜力

（一）成都都市圈产业协作共兴的战略要点

1. 成都都市圈产业发展总目标：具有标杆意义的现代化都市圈

根据中共四川省委办公厅、四川省人民政府办公厅印发的《关于推动成德眉资同城化发展的指导意见》（简称《意见》），成都都市圈建设将秉持“一干多支”发展思路，以成都为主干，以德阳、眉山、资阳为支线，打造有机融合的区域经济共同体。全面增强现代产业协作引领功能、创新资源集聚转化功能、改革系统集成和内陆开放门户功能，建成面向未来、面向世界、具有国际竞争力和区域带动力的成都都市圈。到 2025 年，实现成都都市圈发展能级大幅提升，空间结构清晰、城市功能互补、要素流动有序、产业分工协调、交通往来顺畅、公共服务均衡、环境和谐宜居的现代化都市圈格局基本形成。到 2035 年，实现成都都市圈参与国际分工、集聚全球资源的整体竞争力大幅增强，在支撑国家重大战略实施、参与全球竞争合作中发挥更大引领作用。

2. 成都都市圈产业发展策略：“三区三带”

根据《成德眉资“三区三带”空间规划》，成都、德阳、眉山、资阳四市将基于各自的产业比较优势进行差异化发展，并分别通过“三区”和“三带”实现四个城市在空间上和产业上的连接与互动。

（1）“三区”

“三区”包括成都东部新区、四川天府新区、成都国际铁路港经济技术开发区。成都东部新区空间范围包括简阳市所辖的 15 个镇（街道）所属行政区域，管理面积 870 平方公里；四川天府新区由四川天府新区成都片区和四川天府新区眉山片区共同组成，规划面积 1578 平方公里；成都国际铁路港经济技术开发区包含青白江国际铁路港、青白江欧洲产业城和淮州新城三个产业功能区，规划面积 12. 24 平方公里。

成都东部新区定位为国家向西向南开放新门户、成德眉资同城化新支撑、新经济发展新引擎。在空间布局上，成都东部新区包含空港新城、简州新城、金简仁产业带等范围，简州新城作为龙泉驿的延伸，将以龙泉驿汽车制造业为支撑构建以创新研发、智能制造为特征的现代制造基地；空港新城依托成都天府国际机场，集聚航空经济、国际金融、国际商贸功能，建设成为引领航空枢纽经济的强大引擎、支撑内陆开放的高端平台、汇聚全球创新人才的价值高地；金简仁产业带集聚航空服务、航空制造、创新研发、新能源汽车、数字经济等现代产业。

四川天府新区作为国家级新区，定位为“一带一路”和长江经济带的重要节点，电子信息、汽车制造、新能源、新材料、生物医药、金融是四川天府新区的重要产业支撑。电子信息产业已经吸引了包括 IBM、NEC、GE、新电、华为、阿里巴巴、腾讯等近 250 家国内外知名企业入驻；汽车制造吸引了大众、沃尔沃、丰田、吉利等众多世界驰名的汽车及工程机械产业巨头聚集；双流西航港开发区已发展为国内技术路线最齐、产业链条最长、发展潜力最大的新能源产业基地；新材料领域已引进韩国 SK、美国 JM、中材集团等新材料工业项目超 40 个；生物医药领域入驻了德国拜耳、恩威集团、修正药业等知名医药企业；金融领域已进驻四川银监局、四川保监局、成都市金融办、中国进出口银行成都分行、中信银行成都分行等金融组织机构。

成都国际铁路港经济技术开发区作为国家经济技术开发区，以临港制造、先进材料、国际商贸物流为主导产业，包括青白江国际铁路港、青白江欧洲产业城和金堂淮州新城三个产业功能区。成都国际铁路港经济技术开发区毗邻亚洲最大的铁路集装箱中心站，集装箱中心站当前吞吐能力近 100 万标箱，设计吞吐能力 400 万标箱，领跑全国内陆场站，依托临港产业形成圈层式布局，依托天府大道北延线打造凸显工程技术创新特色的科技创新走廊。

（2）“三带”

“三带”包括成德临港经济产业带、成眉高新技术产业带、成资临空经济产业带。成德临港经济产业带规划总面积约 4934 平方公里，其中成都市范围内面积约 1853 平方公里、德阳市范围内面积约 3081 平方公里。成眉高新技术产业带规划总面积约 3982 平方公里，其中成都市范围内面积约 1447 平方公里、眉山市范围内面积约 2535 平方公里；成资临空经济产业带规划总面积约 7263 平方公里，其中，成都市面积约 3809 平方公里、资阳市面积约 3057 平方公里、眉山市面积约 397 平方公里。

成德临港经济产业带将着眼服务全省制造业转型升级、建设外向型经济发展高地、共建共享成都国际铁路港经开区建设势能，突出区域开放发展引领功能，大力发展适欧、适铁、适港的临港经济，打造先进制造业产业集群。成眉高新技术产业带将承担公园城市首提地使命担当，以创新为第一驱动力，依托四川天府新区创新核心资源，充分发挥天府大道发展轴对创新联动与产业协同的引领带动优势，推动高新技术产业高质量发展，打造高新技术产业协作带。成资临空经济产业带将强化资阳作为成渝联系纽带的区位优势，聚焦临空经济产业，共建共享成都东部新区建设势能，以共建成都天府国际机场临空经济区为纽带，发挥成渝相向发展轴的带动作用和沱江轴的空间串联作用，形成组群化空间格局，打造成渝发展主轴新兴增长极，带动成渝中部崛起。

（二）成都都市圈产业协作共兴成效

1. 电子信息产业

成都都市圈围绕电子信息产业链构建了以企业为主体、校院企地协同创新的创新体系。例如联合华为公司建成先进无线通信技术场外试验平台；三大运营商 5G 产业研究院/中心、新华三成都研究院先后落户快速发展；ARM、紫光成都芯片研发基地正加速建设；西部首个“人工智能 +5G”产业园——成都高新区 AI 创新中心，获批创建“国家新一代人工智能创新发展试验区”；成都海光成功量产国内首颗自主设计的高性能通用 X86 兼容 CPU。目前已拥有市级以上电子信息类企业技术中心 258 个，较上年新增 55 个，其中国家级 5 个、省级 113 个、市级 140 个。电子信息产教联盟及重点发展领域行业协会相继成立，清华、北大、中科院大学、上海交大等高校院所相继在成都合作成立研究院，成电国际创新中心、软件开发云创新中心高起点建设，已孵化出一批优质创新型企业。成都超算中心等科学装置已启动建设。目前共拥有电子信息类国家级重点实验室 3 个，工程技术研究中心 29 个，产学研联合实验室 29 个，工程研究中心（工程实验室）2 个，协同创新中心 10 个。

表 2　电子信息产业布局情况

行业	涉及领域	代表性企业/项目
集成电路	IC 设计、晶圆制造、封装测试、材料与配套、系统	英特尔、德州仪器、华为、紫光展锐、振芯科技、费恩格尔、和芯微、三零嘉微、雷电微力、海威华芯
新型显示	TFT－LCD、AMOLED 面板、玻璃基板、背光模组、光掩膜版、显示屏、触控屏	京东方、中电熊猫、中科光电、成都中光电
智能终端	平板电脑、笔记本、PC	富士康、戴尔、联想
高端软件	网络安全、游戏动漫、5G 大视频	阿里巴巴、腾讯、亚信、咪咕音乐、积微物联、卫士通、索贝、久远银海
人工智能	AI＋教育、AI＋医疗、AI＋社区、AI＋园区、AI＋政务五大应用场景	百度、商汤科技、科大讯飞、川大智胜、四方伟业
5G	终端设备、基站系统、网络架构、应用场景	华西附二院全球首个 5G 专网、世警会全球首次 5G＋4K/8K 超高清直播、二环高架全国首个“5G＋云＋AI 智慧监控”商用项目、二环路全国首条 5G 公交环线、太古里全国首个 5G 精品示范街区、全国首条 5G 地铁专列

资料来源：《成都电子信息产业生态圈发展蓝皮书（2019）》。

2. 智能制造

成都都市圈以“两图一表”为引领，围绕关键核心技术、智能成套装备和应用场景等关键环节，强化创新研发、龙头项目招引、重点企业培育，以价值链为核心重塑产业链，提升产业竞争力和影响力。引进发那科、科大讯飞、航天云网、商汤科技、中电九天、哈工大机器人、先临三维等一批龙头企业，产业加快集聚，成链发展。工业机器人在控制器等研发基础上，拓展减速器、伺服电机、机器人本体等核心部件研制，工业机器人全产业链格局基本形成。高档数控机床沿单机制造—数字加工中心—生产线柔性制造系统一数字化车间的全产业链条扩展。发挥软件开发能力优势，推动向工业软件和工业 App 研发、智能制造系统解决方案供应商延伸。高端装备加快服务型制造转型，向系统集成、运营维护一体化服务延伸，形成满足消费者个性化需求的“设计 + 制造 + 服务”新模式，产业链不断延伸、不断优化，在工业互联网、智能制造装备、人工智能、工业软件和系统集成等重点领域不断取得进展。

表 3　智能制造产业布局情况

涉及领域	代表性企业/项目
工业互联网	国家工业互联网标识解析（成都）节点、华为云、重装云制造平台
智能制造装备	西门子成都工厂的可编程逻辑控制器、人机界面、工业电脑；普什宁江的卧式加工中心及柔性制造系统、数控车床及自动车床、小模数精密及数控滚齿机床
人工智能	国星宇航、纵横自动化、博恩思等 8 家企业入围工信部人工智能创新重点任务揭榜项目
工业软件和系统集成	聚集了西门子、ABB、达索等国际工业软件巨头和宝信软件、金蝶软件、浪潮集团、航天云网等国内龙头企业

资料来源：成都市经济和信息化局，《成都市智能制造产业生态圈发展蓝皮书（2019）》，西南财经大学出版社，2021。

3. 先进材料产业

成都都市圈围绕先进材料产业生态圈建设的需求，推动国家重点实验室、国家工程技术中心等国家级平台加快建设。目前拥有四川大学高分子材料工程国家重点实验室、国家有机硅工程技术研究中心、国家受力结构工程塑料工程技术研究中心、国家精密工具工程技术研究中心、国家电磁辐射控制材料工程技术研究中心、西南化工研究院国家碳一化学工程技术研究中心、国家生物医学材料工程技术研究中心等省部级创新平台，建成成都玉龙化工院士（专家）创新工作站等院士（专家）工作站 20 个。成功推动全国首批、西部首个国家先进材料测试平台区域中心落户，该中心可为西部地区所有先进材料领域企业的检验检测和技术评价提供一体化科技服务（见表 4）。

表 4　先进材料产业国家级创新平台概况

类型	创新平台名称	依托单位
国家重点/工程实验室	高分子材料工程国家重点实验室	四川大学
	电子薄膜与集成器件国家重点实验室	电子科技大学
	制革清洁技术国家工程实验室	四川大学
	环保高分子材料国家地方联合工程实验室	四川大学
	注射用包装材料国家地方联合工程实验室	崇州君健塑胶有限公司
	能源植物生物燃油制备及利用国家地方联合工程实验室	四川大学
国家工程（技术）研究中心	西南化工研究院国家碳一化学工程技术研究中心	西南化工研究设计院有限公司
	国家有机硅工程技术研究中心	中蓝晨光化工研究设计院有限公司
	国家受力结构工程塑料工程技术研究中心	中蓝晨光化工研究设计院有限公司
	国家精密工具工程技术研究中心	成都工具研究所有限公司
	国家生物医学材料工程技术研究中心	四川大学
	国家烟气脱硫工程技术研究中心	四川大学、中国工程物理研究院
	国家电磁辐射控制材料工程技术研究中心	电子科技大学
	成都光明光电股份有限公司	成华区
国家级企业技术中心	川化集团有限责任公司	青白江区
	成都硅宝科技股份有限公司	高新区
	西南化工研究设计院有限公司	高新区
	成都宏明电子股份有限公司	成华区
	成都云图控股股份有限公司	新都区

资料来源：成都市经济和信息化局，《成都先进材料产业生态圈发展蓝皮书（2019）》，西南财经大学出版社，2021。

4. 医药健康产业

成都都市圈围绕药品、医疗器械、医疗服务等产业发展方向集聚了一批重点机构及企业。药品领域，集聚了倍特药业、科伦药业、地奥集团等一批知名企业，以及先导药物等创新型研发企业。医疗器械领域，集聚了包括迈克生物、奥泰医疗等一批领军型企业，以及博恩思手术机器人、蓝光英诺等创新型研发企业。此外23魔方、新生命干细胞、医联科技等健康新经济企业也推动了成都市医药健康产业新业态、新模式等不断实现突破与发展（见表5）。

表5　医药产业部分重点企业布局情况

重点企业	涉及领域	主要产品
倍特药业	化学药/中药	马来酸麦角新碱注射液、马来酸麦角新碱、盐酸麻黄碱注射液等
科伦药业	化学药/中药	大容量注射剂、小容量注射剂、冲洗剂;直立式聚丙烯输液袋的技术开发等
蓉生药业	生物药	血液制品、疫苗制品与基因工程产品
远大蜀阳药业	生物药	冻干粉针剂、颗粒剂、丸剂(浓缩丸)、酊剂(外用)、血液制品[人血白蛋白、静注人免疫球蛋白(PH4)、人免疫球蛋白、组织胺人免疫球蛋白、乙型肝炎人免疫球蛋白、狂犬病人免疫球蛋白、破伤风人免疫球蛋白、静注乙型肝炎人免疫球蛋白(PH4)]
地奥集团	现代中药/化学药/生物药	心血康胶囊、脂必妥片、回生口服液等中药产品,基因工程药物、微生物药物、药物制剂等其他产品
康弘药业	现代中药/化学药/生物药	中枢神经系统、消化系统、眼科系统及其他系统用药
迈克生物	医疗器械	临床生化、发光免疫、快速诊断、血栓与止血等产品
奥泰医疗	医疗器械	医用超导磁共振医学成像系统(MR)、X射线计算机断层扫描系统(CT)、数字化X射线成像系统(DR)、彩超、PET-MR等高端医学影像诊断设备核心部件和整机
金域医学	医疗服务	医学检验、临床试验、卫生检验、科研服务
先导药物	CRO服务	采用国际最新的先导化合物合成与筛选技术,独立完成从分子设计、分子合成到先导化合物筛选的整个过程。同时开展癌症与心血管等方面的新药研发

资料来源:《成都医药健康产业发展研究》, https://www.cn-healthcare.com/articlewm/20190117/content-1044796.html。

(三) 成都都市圈产业协作共兴的发展潜力

一个具有发展潜力的经济圈，既需要城市与城市之间错位发展——各个城市通过合理的产业间分工、集聚发展，不断壮大优势产业的根基，夯实城市发展基本盘，同时也需要实体制造业与生产性服务业之间协同发展——以现阶段具有比较优势的制造业为主导产业，发挥主导产业集聚与虹吸效应，提高生产性服务业嵌入式专业化、规模化服务品质，形成制造业与生产性服务业协同综合体，最终通过合理分工与协同，实现都市圈内部耦合发展——各个城市合理定位各自在产业微笑曲线上的位置，充分发挥各自禀赋优势，通过合理的产业内分工和完善的生产服务配套，推进产业链式发展，打造不易受外部干扰的稳定产业链体系，实现从以“两头在外、大进大出”的外循环为主的经济增长模式向“自主创新、优进优出”的双循环相互促进的社会发展模式转变。

从理论上讲，对经济圈协调发展的评价主要包括产业集聚、产业分工、产业同构等方面。考虑到数据的可得性、样本的多元性等，以下分别采用区位商法、克鲁格曼（Krugman）产业分工指数法以及耦合协调度指数法来评价成都都市圈的产业分工、融合，以及城市间协调状况，进而得出成都都市圈的产业协调发展水平。指标数据均获取自《成都统计年鉴》《德阳统计年鉴》《眉山统计年鉴》《资阳统计年鉴》及四市的国民经济和社会发展统计公报，对比参照数据来自《四川统计年鉴》《中国统计年鉴》《中国城市统计年鉴》。

1. 制造业合理分工发展：基于区位商与产业分工指数的分析

区位商可用以判断一个地区的某个产业是否具有构成地区专业化部门的潜力。从区位商演变趋势来看，2009～2016 年成都都市圈的产业处于优化调整阶段，以农副食品、家具制造为代表的传统制造业的区位商均呈现不同程度的下降，以医药、电子设备制造为代表的高技术制造业的区位商有所上升，2016 年之后产业格局基本稳定（见图 9）。区位商大于 1 的制造业有 10 个，既涵盖农副食品、食品、饮料、家具、印刷等传统制造业，也包括通用设备、专用设备等中高技术制造业，同时还涉及医药、交通运输设备（航空航天）、电子设备等高技术制造领域，体现出成都都市圈产业协调发展的梯度性。从细分行业来看，10 个产业中区位商最高的是家具制造业，该产业产值占整个制造业的比重是全国平均水平的 2.14 倍；其次是医药制造业，产值占整个制造业的比重是全国平均水平的 1.90 倍；此外，食品、交通运输设备（航空航天）分别是全国平均水平的 1.41 倍、1.16 倍。结合成都都市圈的实际情况，成都都市圈已经形成了以新希望、全友、成飞、科伦药业为代表的覆盖高中低技术梯度的产业，说明成都都市圈实现产业协调发展有较为夯实的物质基础。但值得注意的是，各个行业的区位商变化趋势并不平稳，反映出成都都市圈产业构成受国内经济下行和中美经贸摩擦等内外部冲击影响较大。

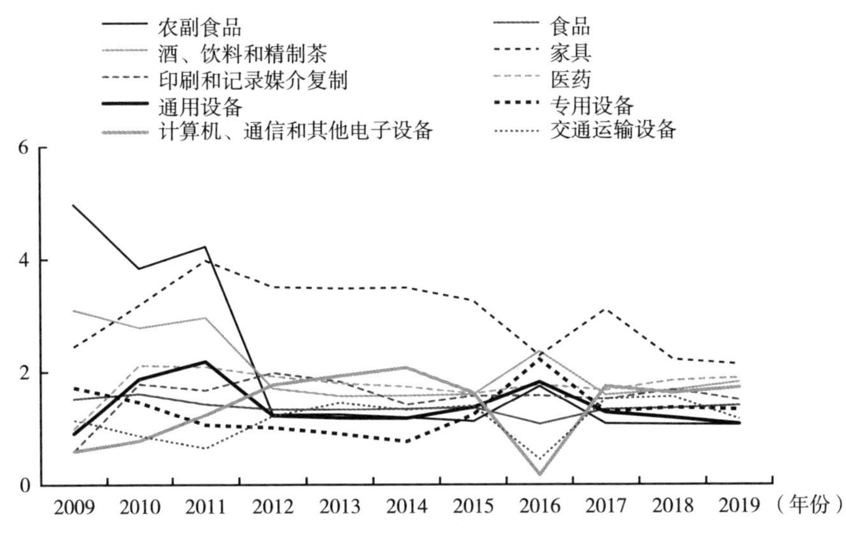

图 9　成都都市圈产业区位商演化趋势

资料来源：笔者整理。

从细分行业来看，都市圈内成都、德阳、眉山、资阳 4 个城市的制造业布局各有优势，存在一定的互补性。成都的优势产业以石油加工、交通运输设备、电子设备、仪器仪表制造业等技术密集型产业为主，德阳在饮料、橡胶塑料、金属冶炼与金属制品、机械制造业等资本密集型产业方面有一定优势，眉山、资阳则是在农副食品加工、食品、纺织、木材加工、化工、化纤等轻工业方面具备产业基础。但同时，都市圈内部产业重合度也较高，尤其是中低技术制造业，例如成都、眉山、资阳的食品、饮料等制造业区位商都超过 1，成都、德阳、眉山的家具制造业以及德阳、眉山、资阳的农副食品加工业的区位商值都在 2 左右。

从克鲁格曼产业分工指数来看（见图10），成都都市圈4个城市的制造业存在一定的合理分工，但城市间专业分工水平仍然不高。从趋势上看，成都都市圈城市与城市之间的制造业专业分工水平在2016年后表现出一定的上升趋势，但是需要注意的是，德阳与眉山的制造业专业分工有同质化竞争苗头，克鲁格曼产业分工指数从2010年的最高值1.07下降到2019年的最低值0.61。分城市来看，2019年4个城市制造业克鲁格曼产业分工指数在0.61～1.04的区间范围内，从变异系数来看，存在一定的差异度，但均值为0.92，远低于产业结构完全不同的理想值2。成都与其他城市的产业分工较明显，与德阳、眉山、资阳的分工指数分别为1.00、1.04、0.97，眉山与资阳的分工指数也达到1，但是德阳与眉山、资阳之间的产业分工水平仍亟待提升，分工指数仅为0.61、0.91。

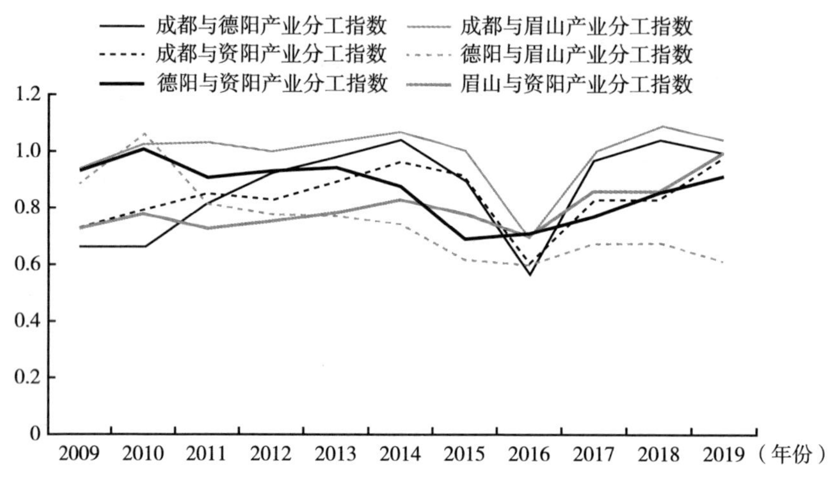

图10　成都都市圈产业分工指数

资料来源：笔者整理。

2. 制造业与服务业融合发展：基于产业融合度的分析

产业融合是产业协调发展的重要表现，体现产业发展到了高级阶段，总体来看，成都都市圈制造业与生产性服务业的产业融合度表现出逐年上升趋势（见图11）。但是都市圈内部4个城市差异较大，各地制造业和生产性服务业发展水平参差不齐，极化效应显著。例如，成都、德阳的产业融合度较高，而眉山、资阳较低，与其他学者的研究结论相似；德阳的产业融合度一直较为稳定；成都虽然2018～2019年有所下降，但多数年份中依然是四个城市产业融合度最高的，其在2018年、2019年下降的原因可能是由于制造业增速较快，生产性服务业未能同步增长导致的制造业与生产性服务业融合度下降；而眉山、资阳则表现出了明显的下滑趋势，反映出两个城市的生产性服务业与制造业之间的错配。以上说明虽然成都都市圈整体表现出较高的产业融合性，但是由于要素的流动性并非限制的，成都较为充裕的生产性服务业资源目前还是难以辐射至德阳、眉山、资阳，各城市内部自身还是应重视必要的生产性服务业构建，以促进生产性服务业对制造业发展的积极作用的发挥。

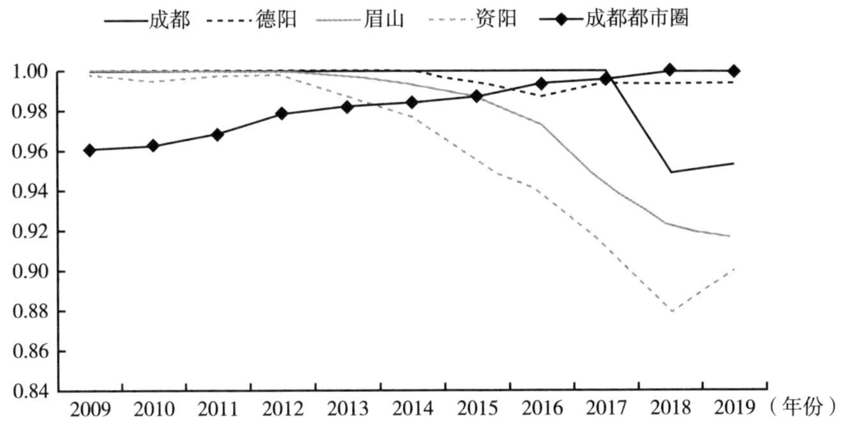

图11　成都都市圈产业融合度演化趋势

资料来源：笔者整理。

3. 城市间协调发展：基于耦合协调度的分析

协调度反映制造业与生产性服务业两部门之间良性耦合程度的大小，可以表征各功能之间是在高水平上相互促进还是低水平上相互制约。从演化趋势来看，2009～2019年，成都都市圈制造业与生产性服务业协调水平总体上稳步上升，整体耦合协调度由2009年的0.58上升至2019年的0.75，由初级协调区间迈入中级协调阶段。但就单个城市来看，4个城市的融合度提升都较为乏力，德阳、资阳近三年还有下滑恶化的苗头，说明促进制造业与生产性服务业的协调发展有一定难度，且是长期过程（见图12）。2019年都市圈内的制造业与生产性服务业协调发展水平主要有两种状态，成都为初级协调状态（耦合协调度0.55），德阳、眉山、资阳为轻度失调状态（耦合协调度分别为0.39、0.47、0.41）。根据产业发展规律，为了进一步提升产业协调发展水平，成都要着重提升生产性服务业发展水平，德阳、眉山、资阳则要重视制造业和生产性服务业的双提升。

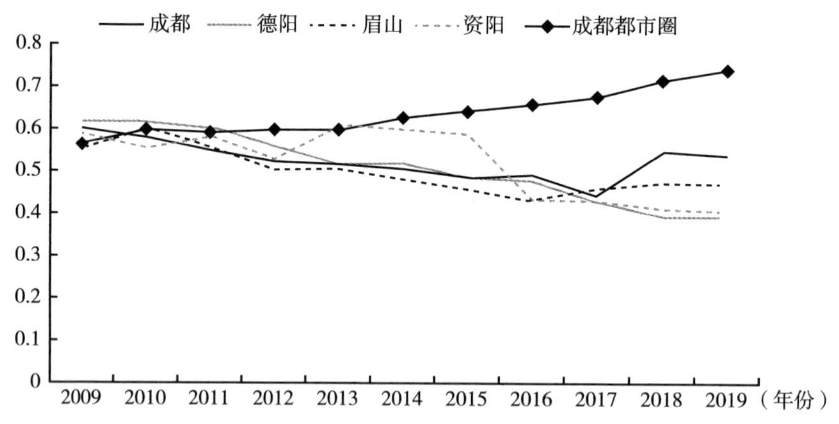

图12　成都都市圈产业耦合协调度演化趋势

资料来源：笔者整理。

一个值得注意的现象是，无论是产业融合度还是耦合协调度，以都市圈为整体测度的指数与4个城市分别测算所得的指数，表现出了不同方向的趋势。都市圈整体的产业融合度、耦合协调度都表现出明显的上扬趋势，但是单体城市则表现出下降趋势，说明四个城市一体化发展、产业融合发展能获得1+1>2的增长绩效。图11和图12的“成都都市圈”增长趋势仅是将4个城市的统计数据“融合”后获得的测算结果，相信依托于“三区”，在

“三带”的项目催化下，成都都市圈将真正实现“产业融合”并带来远超“数据融合”的增长。在空间治理体系一体化、公共服务和生活服务一体化、都市圈治理一体化的协同推动下，成德眉资市场一体化和现代化产业体系一体化也将逐步形成。

四 成都都市圈产业协作进步空间：基于国内外都市圈的对比

放眼全球，都市圈已有数个成功典范。纽约都市圈、伦敦都市圈、东京都市圈、巴黎都市圈和北美五大湖都市圈，被视作五大世界级都市圈。作为当地人口最密集、经济最活跃、最富有竞争力的地区，它们是所在国家或地区经济发展的枢纽和参与全球竞争的制高点。再观国内，上海、广州等都市圈，也已日渐成熟。相较而言，成都都市圈确实存在差距（见表6），成都都市圈在经济总量、人口密度、地均 GDP、人均 GDP 等方面都存在较大提升空间。区域发展不平衡不充分，资源、环境、交通、产业基础等发展条件差异较大。“四川省推进成德眉资同城化发展领导小组”对成都都市圈的判断是，都市圈中心城市功能外溢作用逐步显现，总体处于从“极核带动”向“协同发展”转型的初级阶段。

表6 成都与国内外重要都市圈对比

项目	东京都市圈	伦敦都市圈	巴黎都市圈	上海都市圈	广州都市圈	成都都市圈
都市圈面积(万 km^2)	3.69	4.5	1.2	5.4	2.61	3.31
都市圈人口(万人)	4379	3650	1218	7070	2696	2564
人口密度(人/km^2)	1187	811	1015	1309	1033	755
都市圈 GDP(万亿元)	13	2	4.17	9.75	3.5	2.15
单位面积产出(亿元/km^2)	3.52	24.66	41.05	1.81	1.34	0.65
人均 GDP(万元)	29.69	12.6	11.4	13.79	12.98	8.34

资料来源：四川省推进成德眉资同城化发展领导小组第三次会议。

专栏 1：多中心结构，让东京留在了世界城市名单①

东京都市圈人口高达 4379 万，人口规模在全球知名都市圈中排在前列。东京都市圈通过构建围绕核心城区的节点城市，在不同发展阶段对应性疏解东京非核心产业，逐步形成了现在所看到的“一核多节点”的扩散型都市圈层网络结构。20 世纪六七十年代，日本以重工业、化工业为主导产业的立国政策的颁布推动了临海城市的快速发展，80 年代土地成本上升，中心城区环境污染加剧，居住和产业开始全面郊区化，经济结构的调整和科教职能的向外转移推动京西、筑波等 30km 圈层城市发展；90 年代，伴随日本内陆经济的发展，东京与北部交通连接加强，北关东地区形成以汽车、装备制造为主的梯级配套内陆工业体系，形成相对独立的新兴产业城市群；发展至今，东京都市圈逐渐形成大中小城市功能各异、协同发展的网络化城镇体系，围绕都心在外围布局大型副中心城市、居住型新城、产业型新城等多类型节点性城市，呈现明显的能级圈层状分布。

第一能级圈，包括横滨、琦玉、千叶 3 个疏散首都综合职能的大型副中心城市，以及柏市、春日部、所泽、立川、町田、大和 6 个疏散居住、商业、交通功能的居住型城市。第一能级城市多依托现有产业承接商业和人口外溢，在东京都周围均匀分布，有效疏解居住、交通、科教、商业、工业等首都综合职能。

第二能级圈，包括川越、八王子、相模原、厚木、湘南、横须贺、市原 7 个综合产业型新城，分布在东京都西南面，以疏散首都人口，承接科教、工业的转移和发展为主。主要通过科教资源转移，依托军转民产业、现代化基础设施建设集聚人口而形成，西南方向较为密集。

第三能级圈，包括成田、筑波、太田 3 个单一产业型新城和小山、熊谷、小田原 3 个外围交通物流节点的枢纽型新城，离散分布在东京都市圈最外围，以科教、生产、交通等功能为主。单一产业型新城多由政府推进相关

① 资料来源：《变迁中的东京都市圈，变迁中的“新城”》，华夏幸福产业研究院，2019；苏黎馨、冯长春：《京津冀区域协同治理与国外大都市区比较研究》，《地理科学进展》2019 年第 1 期。

产业落地形成。成田由政府主导和重点规划，依托机场打造物流枢纽及高科技产业集群；筑波完全由政府主导和资助，承接东京转移的高等院校及研究机构，发展高科技产业；太田依托富士重工，形成企业社区并带动相关军工及民用工业发展。枢纽型新城多为原有重要驿站，伴随轨交开发形成新的交通枢纽，熊谷、小田原、小山分别为东京西北、西南、东北方向对外门户，是连接东京都市圈与周围城市的关键节点。

都市圈外围新城的功能与定位服务于核心城市的发展需求，随着东京规模能级和发展阶段的变迁，历次规划的重点不断变迁。20 世纪五六十年代，东京高速发展，大城市病突出，规划以地域间均衡发展为重点，在城市中枢功能地区之外建设卫星城，分流人口、产业等要素。70 年代，人居综合环境打造的重要性进一步提升，纠正单中心结构，促进商务核心城市的社会文化功能，使其不仅仅依赖于都心。八九十年代，打造多级分散型结构逐渐成为规划主要方向，同时加强与北关东、山梨地区的联系，解决都心空洞化和低开发、未开发土地利用等问题。21 世纪以来，都心人口回流趋势明显，为保证东京世界城市的地位，进一步强调核心城市再生，将医疗、福利、商业等功能进行集中，通过充实交通、通信等形成网络，打造多轴型结构。总体来看，核心城市能级及其发展阶段决定了周边新城在不同时期的功能与定位。城镇化发展初期，核心城市高速发展，外围新城以缓解核心城市压力、吸收外溢的人口产业等要素为主，之后逐步强化功能独立性，建设商务核心城市。随着城镇化进入下一阶段，核心城市增速放缓，人口向核心区回流，外围新城在广域范围内的定位发生变化，需要具备相对完善的城市内部功能，建立与外部其他城市的要素联系，打造城市间的功能紧凑型网络体系。

日本大都市圈治理的最大特点是自下而上的大都市区规划。在早期，东京都市圈的区域规划具有明显的中央主导色彩，日本行政管理厅在 1960 年第一次采用“都市圈”概念对中心城市及周围区域进行统一管理，由“大都市圈整备局”主导都市圈的规划方案和落地实施。事实上自 1958 年以来，东京都市圈经历了至少 6 次规划调整，经历了从无序到有序、从极核到网络的历程。

表 7　东京都市圈历次规划设计

年份		
1958	绿化带隔离构想	在建成区周围设置绿化带；在城市开发地区建设卫星城，吸收流入的人口和产业
1968	单核环状圈层	建成区为城市中枢功能地区；设立近郊整备地带取代绿化带；在周边开发卫星城市
1976	多级结构广域城市	纠正东京单一中心型结构，促进商务核心城市发展；充实周边地区社会文化功能，以形成不依赖于都心的大都市外围地区
1986	多核多圈	设立 14 个业务核都市，形成以商务核心城市为中心的自立型都市圈和多核多圈层的区域结构
1999	分散型网络结构	设立 21 个业务核都市进一步推进商务核心城市建设；加强首都圈和北关东、山犁地区的联系和交流
2016	功能紧凑型 + 网络	将医疗、福利、商业等功能进行集中，通过充实交通、信息通信、能源形成网络

后期随着区域经济结构、社会结构等变化，东京都市圈逐渐开始突出地方政府的自主作用，形成自主联合的广域地方规划。从具体实践来看，2008 年成立日本“首都圈广域地方规划协会”，并通过《首都圈广域行政规划》，该协会的决策主体包括中央下属的财务局、整备局、运输局等行政机关，以及在区域内的都道府县、政令都市等地方政府，并依托“计划—实施—评估—反馈”（PDCA）法对规划执行进行评估，各机构提出规划的总体目标和主要原则后，都市区内各地方政府可自由进行行政联合，目前已在交通、环保、产业等多个领域形成联合。此外，尽可能地吸引多方相关利益团体组织加入，形成“广域联合体”，并赋予它们可以直接参与处理相关事务的权力。

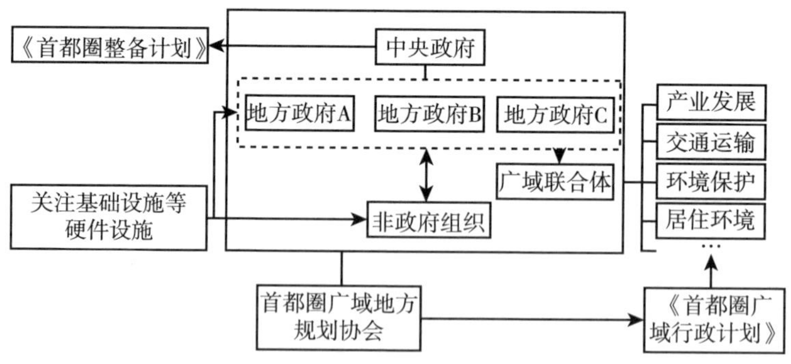

图 13　东京都市圈广域规划治理模式

（一）投资联系协同度评价

投资联系协同度反映都市圈内城市与圈外城市、都市圈内部核心城市与外围城市、都市圈内部外围城市与外围城市三类投资联系的金额大小。在国内主要都市圈中，成都都市圈的投资联系协同度表现处于靠后位置（见图14），与北京都市圈相当，反映出在“投资联系协同”方面，成都都市圈与北京、上海、广州等一线城市都市圈存在类似的特征，即投资主要集中在核心城市，可能是由于技术密集型、资本密集型产业和金融服务业主要集中在核心城市，造成资金流向核心城市的绝对势能。这一方面说明了通过成立“成都都市圈”促进成德眉资协同发展的必要性。在成都都市圈内部，成都具有非常强劲的“火车头”作用，有带动德阳、眉山、资阳三节车厢同步前进的巨大动能；另一方面也提醒我们，在“都市圈”协同发展阶段，四个城市必须改资源争夺为资源共享，否则城市间的零和竞争将造成车头与车厢的距离越来越远，车厢失去了车头将无法前进，车头没有牵引车厢，其价值也将大打折扣。

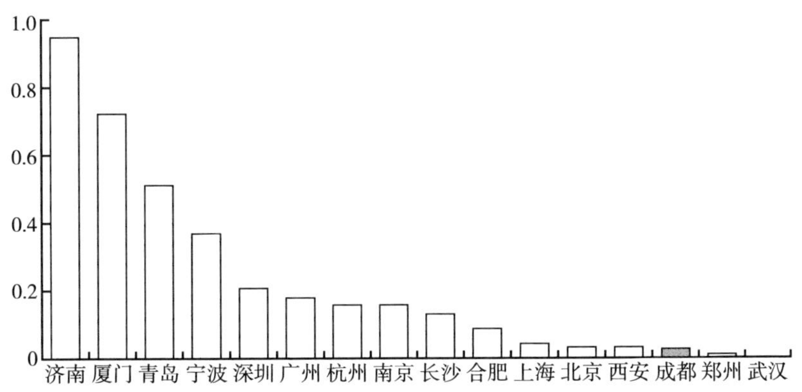

图14　国内主要都市圈投资联系协同度对比

资料来源：陆军等，《中国都市圈协同发展水平测度》，北京大学出版社，2020。

需要指出的是，“投资联系协同度”分值越高未必代表标杆作用越显著，例如济南、厦门都市圈得分位于前两名，体现出较高的投资联系协同度，但实际原因可能是因为核心城市的带动能力偏弱、造成的资金流向势能相对平衡，核心城市对资金的吸引力未明显高于周边城市。结合实际情况，我们认为青岛都市圈具有较好的参考价值，山东省各城市的经济发展本身就较为强劲，且城市之间没有呈现出强弱分明的格局，因此都市圈内部的投资联系也相对均衡，故可以看到青岛的排名也很靠前。青岛在都市圈内的火车头作用主要体现在对制造业技术、流程、标准等方面的引领，由达沃斯世界经济论坛和麦肯锡咨询公司共同遴选的全球 69 家“灯塔工厂”① 中，中国有 20 家入选，而青岛就有 2 家上榜——青岛啤酒工业互联网工厂不仅解决了行业生产周期长、生产预测难等痛点，更填补了啤酒饮料行业的空白，具备了行业引领性；海尔中央空调工业互联网工厂“以用户为中心的大规模定制模式”通过部署可扩展的数字平台，实现企业与用户资源和供应商资源的端到端连接。

（二）产业空间基尼系数评价

在国内主要都市圈中，成都都市圈的空间基尼系数处于领先位置（见图 15），与上海都市圈、北京都市圈相当，体现出成都都市圈内部各个城市间产业结构较为协同的格局。具有相似结构的产业基础为成、德、眉、资产业链一体化、价值链高端化提供了坚实基础，原本存在竞争关系的相同产业，在“都市圈”发展框架下进行适当规划与调整，完全具备以“产业同链、工序分工”的形式获得价值链提升的潜力。以新材料领域为例，成都都市圈内的分工可以是成都主司研发环节，眉山主司中试环节，资阳可将新材料推广应用于自身的零部件制造产业集群中，德阳则承担汽车、装备等的总装与出货。在这方面，成都与眉山之间已开始进行前期探索，2019 年，两市签订了“成眉新材料中试孵化基地合作共建框架协议”，明确打造“成眉（先进非金属）新材料中试孵化基地”和“成眉（先进金属）新材料中试孵化基地”，眉山在产业链中的职能与角色正逐渐明晰。

① 灯塔工厂（Lighthouse）主要评判标准是制造商在运用第四次工业革命技术、提高经济和运营效益方面取得的成就，在一定程度上可以看作拥有世界一流的制造能力。实际上成都也有一家企业（西门子）入选灯塔工厂，但不同的是青岛 2 家入选企业皆为本土企业。

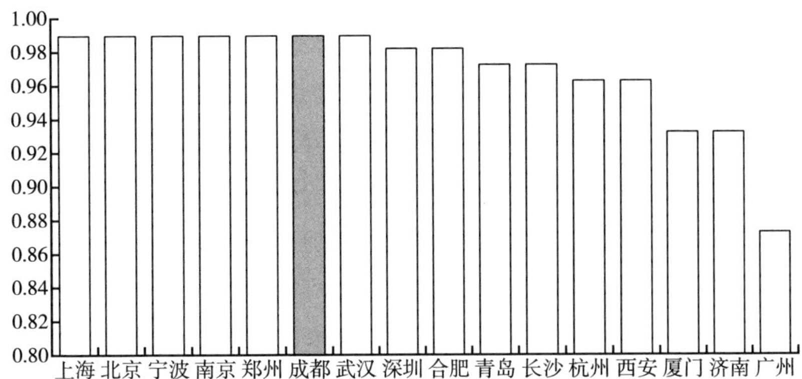

图 15 国内主要都市圈产业空间基尼系数对比

资料来源：陆军等，《中国都市圈协同发展水平测度》，北京大学出版社，2020。

（三）产业结构协同度

在国内主要都市圈中，成都都市圈的产业结构协同度处于中间靠前位置（见图 16），与合肥都市圈、武汉都市圈相当，说明都市圈内部产业之间的协同协作较为显著。这一方面说明了目前成都与德阳，德阳与眉山、资阳之间的产业梯度差距处于一个较为合理的距离，城市与城市之间能够形成有效的合作和承接；另一方面也提醒我们，在未来成都都市圈发展过程中，不可将所有高附加值、高技术含量的部门全部向成都聚集而将所有“亩产值”低的部门简单地转移至周边城市，否则容易出现目前北京都市圈面临的困境，北京作为都市圈的核心城市，在科技研发环节具有极强的外溢能力，但是天津市的经济主要依靠传统制造业尤其是重工业拉动，而河北的制造业高级化程度也较低，津、冀都没有足够的能力承接北京的技术下沉，北京也难以就近进行技术产业化，从而造成产业协同度不足。

五 构建成都都市圈协作共兴产业体系的思路建议

（一）打造产业链、创新链有效融合的分工格局

通过培育发展“产业四基”（即核心基础零部件和元器件、关键基础材

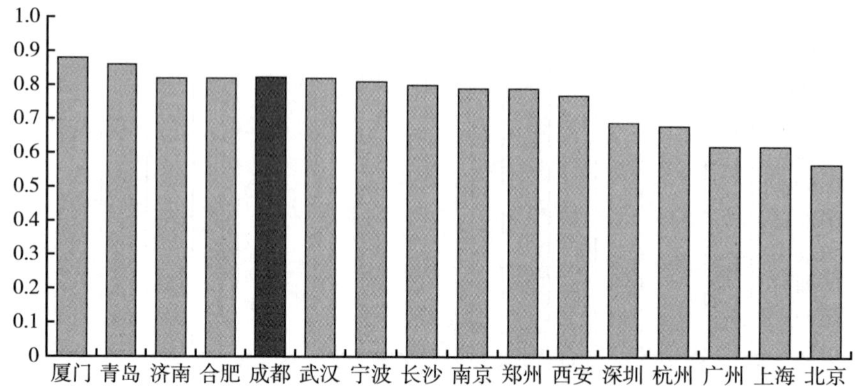

图 16　国内主要都市圈产业结构协同度对比

资料来源：陆军等，《中国都市圈协同发展水平测度》，北京大学出版社，2020。

料、先进基础工艺和产业技术基础），巩固重点产业链的根基。支撑产业核心价值的载体，已不再是数量众多、规模庞大的工厂群，而是一批拥有技术支援、开发试制、先进制造技术应用等关键基础能力的灯塔工厂。成都都市圈应当从巩固产业四基的长期计划出发：①选定若干重点企业，按照大批量、标准化、模块化的原则组织生产通用核心基础零部件（元器件）和关键基础材料，推广先进基础工艺，重点提升产品可靠性和稳定性，集中各方面优势力量，对其核心基础元器件和工艺进行开发和产业化；②培育一大批"专、精、特、新"的企业，这些企业要专注于一种产品的生产，有很强的创新能力和活力，独立于主机厂之外，按照小规模、专业化、精细化的原则组织生产专用核心基础零部件（元器件）和关键基础材料，重点解决终端用户的迫切需求；③加强目录引导完善政策措施，梳理区内"四基"发展重点，根据国家制造强国建设战略咨询委员会发布的《工业"四基"发展目录》，引导都市圈内有关企业协同推进"四基"产业发展。鼓励"四基"产业集聚发展；同时组织实施"一揽子"突破行动。围绕工信部《工业强基工程实施指南》划定的"十大领域四基'一揽子'突破行动"，根据成都、德阳、眉山、资阳的产业发展基础可考虑选择生物医药、航空航天、新材料、新能源等部分重点方向实施一批示范项目，把中央专项资金和地方财政资金相结合，对重点项目按“一条龙”解决方案进行重点布局，由头部企业领衔，以联合体的形式共建优势领域产业创新中心、制造业创新中心，组建跨区域产业生态圈建设联盟，构建都市圈“研发 + 转化”“总部 + 基地”“终端产品 + 协作配套”等产业互动新格局，让设计、材料、工艺、制造装备、实验检测装备等企业进行联合公关，实现产业化，共同推动形成万亿级制造产业集群。

（二）建设安全稳固的世界级产业集群

通过适当缩短产业链条，强化产业空间集聚的方式保障产业链的安全稳定。未来全球产业链将会向两个方向演变：一是在纵向分工上趋于缩短，原先分包给不同国家企业生产，以工序、环节为对象的分工体系，将适度回缩到产业集群内部乃至企业内部进行；二是在横向分工上趋于区域化集聚，原先被拆散到不同区域的不同企业生产的工序和环节，在回缩的过程中会布局到某一个行政区域内或邻近的行政单元进行集中和集聚化生产。作为产业链的组织者，成都都市圈的规划指挥部门要站在产业链“设计师”的视角，考虑开展整个都市圈的产业链、供应链风险的基础调查，明晰重点产业在都市圈内的上下游企业地理分布情况和企业间协同情况；同时，编制和实施生物医药、电子信息、石油化工、汽车机械等标志性产业链“一链一案”的产业集聚规划方案。以“总体计划 + 个性方案”思路推进产业集聚，通过精准定位、前瞻布局、要素匹配、项目对接等方式推进产业集聚。通过企业间较短的“化学键”形成较为稳定与安全的产业“键能”，将成都制造在国家产业链和全球供应链中的地位打造得更加坚实。

（三）共同搭建高能级产业空间载体

成都都市圈近年重点建设的电子信息、医药健康、先进材料、智能制造、绿色智能网联汽车、航空航天产业与国家“十四五”规划提及的战略性新兴产业领域（新一代信息技术、生物技术、新能源、新材料、高端装备、新能源汽车、绿色环保以及航空航天、海洋装备）高度重合，体现出成都都市圈产业布局的前瞻性。从产业和科技基础、龙头企业、重大项目、发展空间、市场需求等方面看，成都有能力以高起点配合国家产业发展的重大战略需求发展现代制造业，统筹推进重大平台联动建设，共建跨区域产业生态圈：以成都国际铁路港大港区联动德阳，发展高端制造业产业集群，共建成德临港经济产业带；以四川天府新区联动眉山，加强电子信息、先进材料等产业协同，拓展金融、商贸、科教等领域合作，共建成眉高新技术产业带；以成都东部新区联动资阳，推动成都天府国际机场临空经济区“一区两片”建设，共建成资临空经济产业带；推动青白江—广汉、彭州—什邡、金堂—中江、四川天府新区成眉片区及仁寿、新津、彭山、简阳—雁江、简阳—乐至等交界地带融合发展。

（四）形成高效分工衔接的创新链条

一方面，要围绕产业链部署创新链，在现有产业的基础上，推动先进材料、工业互联网和关键核心中间件三大科创高地建设，谋划先进材料创新中心、生物医药创新中心等创新中心建设并力争争创国家级创新中心。鼓励有实力的企业依据自身技术优势和需求建立研发中心并积极争创省级（或“圈”级）企业技术中心。遴选培育产业链“领航”企业，打造一批细分行业和细分市场的“隐形冠军”、单项冠军和专精特新“小巨人”企业，孵化培育一批独角兽、瞪羚企业。另一方面，要围绕创新链布局产业链，高水平建设一批服务于都市圈内产业的创新合作平台，加强与省内知名高校、科研机构开展基础与应用技术研究合作，吸引国内优秀科技人才以全职或兼职身份来蓉参与科技创新工作，提升对全国创新要素和资源的吸引力和集聚力，加强前沿技术领域合作，强化关键环节、关键领域、关键产品保障能力。围绕打造核心技术裂变能力，以龙头企业的前沿技术、先进项目为支撑培育产业创新生态，瞄准优势企业强链，打造产业创新研发新高地，统筹推动成都科学城与新经济活力区、生命科学创新区、成都东部新区未来科技城、新一代信息技术创新基地“一核四区”协同发展，联动 4 市高新技术产业开发区、经济技术开发区等，按照“一城多园”模式与重庆共建中国西部科学城，共同打造科技创新中心的重要载体。争取更多“科技创新 2030—重大项目”落地成都都市圈，推动共建科技成果转移转化示范区，扩大科技创新券适用范围。推动4市落实新一轮全面创新改革试验部署，鼓励大中小企业和各类主体融通创新。促进人才发展一体化，组建区域人力资源服务和专业人才市场产业联盟。

（五）推动产业要素的有效流动和聚合

基于供应链上下游供需关系以及产业链的上下游合作关系，进一步协调耦合，使原本产业链上下游间简单的物质流动升级为技术流、信息流、资金流、人才流等多种要素的协调流动与扩散，推动产业链向下游延伸、价值链向中高端攀升。当今，产业的带动作用，用共赢的理念为产业链供应链助力。根据制造业的产业链特征，成都都市圈应加快培育并遴选一批产业链龙头企业、单项冠军企业作为产业链“领航”企业，牵头建设产业链上下游企业共同体、产业联盟。围绕“领航”企业，建设产业链龙头企业配套企业库，积极开展产业链对接系列活动，推动政府“链长”与企业“领航”协调对接，积极破解土地、资金等要素制约，加速项目建设进度；推动“领航”企业与上下游企业开展供需对接与技术合作，提升本地配套能力，推动产业链协同创新；加强清单式分层分类管理，结合国家第五批单项冠军企业申报工作，建立分层分类、动态跟踪管理的企业梯队培育清单，推动更多有基础、有潜力的企业实现从高成长、创新型、科技型、专精特新“小巨人”到单项冠军的梯次升级。

附表1　各种指数计算方法与指标

维度	指标	计算方法	说明
产业集聚情况	区位商	$LQ_{ij}=\frac{q_{ij}/q_j}{q_i/q}$	LQ_{ij}为j区域i产业的区位商；q_{ij}为j区域i产业的产值；q_i为i产业的全国总产值；q_j为j区域全部产业总产值；q为全国所有产业总产值
产业空间分布情况	空间基尼系数	$G_i=\sum_{i=1}^{n}(S_i-X_i)^2$	G_i为空间基尼系数，S_i为i地区某产业产值占全国该产业的比重，X_i为i地区所有产业产值占全国比重
产业分工情况	克鲁格曼产业分工指数	$KI_{ij}=\sum_{k=1}^{n}\lvert X_{ik}-X_{jk}\rvert$	KI_{ij}为区域i和区域j的产业分工指数；X_{ik}为区域i的k产业占全部产业比重；X_{jk}为区域j的k产业占全部产业比重

续表

维度	指标	计算方法	说明
产业同构情况	结构相似系数	$S_{ij}=\frac{\sum_{k=1}^{n}(X_{ik}gX_{jk})}{\sum_{k=1}^{n}X_{ik}^{2}g\sum_{k=1}^{n}X_{jk}^{2}}$	S_{ij}为区域i和区域j的结构相似系数；X_{ik}为区域i的k产业占全部产业比重；X_{jk}为区域j的k产业占全部产业比重
产业耦合发展情况	耦合协调度	$D_{ai}^{t}=\sqrt{C_{ai}^{i}T_{ai}^{i}}$ $C_{ai}^{t}=2-\sqrt{u_{a}^{t}u_{i}^{t}}/(u_{a}^{t}+u)_{i}^{t}$ $T_{ai}^{t}=\alpha u_{a}^{t}+\beta u_{i}^{t}$	D_{ai}^{t}为制造业与第i项服务业在t年的耦合协调度；C_{ai}^{t}为制造业与第i项服务业在t年的初始耦合度；T_{ai}^{t}为两产业在t年协同效应的综合评价指数；u_{a}^{t}为a产业t年的发展水平；u_{i}^{t}为i产业t年的发展水平

附表 2　耦合发展指标体系

系统	维度	指标	单位
实体经济	规模	实体经济增加值	亿元
		实体经济增加值占 GDP 比重	%
	效率	全要素生产率	/
	成长	实体经济增加值增速	%
科技创新	投入	R&D 投入强度	%
	产出	科技成果创收率	%
		专利产出率	件/人
	环境	开展产品或工业创新企业占比	%
现代金融	规模	金融业增加值占 GDP 比重	%
	结构	直接融资比例	%
	配置	国有资本效率偏离度	/
人力资源	数量	劳动力人口占总人口比重	%
	质量	大专以上人口占总人口比重	%
	配置	人力要素错配度	/

R.27

成都都市圈协同开放水平与提升路径研究

加快推动成都都市圈协同开放是实现都市圈协同发展和高水平对外开放的需要，有助于摆脱单一城市对外开放的空间思维局限，通过健全都市圈内部合作制度促进区域协同发展，也有助于在“一带一路”倡议引领下把握西部陆海新通道建设契机，不断打造高水平对外开放平台载体和提升国际开放水平，助推成渝地区双城经济圈建设在四川开局起势，也是西部地区都市圈对外开放模式以及打造西部开放高地的重要实践探索。

一　成都都市圈协同开放水平提升的理论逻辑及现实要求

（一）理论逻辑：高水平区域合作与对外开放的协同统一

习近平总书记关于区域协调发展和对外开放的相关论述为促进协同开放提供根本理论遵循。2020 年习近平总书记在中央财经委员会上围绕成渝地区双城经济圈做出了战略部署，强调要尊重客观规律、发挥比较优势，强化中心城市（枢纽）带动作用，尤其是要探索经济区和行政区分离。推进经济区和行政区分离的本质就在于打破区域行政壁垒、促进区域合作与制度协同，体现了区域协调发展的一体化制度基础。若区域协同体现了一国之内区域之间的合作，那么协同开放则体现了不同国家之间更大地理范围内的经济贸易活动。新发展格局下，习近平总书记也多次强调，要以开放促改革、促发展，要坚定不移扩大对外开放，全面提高对外开放水平，建设更高水平开放型经济新体制，形成国际合作和竞争新优势。加快提升成都都市圈协同开放水平，将对促进区域经济区和行政区分离、培育国际竞争新优势有重要促进作用。

都市圈协同开放体现了都市圈从一体化向同城化演变的高级开放形态。区域一体化理论衍生于市场化制度较为成熟的发达国家，更多地表现为西方经济学中的关税同盟、自由贸易区、关税一体化、共同市场与要素市场一体化理论下的经济领域市场整合。[①] 相比而言，同城化则体现了中心城市与周边城市逐步实现资源要素同用、城市营运同体、竞争优势同构、公共服务同享的过程，其本质则是打破区域行政区划壁垒，促进完善空间治理以及重塑经济地理。就逻辑演进关系而言，同城化体现了区域一体化的高级发展阶段，其不仅涉及经济领域商品及要素市场整合的底层竞争逻辑，还对打破区域行政壁垒、促进产业协同、实现空间治理一体化以及公共服务共享提出了全方位要求。[②] 加快提升都市圈协同开放水平，不仅是推动成都都市圈同城化建设的应有之义，还体现了高水平区域合作与对外开放的协同统一：一方面将通过更畅通、更高效、更便捷、更高质量的区域合作，倒逼区域内部打破制度壁垒、促进要素自由流动、建立统一市场体系以及促进产业协同发展；另一方面将通过更高水平的贸易、制度、规则对外开放，促进区域融入全球产业分工以及向全球价值链高端环节攀升。

欠发达地区都市圈发展模式与协同开放路径选择。都市圈是城市群内部以超大特大城市或辐射带动功能强的大城市为中心、以 1 小时（或其他短时标准）通勤圈为基本范围的城镇化空间形态，建设都市圈和促进协同开放水平提升，要在充分把握都市圈建设的共性规律基础上，找寻差异化协同开放路径。[③] 一方面，明确都市圈发展共性规律。均要求打破行政壁垒，协同制定政策，健全利益协调机制，实现空间治理一体化，反映了协同开放的治理基础；均要求以市场规律作用发挥为逻辑起点，反映了实现都市圈协同

---

① Richard G. Lipsey, "The Theory of Customs Unions: A General Survey", *The Economic Journal* 70 (1960): pp. 496 – 513; Ian Wooton, "Towards a Common Market: Factor Mobility in a Customs Union", *Canadian Journal of Economics 3* (1988): pp. 525 – 538.

② 彭清华：《彭清华同志在成德眉资同城化发展推进会议上的讲话》，《川办通报》2020 年第 3 期。

③ 姜长云：《培育发展现代化都市圈的若干理论和政策问题》，《区域经济评论》2020 年第 1 期。

开放、循环互动的底层制度保障；均要求发挥资源禀赋优势，推动国际经济合作与人文交流，反映了协同开放的资源依托；均要求中心（枢纽）城市引领，通过发挥集聚效应或辐射带动作用促进区域协调发展，反映了协同开放的区域规律遵循。① 另一方面，欠发达地区都市圈协同开放路径要求。总结国内外都市圈发展经验可知，都市圈的发展模式通常有政策驱动型、市场驱动型、资源禀赋驱动型或者技术驱动型等，经济发达、市场化程度较高、对外开放水平较高的地区通常表现为市场驱动型，而欠发达地区在基础设施建设、制度创新、资源共享、产业协同、公共服务推进等方面存在诸多短板，主要表现为政策驱动型与资源禀赋驱动型，其协同开放的经济和产业优势也不突出，这对都市圈协同开放的制度创新和技术创新“双轮驱动”提出了更高的要求。

（二）现实要求：新发展格局与区域协调发展战略叠加驱动

新发展格局下的协同开放要求。立足新发展阶段、贯彻新发展理念、构建新发展格局，是我国面向“两个阶段”新征程的新的历史方位。构建“以国内大循环为主体，国内国际双循环相互促进”的新发展格局要求着力打通生产、分配、流通、消费各环节，在不断促进内需市场扩大的同时，推进更高水平对外开放。② 协同开放是更高水平对外开放的应有之义，一方面，更高水平对外开放不仅体现为更高质量的对外贸易与对外投资合作，还需要加快推进规则、制度开放步伐，以外循环制度创新赋能内循环；另一方面，高质量协同合作也是打破制度壁垒、构建统一大市场以及发挥国内超大市场规模优势、激发市场需求的制度支撑。因此，对成都都市圈而言，构建新发展格局要求加快提升成都都市圈协同开放水平，发挥其畅通国民经济内循环和链接全球经济外循环的引领支撑作用，使国内市场和国际市场更好联通，促进构建区域发展新格局。

---

① 王建国：《中西部地区都市圈发展阶段的研判与推进》，《区域经济评论》2021 年第 4 期。

② 王一鸣：《百年大变局、高质量发展与构建新发展格局》，《管理世界》2020 年第 12 期；江小涓、孟丽君：《内循环为主、外循环赋能与更高水平双循环——国际经验与中国实践》，《管理世界》2021 年第 1 期。

区域协调发展战略下都市圈协同开放要求。近些年，在国家层面，在以“一带一路”建设为统领，加快推进长江经济带和京津冀协同发展的战略要求下，我国正力图构建以长江经济带为轴、西部沿边与腹地以及东南沿海为两翼的“H”形区域空间格局。成都作为“H”形“西翼”的关键支点，被赋予联动西北、西南的重要职能，助力全国区域协同发展。国务院《中国（四川）自由贸易试验区总体方案》提出的“实施内陆与沿海沿边沿江协同开放战略”，对四川自贸试验区探索协同开放模式提出了要求。国家发展改革委关于印发《西部陆海新通道总体规划》的通知，也要求成都着力打造国际性综合交通枢纽，发挥成都国家重要商贸物流中心作用，增强对通道发展的引领带动作用。2020 年中央审议通过的《成渝地区双城经济圈建设规划纲要》要求突出重庆、成都两个中心城市的协同带动，健全合作机制，打造区域协作的高水平样板。此外，四川省层面，也陆续出台了一系列规划及实施方案，要求在“一干多支”的基础上，推动“主干”由“成都”扩展升级为“成德眉资”，以更好地支撑成都平原经济区实现高水平一体化发展、更高水平对外开放，并且围绕成德眉资同城化，出台了关于都市圈营商环境打造、重大开放平台建设以及要素市场化改革的一系列行动方案，并针对成都都市圈协同开放和打造开放型经济新体制出台了具体指导意见。

二　成都都市圈协同开放水平总体评价与瓶颈制约

（一）成都都市圈推进协同开放的工作进展总体评价

1. 协同开放制度与政策保障有力

围绕协同开放目标，四川省和成德眉资各级政府不断深化体制机制改革，在加大协同开放平台建设、共享协同开放理念、打造国际化营商环境、协同自贸试验区建设，推进贸易便利化、加强金融开放创新、构建国际产业协作网络以推动国际人才居留便利化等方面明确了推进协同开放工作部署（见表1）。

表 1　推进协同开放工作部署

时间节点	政策文件	提升协同开放任务要求
2020 年 5 月 17 日	中共中央、国务院印发《关于新时代推进西部大开发形成新格局的指导意见》	要求西部地区积极参与和融入“一带一路”建设;鼓励成都加快建设国际门户枢纽城市;研究按程序设立成都国际铁路港经济开发区
2020 年 10 月 16 日	中共中央政治局审议《成渝地区双城经济圈建设规划纲要》	突出重庆、成都两个中心城市的协同带动,健全合作机制,打造区域协作的高水平样板;唱好“双城记”,联手打造内陆改革开放高地,共同建设高标准市场体系,营造一流营商环境,以共建“一带一路”为引领,建设好西部陆海新通道
2019 年 8 月 2 日	国家发改委印发《西部陆海新通道总体规划》	要充分发挥成都国家重要商贸物流中心作用;提高干线运输能力,打造成都至北部湾出海口大能力铁路运输通道;支持成都跨境电商综合试验区发展;推进成都青白江经济开发区、成都天府国际机场临空经济区枢纽经济建设
2018 年 10 月 30 日	四川省委省政府印发《关于实施“一干多支”发展战略推动全省区域协同发展的指导意见》	强化成都国家中心城市功能,充分发挥成都“主干”引领辐射带动作用和各区域板块“多支”联动作用,加快构建“一干多支、五区协同”区域发展新格局;建设全国重要的对外交往中心、建设国际性综合交通通信枢纽
2019 年 1 月 2 日	四川省委省政府印发《关于加快推进成都平原经济区协同发展的实施意见》	要求成都平原经济区实现改革开放一体推进:复制推广自贸试验区经验和政策;共同争取过境免签等政策;争取新设综合保税区和保税物流中心
2020 年 3 月 12 日	四川省委省政府印发《成德眉资同城化发展暨成都都市圈建设三年行动计划(2020～2022 年)》	加快建设改革开放新高地、打造开放平台和载体、促进开放政策共用共享
2020 年 7 月 22 日	四川省委省政府印发《关于推动成德眉资同城化的指导意见》的通知	协作搭建开放合作平台、共同打造国际化营商环境、增强开放型经济区域竞争力

续表

时间节点	政策文件	提升协同开放任务要求
2020 年 12 月 24 日	四川省委省政府关于《成都都市圈发展规划(2021～2025)》的审核意见(未公开)	协同搭建开放合作平台、高标准建设自由贸易试验区、高质量提升开放枢纽功能;高水平打造国际贸易投资平台、合作开展重大展会活动;扩大现代服务业开放、推进贸易便利化、加强金融开放创新、构建国际产业协作网络、推动国际人才居留便利化等
2020 年 12 月 29 日	四川省推进成德眉资同城化发展领导小组关于印发《成德眉资同城化暨成都都市圈产业协同发展三年实施方案(2020～2022 年)》的通知	打造共享发展开放高地、拓展全球合作新市场、打造更高水平自由贸易试验区、建设国际产业合作平台、打造跨境供应链体系

资料来源：笔者整理。

2. 协同合作制度建设取得重要突破

同心同德、全力推进成德眉资同城化，已经成为四川各界的共识。首先，组织机构保障有力。2021 年 7 月，四川省推进成德眉资同城化发展领导小组办公室在四川天府新区正式揭牌，标志着成德眉资同城化取得实质化进展。其次，统一规划体系初步建成。根据国家推进区域协调发展战略重点以及新时代打造西部大开发新格局的要求，四川省委省政府统一协调，围绕成德眉资同城化出台了关于区域合作、基础设施建设、产业生态圈建设、公共服务共享、生态环境治理的统一规划体系，并针对重点领域出台了三年行动方案。再次，区域合作制度不断完善。围绕习近平总书记“探索行政区与经济区分离”的要求，成都都市圈行政区划壁垒不断打破，同城化体制机制改革不断深化，利益共享机制不断完善，基础设施统一规划、生态环境保护统筹实施、资源统筹利用、基本公共服务均等化、美好生活圈建设等取得重要进展。最后，同城化营商环境改善明显。成德眉资在统一市场体系建设、市场准入负面清单、商事制度改革、区域口岸合作等制度建设方面取得重要进展，国际化营商环境也不断改善。

3. 重大协同开放平台有序建设

持续推进自贸试验区与协同改革先行区协同建设；加快建设国际航空枢纽和国际铁路枢纽，成都天府国际机场一期工程已经建成投运，自贸试验区青白江铁路港枢纽建设、成都铁海联运通道布局不断完善，中欧（成都）班列、德阳国际班列集结中心、眉山国际班列集结中心、成都西部陆海新通道跨境公路货运班车工作进展顺利；推动天府国际机场申建国家开放口岸和综合保税区、推动成德眉资建设国家级外贸转型升级基地工作取得重要进展；持续推动国际合作园区共建共享，中德（浦江）中小企业合作区、中日（成都）地方发展合作示范区、中日（眉山）康养城、中韩（资阳）创新创业园建设有序，都市圈产业链不断延伸；依托高端会展平台，协同举办第十八届中国西部国际博览会、全球创新创业交易会、四川国际航空航天展览会，都市圈企业“走出去”综合服务基地保障能力不断提升。

4. 航空与铁路枢纽经济效益凸显

在“一干多支，五区协同”的要求下，打造成都国际航空与铁路门户枢纽成为引领成都都市圈协同开放的关键一招。随着天府国际机场的建成运营，成都已经成为全国第三个拥有双国际机场的城市。数据显示，2018 年双流国际机场年旅客吞吐量突破 5000 万人次，112 条航线覆盖亚洲、欧洲、北美洲、非洲、大洋洲的重要枢纽城市。打造铁路国际枢纽方面，中欧班列（成都）集结中心优势尤其惹眼，中欧班列（成都）开行数量从 2013 年的 31 列增加到 2018 年底的 1591 列，呈爆发式增长，连续三年位居全国第一，连接了境外 25 个城市、国内沿海沿边 14 个城市，贯连了欧亚大陆的主要节点城市；中欧班列（成都）打造了 7 条国际铁路通道和 5 条国际铁海联运通道，为产业聚集奠定了强大的物流基础。新冠肺炎疫情发生以来，中欧班列（成都）开行平稳，部分空运、海运等国际贸易企业转向铁路运输，使得中欧班列（成都）实现疫情期间运量逆势增长。

5. 成德眉资通关一体，关、检、汇、税标准统一

成德眉资跨境贸易海关监管已经基本实现一体化。根据 2017 年全国通关一体化的改革要求，成都海关管辖四川省各项海关管理工作，成德眉资四市均为

成都海关关区，目前四市在跨境贸易链条涉及的关、检、汇、税相关行政审批、执法监管等标准完全统一。此外，成德眉资跨境贸易信息系统实现共享，跨境贸易企业均可通过“互联网+海关”、四川国际贸易“单一窗口”等信息化开放平台办理业务，实现企业申报、单证审核、货物放行等通关作业一体化。

6. 进出口贸易水平不断提升

图 1 呈现了成都都市圈进出口贸易总额及占比情况，分析可知，①进出口贸易总额波动中快速提升。成都都市圈进出口贸易总额从 2010 年的 271 亿美元增加到了 2014 年的 605.7 亿美元，但在 2015 年及 2016 年有所下降，党的十九大之后，呈现快速增加态势，从 2017 年的 602.8 亿美元增加到 2019 年的 871.7 亿美元；四川省总体进出口贸易表现出类似变化趋势。②成都市开放引领作用特点突出。成都市进出口贸易总额占成都都市圈的 90% 以上，2019 年则接近 97%；而且，成都都市圈进出口贸易总额占四川省比重也从 2010 年的 82.9% 增加到了 2019 年的 88.9%。这意味着，充分发挥成都市“强核”引领作用，促进成都都市圈协同开放，依旧是四川省实现高水平对外开放的根本抓手。

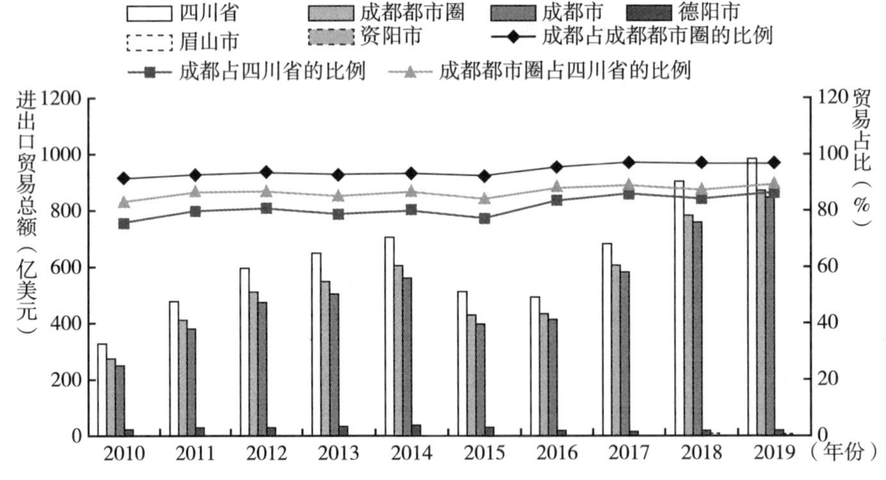

图 1　成都都市圈进出口贸易总额及占比变化趋势

资料来源：笔者整理。

7. 新冠肺炎疫情下对外贸易逆势增长，对外开放质量不断提升

一方面，新冠肺炎疫情下成都对外贸易逆势增长，表现出较强的对外开放韧性。图 2 呈现了成都市 2017 年至 2021 年 5 月进出口贸易月度变化数据。分析可知，受新冠肺炎疫情影响，我国总体上进出口贸易水平出现了大幅度下降。据国家统计局数据，2020 年 1 ~ 5 月，我国进出口贸易当期总值分别下降了 7.3%、11%、4%、5.1%以及 9.3%，相比而言，成都市对外贸易则逆势增长，2020 年 3 ~ 5 月分别增长了 13%、20%以及 26%，体现出其较强的经济韧性。

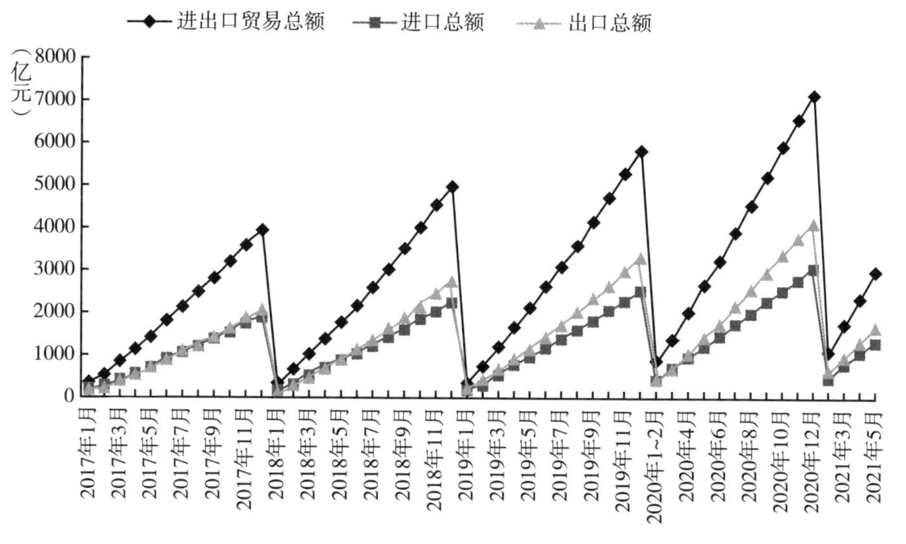

图 2 成都市进出口贸易月度变化趋势

资料来源：笔者整理。

8. 对外贸易结构不断优化

高新技术产品及服务贸易进出口占比不断提升。2017 年成都实现进出口总额 583.0 亿美元，高新技术产品出口额 238.9 亿美元，接近进出口总额的一半，同比增长 64.3%；就服务贸易来看，自 2015 年四川省政府下发《关于加快发展服务贸易的实施意见》以来，成都市服务贸易快速发展，2016 年成都市服务贸易总额达 840 亿元，占对外贸易总额的 23.64%，并且高于全国平均水平 5.64 个百分点，2017 年，成都市服务贸易总额达到了 968 亿元，同比增长 19.2%。

9. 国际投资日趋便利，外商投资快速提升

充分发挥中国（四川）自贸试验区先行先试、高水平规则开放的优势，复制推广自贸试验区四川天府新区、成都青白江铁路港片区开放经验，成都都市圈加快推进外商投资负面清单制度落实，不断打造市场化、法治化、国际化营商环境，外商直接投资实际利用额不断提升。据成都海关数据，截止到 2021 年 4 月，挂牌四年来，四川自贸试验区累计新设企业 14 万家，注册资本超过 1.5 万亿元，新增外商投资企业 1349 家，以不足全省 1/4000 的面积，贡献了全省 1/4 的外商投资企业、1/10 的进出口额、1/10 的新设企业，主要指标位居第三批自贸试验区前列。与此同时，靠自贸试验区成都双片区引领带动，2017 年以来，成都市外商实际利用额也呈现快速增加的态势，2017 ~2018 年月度外资利用平均增幅均在 20% 以上，但 2019 年增速有所放缓。受新冠肺炎疫情影响，2020 年 3 ~9 月实际外资利用分别同比变化 5.6%、10.3%、-4.9%、-12.7%、-6.1%、-1.7% 以及 0.3%，新冠肺炎疫情对外资利用产生了较大负面影响，但 2020 年 9 月之后开始恢复正增长。2021 年 1 ~4 月实际外资利用同比呈现快速增加趋势（见图 3）。

（二）成都都市圈推进协同开放水平提升的瓶颈制约

1. 经验不足：欠发达地区都市圈协同开放可借鉴案例较少

缺乏成熟的经验借鉴是成都都市圈协同开放首先需要正视的问题。成都都市圈地处中国西部地区，自然地理条件、基础设施建设、市场化体系建设以及对外开放基础水平相对滞后，推进都市圈协同开放面临着天然障碍，而且也难以直接照搬世界级城市群以及国内沿海地区城市群、都市圈发展经验，这对成都都市圈创新发展模式、促进协同开放提出了更高的要求、带来了更大的挑战。而且，分权体制下，地方政府为追求本地经济增长而存在“以邻为壑”的激励，加剧了市场分割，[①] 若不能构建协同合作制度以及利

① 朱军、许志伟：《财政分权、地区间竞争与中国经济波动》，《经济研究》2018 年第 1 期。

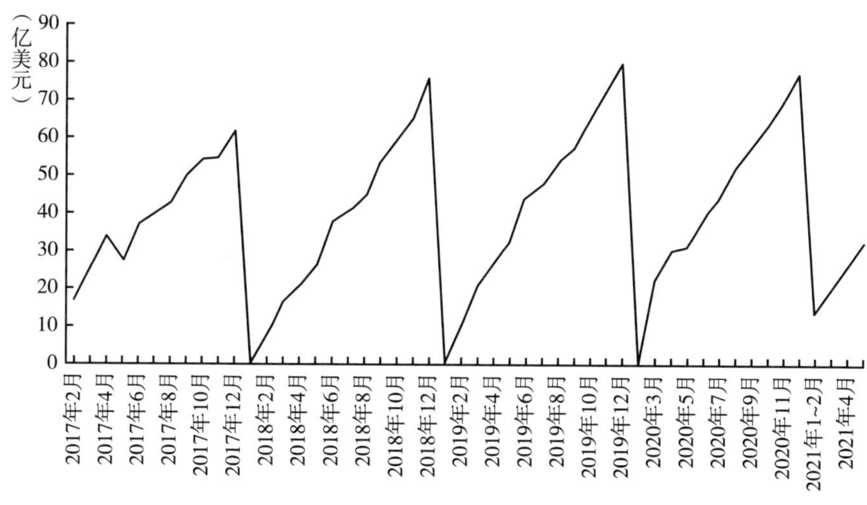

图3　成都实际外资利用月度变化趋势

资料来源：笔者整理。

益分享机制，则都市圈协同开放的制度成本将会大大增加。因此要求在思想上破除误区，走出一条因地制宜、特色突出的欠发达地区都市圈协同开放模式。

2. 制度障碍：协同开放体制机制障碍有待进一步创新突破

成德眉资协同制度体系及规则有待进一步统一规范，比如，成德眉资电子证照应用情况进展互不协同，政务服务“无差别”受理程度偏低，由于部分行政许可事项涉及职责权限，部分未实现全网通办的事项只能接收受理，进一步增加了行政成本。市场监管方面，相关制度规则尚不一致，由于仅有成都市设立了相关机构，成德眉资联合惩戒措施目录难以落实，而且除了劳动力市场监管领域外，其他领域尚未建立统一协作的监管执法机制。成德眉资投资贸易自由化和便利化程度相对较低，成德眉资对外开放基础参差不齐，导致其对自贸试验区对外开放政策的吸收能力和转化能力不足。国际化营商环境打造方面，虽然成都市已经连续三年获评中国国际化营商环境建设标杆城市，但其对德阳、眉山、资阳的引领带动作用不足，亟待加强。

3. 政策缺位：国家支持重大开放平台发展的政策力度不足

成都都市圈肩负引领成渝地区双城经济圈协调发展、建设西部改革开放高地、构建西部对外开放新格局的重任。① 但除了中国（四川）自贸区成都片区之外，国家层面支持成都实现协同开放的政策力度还不够大，需要加大呼吁，争取更多的对外开放政策支持。比如，加快实现德眉资协同改革先行区升级，积极申请批复天府国际机场国家级临空经济示范区、国家进口贸易促进创新示范区、天府国际空港综合保税区等政策落地。

4. 开放不足：服务贸易发展与金融开放水平改善空间较大

一方面，成都都市圈服务贸易出口水平偏低且内部差距较大。国际比较发现，2019 年美国货物及服务进出口总额为 56162.9 亿美元，其中跨境服务贸易额为 14442.1 亿美元，占比为 25.7%，相比较而言，成都市服务贸易占比也在 1/4 左右，基本达到发达国家水平，其中个人文化和娱乐服务、电信计算机和信息服务、知识产权使用费提升明显。相比而言，德眉资三市服务贸易发展相对滞后，科技、文化、医疗、信息等现代服务业开放水平偏低，成为制约成都都市圈服务贸易提升以及贸易结构优化的短板。另一方面，金融开放面临诸多制约，系统性金融风险监测、评估和预警机制不健全。以负面清单为基础的更高水平金融开放制度尚未形成，外资银行、证券公司、证券投资基金管理公司、期货公司、寿险公司等外资股比、业务范围等限制较多。

5. 短板明显：开放赋能型“新基建”建设面临短板亟待推进

以第五代移动通信技术（5G）网络、数据中心、人工智能、区块链、工业互联网等为代表的新型基础设施建设，对于赋能国际产业合作、提高对外开放网络支撑力有重要促进作用。② 但由于面临着体制机制障碍以及技术、资金、人才等方面的困难和挑战，支撑成都都市圈对外开放的新型基础设施建设面临短板。比如，智能服务设施在赋能成都双流国际机场和成都天府国

① 彭清华：《关于〈中共四川省委关于深入贯彻习近平总书记重要讲话精神加快推动成渝地区双城经济圈建设的决定〉的说明》，《四川日报》2020 年 7 月 16 日。

② 李先军：《以“新基建”助推经济高质量发展》，《经济日报》2020 年 6 月 16 日。

际机场“两场一体”智能化运营方面进展缓慢，并且，港口基础设施数字化水平还不高，制约了跨境电子商务以及多式联运“一单制”的业务推进。

三 提升成都都市圈协同开放水平的总体要求

立足新发展格局与成都都市圈发展实际，遵从区域发展规律，积极探索构建开放型经济新体制，坚持高水平开放、高标准平台、高层次合作、高技术支撑、高质量投入“五高”要求，蹚出一条特色突出、高水平协同开放的西部开放新格局发展路径，打造西部地区高水平对外开放发展模板。

（一）高层次合作

协同开放依赖于高层次合作机制保障。都市圈协同开放面临着合作博弈与开放风险的双重负外部性，需要建立更高层次协调机制实现负外部性内部化。要求由四川省委书记及都市圈城市市长亲自协调，建立对接长三角、粤港澳大湾区、共建“一带一路”国家的高层次合作平台，举办跨区域高层合作论坛，促进成德眉资协同发力；要求充分把握区域全面经济伙伴关系协定（RCEP）在国际合作、投资便利化、数字贸易方面的发展契机，探索建立与中国（四川）自由贸易试验区联动合作机制；要求进一步强化自贸试验区产业集聚功能，依托国际航空港与铁路港平台，大力发展临空经济、口岸服务等产业，充分利用中德（成都）中小企业合作区、中韩创新创业园、中法生态园、新川创新科技园、中意文化创新产业园等国际合作园，实现更高层次、更宽领域协同开展国际产业合作。

（二）高水平开放

协同开放是更高水平、更宽领域的开放。高水平开放与传统以货物贸易为主对外开放相对。新发展格局下，在新冠肺炎疫情冲击、逆全球化趋势、国际产业链重构以及全球治理体系变革时代，要以更大勇气、更大魄力推动更高水平制度、规则对外开放，加快形成对外开放新格局。[①] 实现高水平对

① 裴长洪、彭磊：《中国开放型经济治理体系的建立与完善》，《改革》2021 年第 4 期。

外开放要不断创新开放制度、提高货物及服务贸易质量、推动投资自由便利化、提高金融开放水平、支持高水平企业对外投资与“走出去”以及积极参与全球产业链、价值链重构。

（三）高标准平台

协同开放要以高标准平台为载体。高标准平台应具备提能、汇流、广域、相融等四个功能：第一，提能，要求争取国家政策倾斜，提高对外开放平台国家级别，提高成都都市圈制度创新能力，提高联通世界带动腹地的能力，提高国际竞争力和资源整合能力以及空间一体化治理能力；第二，汇流，要求以打造枢纽经济为中心，促进区域及全球贸易流、人才流、信息流以及资金流汇集，形成西部开放枢纽门户；第三，广域，要求立足成都都市圈和成都地区双城经济圈，以“一带一路”建设为引领，寻求与毗邻地区、全国更大地理范围内城市群以及放眼全世界的联动、广域合作；第四，相融，要求开放平台融合发展，不断放大平台开放效应。

（四）高技术支撑

协同开放要以高技术为支撑。在新一代技术革命与产业变革的背景下，欠发达地区要充分利用互联网、数字经济、大数据、人工智能等现代信息技术的应用，消除数字鸿沟，培育竞争新优势以及促进地区平衡充分发展。要求加快推进互联网基础设施建设，满足欠发达地区的教育、医疗和消费升级的需要；要求以数字技术赋能中小企业，为企业技术创新提供更多应用场景，推进工业互联网、云计算等数字平台建设，促进企业供应链、价值链与创新链系统整合和数字化转型；要求加快人工智能、大数据、区块链等现代信息技术在贸易领域的应用，建立国际通信中心枢纽，加快数字贸易试验区、大数据交易所和数据跨境流动“监管沙箱”建设，促进数据要素有序流动；充分把握数字经济发展的契机，以服务贸易作为抓手，培育服务贸易新业态、新模式、新技术，塑造服务贸易竞争国际新优势。

四　成都都市圈协同开放水平提升的重点任务目标

（一）打造成都国际门户“四大枢纽”

强核引领是都市圈发展的区域规律遵循。推动成德眉资协同开放要充分重视成都市的强核引领作用，加快推动成都打造国际门户枢纽，打造国际航空枢纽、铁路枢纽、通信枢纽、“一带一路”（国际）市场枢纽等“四大枢纽”。第一，打造国际航空枢纽。推动双流国际机场、天府国际机场“两场一体”联动发展，争设天府国际空港航空经济试验区，打造国家级临空经济示范区和国际航空枢纽，发挥航空枢纽门户功能。第二，打造国际铁路枢纽。依托自贸试验区青白江国际铁路港，加快推动成都国际铁路港经济开发区建设，打造中欧班列集结中心；加快布局支撑成都向西、向南开放格局的战略性国际铁路物流通道，在欧洲主要枢纽节点城市建立海外集散分拨服务网点，打造面向全球的电子信息、装备制造企业配送枢纽。第三，打造国际通信枢纽。持续扩容互联网省际出口带宽和成都国家级互联网骨干直联点网间互联带宽，提升网间互联互通性能。巩固成都国家级网络枢纽地位，打造“一带一路”重要通信节点和国际信息港。第四，打造“一带一路”（国际）市场枢纽。推动都市圈特色资源开发、文旅产业协作，拓展以西向国际航线和中欧班列为纽带的国际经贸合作，建设面向欧洲、中西亚以及全球的国际市场门户枢纽。

（二）构建立体开放合作新格局

充分把握“一带一路”建设、长江经济带发展、新时代西部大开发、成渝地区双城经济圈战略等重大历史战略机遇，以成都为战略支点，立足西部陆海新通道建设重点，推动建设四向开放通道，打造新的泛亚铁路大通道。强化立体开放合作，构建东向长江经济带、西向“一带一路”沿线、南向粤港澳大湾区与东南亚地区、北向关中平原城市群和蒙俄经济走廊的区域联动、协同开放的立体开放合作新格局。

（三）协同打造国际化营商环境

营造市场化、法治化、国际化的营商环境需要成德眉资协同发力。据中央广播电视总台《2019中国城市营商环境报告》和万博新经济研究院《后疫情时代中国城市营商环境指数评价报告（2020）》，成都市连续被评为国内营商环境以及国际营商环境标杆城市。未来要求充分发挥自贸试验区作用，复制推广成都市经验，以国内营商环境最优越的自由贸易试验区为标杆，协同制定改善国际化营商环境方案，协同打造投资贸易便利、行政许可便捷、要素获取容易、政策公平稳定、法治保障完善的国际化营商环境。

（四）探索欠发达地区都市圈协同开放创新模式

都市圈是推进新型城镇化的重要手段，欠发达地区都市圈发展面临着政策、资金、技术以及人才的多重制约，可支配资源有限，要求更强的规划引领、制度保障支撑。而且，都市圈协同开放模式及路径取决于地区经济发展阶段、要素禀赋特征及驱动因素的异质性特征。因此，在遵从打破行政壁垒、市场驱动、发挥比较优势以及中心（枢纽）引领的都市圈发展一般规律下，要充分认识欠发达地区、市场化程度较低、对外开放水平偏低的都市圈的政策驱动与技术赶超异质性特征，更好地发挥区域特色优势，以更强的政策与制度支撑、更深层次的制度变革、更先进的技术赋能都市圈协同开放，探索出一条欠发达地区都市圈协同开放新模式。

五　成都都市圈协同开放水平提升的实施路径

提升成都都市圈协同开放水平的路径是：立足新发展格局与国家重大区域发展战略要求，以“一带一路”为统领，推动成都都市圈、重庆都市圈相向互动发展，以更大力度在更高层次、更宽领域推进对内合作与对外开放，加快实现协同制度支撑、协同要素保障、协同政策共享、协同平台建设、协同巩固“四链”、协同区际合作、协同引进人才等“七个协同”，最终打造成都枢纽引领、成都都市圈协同开放、链接全球的内陆改革开放新高地。

（一）协同制度支撑：创新成都都市圈开放型经济新体制

第一，健全协同合作制度。探索构建“行政区和经济区分离”的新型区域合作机制，建立健全都市圈利益共享机制、区域合作机制，打破行政壁垒，推动构建一体化市场体系、产业协兴体系、空间治理体系、生态环境治理以及公共服务共享机制等，为实现都市圈同城化以及对外开放提供协同合作制度保障。

第二，健全协同开放制度。推进建立面向国际的双边、多边和区域、次区域层次的开放与合作制度；创新服务贸易出口管理体制，探索以服务贸易为重点促进中国（四川）自贸试验区转型的新模式；健全法律保障制度体系，以《中华人民共和国外商投资法》为引领，加强与国际投资法规则衔接，完善相关制度安排，营造法治化、规范化、国际化的一流营商环境。

第三，全面落实负面清单管理制度。结合《外商投资准入特别管理措施（负面清单)》要求，实事求是，遵循都市圈发展规律以及根据成都都市圈协同开放工作推进实际情况，全面落实外资准入前国民待遇加负面清单管理制度，建立健全事中事后监管体制，鼓励成德眉资引导外商参与陆海新通道建设。另外，要加快落实取消或放宽外资股比限制的政策措施，允许更多领域实行独资经营，推进服务业开放。全面清理取消未纳入全国和自贸试验区外商投资准入负面清单的限制性措施，及时修订或者废止有关规章和规范性文件，及时完善有关办事程序。落实巩固金融业准入前国民待遇加负面清单管理制度，降低外资机构在准入和展业方面存在的隐形障碍和限制。

（二）协同要素保障：强化成都都市圈协同开放要素投入

第一，强化投入，健全多层次要素保障体系。首先，土地方面，探索建立跨市域重大项目用地省级为主四市协同保障机制，统筹跨区域项目用地指标和基本农田占补动态平衡，将同城化发展重点项目纳入国土空间规划预留用地空间，共同争取土地利用年度计划向都市圈倾斜，共同争取同城化重大项目纳入省级重点项目管理。其次，资金方面，既要保障财政投入，也要建立市场化多层次资本支撑体系，鼓励服务业企业借助多层次资本市场直接融资。统筹交界地带土地、国有资产、资金等要素资源，联合成立产业发展基金，共同组建平台公司，统筹交界地带基础设施项目建设，鼓励支持引导社会资本参与。再次，信息技术要素方面，协同推进5G、人工智能、物联网、数据中心、工业互联网等新型信息基础设施布局，率先跨区域布局一批基于新一代信息技术的智慧应用场景，共同打造智慧都市圈。依托四市云平台服务商和试点示范平台，开放端口与渠道，共建辐射四市乃至中西部地区的工业互联网平台、测试验证平台，开展工业数据流转、产业运行监测、技术验证与测试评估等服务，鼓励四市“企业上云”。又次，人才方面，加大高端服务业人才引进力度，共建人力资源服务平台，协同开展就业培训服务和人才招聘活动。最后，建立都市圈水、电、气、网络等资源联通共享机制。

第二，盘活存量，提高要素配置效率。要素市场一体化建设是提高要素配置效率的制度保障。要求聚焦成都都市圈土地资源、技术交易、人才流动、信息整合、资本运筹等主要内容，深化都市圈要素创新改革，充分发挥农村产权交易平台作用，加快建设成德眉资人力资源协同发展示范区，推动设立同城化发展投资基金，打造成德眉资大数据平台，促进各类要素跨区域自由流动以及提高要素配置效率。此外，可借鉴沪苏浙经验，探索利用飞地经济、点状供地、土地置换等方式，提高土地流动性以及优化土地资源配置效率。探索建立城乡统一的土地市场以及都市圈建设用地指标的跨区交易。依托农村土地交易服务平台和成都农交所德阳、眉山、资阳子公司，进一步完善覆盖四市的统一农村产权交易服务体系，开展农村产权交易服务。加大数字贸易试验区、大数据交易所和数据跨境流动“监管沙箱”建设，促进数据要素有序流动。强化成德眉资信息互通，提升信息通道能力和信息集散能力，加快建立数据资源共享交换平台，实现城市基础信息和数据互信互认、共享共用。加大国内外人才吸引政策支持力度，打破地域分割，相互开放人力资源市场信息，推动人才自由便捷流动。

（三）协同政策共享：促进成都都市圈开放政策复制推广

第一，复制推广自贸试验区经验。高标准建设中国（四川）自由贸易试验区，梳理总结自贸区试点在制度创新、平台构建、产业协作以及人才引进方面的经验，向德眉资自由贸易试验区协同改革先行区复制推广，并支持符合条件的经济功能区和县级行政区域建设自贸试验区协同改革先行区。

第二，国际化营商环境打造经验推广。成都已经连续获评营商环境建设标杆城市，被权威机构评为最具国际竞争力城市和最具投资吸引力城市等。

因此，要求充分发挥成都中心城市引领作用，在之前相继出台的国际化营商环境1.0版、2.0版、3.0版基础上，充分发挥政策溢出效应，围绕优化提升投资贸易、获得许可、要素匹配、政策支持、司法保护等，针对德眉资营商环境具体情况和问题，靶向发力、精准施策、协同突破，在成都都市圈内复制推广政策经验，探索推行行政审批跨市“无差别化”受理共同打造国际化营商环境，协同打造国际营商环境4.0版，将都市圈协同打造成全国营商环境最优区域。

第三，开放型平台功能协同共享。建立成都都市圈对外开放平台功能台账，共建共享航空铁路枢纽、产业、科技、金融等领域功能共享机制，推动自贸试验区、成都国际铁路港经济技术开发区、天府国际机场临空经济区、交子金融商务区、成都超算中心、中国天府农业博览园等重大平台服务功能向德眉资三市延伸，以区域内“功能开放”促高水平“对外开放”，打造都市圈功能协作基地，构建协同开放的都市圈合作空间。

第四，协同共享开放经验模式。加快推动服务贸易创新试点、跨境电子商务综合试验区、多式联运“一单制”试点等经验模式率先在都市圈复制推广；协同参与川渝自贸试验区协同开放示范区建设，共同努力促进陆港、空港扩大开放，提升金融、科技等领域开放水平；协同共享“一带一路”进出口商品集散中心建设经验，促进都市圈企业沿开放通道参与“一带一路”物流基础设施投资、产业园区建设和拓展海外市场。

第五，协同共享公园城市建设政策，打造公园城市都市圈。公园城市是城市发展的高级阶段，[①] 加快推广成都公园城市建设经验，协同打造公园城市都市圈，是提升成都都市圈国际影响力、打造欠发达地区都市圈发展模式的重要实践创新。

（四）协同平台建设：打造“提能、汇流、广域、相融”高标准开放大平台

第一，高标准建设自贸试验区成都片区及德眉资协同改革先行区。加快

---

① 潘家华、陈蛇主编《公园城市发展报告（2020）》，社会科学文献出版社，2020。

推动协同改革先行区升级为自贸试验区新片区，或者在都市圈县级层面设立新的协同改革先行区。建立自贸试验区、协同改革先行区内重点园区联动机制，促进中日（成都）、中德、中韩、中意、中法、新川、川港及海峡两岸产业合作区成都产业园、德阳产业园、眉山产业园等园区更高水平合作。

第二，打造国际铁路枢纽，推动成都国际铁路港经济开发区建设。充分发挥成都国际铁路港作为成都中欧班列始发地的交通优势，以及其西进欧洲、北上蒙俄、东联日韩、南拓东盟的全球陆海货运配送市场优势，探索建立“一带一路国际多式联运综合试验区”以及争设更多保税区，加快推进德阳国际铁路物流港保税物流中心、眉山保税物流中心、成渝·紫微商贸物流产业功能区保税物流中心等海关特殊监管区域建设。

第三，围绕国际航空枢纽建设任务，推进天府国际机场与双流国际机场“两场一体”运营，构建国际航空客运和货运战略大通道，形成“空中丝绸之路”和“国际陆海联运”双走廊，以及积极争建天府国际空港航空经济试验区，发挥航空枢纽优势，打造世界级临空产业基地。

第四，协同共建数字化贸易平台。积极对接全球电子商务新模式、新规则、新标准，大力引进知名跨境电商企业，搭建数字化贸易平台；推动成都、德阳跨境电商综合试验区争设国家级和省级外贸转型基地，加强跨境电商国际合作，推动国际贸易制度创新、管理创新、服务创新，联合加强数字化贸易平台建设；加快跨境电子商务综合试验区建设，合力打造全球数字贸易高地。

第五，协同打造国际展会平台。充分利用既有的进博会、西博会、中外知名企业四川行等各类平台，搭建西部地区参与共建“一带一路”、深化与世界各国交流合作的重要平台；探索成都都市圈协同参与的成都全球创新创业交易会、中国—欧盟投资贸易科技合作洽谈会、四川国际航空航天展览会、中国牙谷国际峰会、中国牙谷国际口腔展会、世界柠檬发展大会、四川装备智造国际博览等重要展会等；积极邀约达沃斯世界经济论坛、财富全球论坛、福布斯论坛、博鳌亚洲论坛等大型会议论坛在都市圈举办。

（五）协同融合“四链”：构建国际产业协作网络与开放型经济

第一，融合产业链、创新链、供应链和价值链。新发展格局下，国内国际双循环相互促进，将有助于在更高起点上、更大空间内推动科技创新和优势的转换，以及不断提升我国在全球产业链、供应链、价值链、创新链中的地位和竞争力。对于成都都市圈，促进“四链”融合，要求加强关键技术创新，减少对关键零部件和核心元器件等中间品的依赖程度，在生产环节畅通创新链、产业链和供应链；此外，要求不断增强产业链供应链的稳定性和竞争力，积极应对新冠肺炎疫情带来的“去中国化”问题，通过补链强链减少国际风险，向全球价值链高端环节跃迁。①

第二，打造跨境供应链综合服务保障体系。推动成都国际班列基地功能四市全覆盖，搭建“通道 + 物流 + 产业”供应链综合服务平台，构建从“产品走出去”到“产业走出去”综合服务体系。对标国际贸易最高规则要求，打造与全球接轨的国际供应链服务保障体系；打造全球企业物流配送枢纽，在欧洲枢纽城市建立海外集散分拨服务网；协同共建各类综合保税区及保税物流中心，协同发展国际中转、配送、采购、转口贸易和出口加工等业务。根据成都都市圈相关规划安排，下一步重点推动天府机场临空综合保税区、德阳国际铁路物流港保税物流中心、眉山保税物流中心、成渝·紫微商贸物流产业功能区保税物流中心等海关特殊监管区域建设。

第三，构建国际产业协作网络。加强谋划航空经济、陆港经济，大力推动全球供应链建设，大力发展出口加工型产业，探索建设综保区“两场一体”共享虚拟货站，加快推动国际产业协作网络建设。确立产业合作重点名录清单，以中国（四川）自由贸易试验区为契机，梳理成都都市圈开放基础好的产业，充分利用新一轮技术革命和产业变革重大战略机遇，加快出台功能性产业政策，重点发展高端制造业、现代服务业、高新技术、临空经济、口岸服务等产业，更高层次、更宽领域协同开展国际产业合作，积极参与国际产业协作网络，向价值链高端环节攀升。

第四，以数字贸易平台促“四链”融合。随着互联网对消费端的福利

① 盛朝迅：《新发展格局下推动产业链供应链安全稳定发展的思路与策略》，《改革》2021年第2期。

效应日益递减，供给端工业互联网、人工智能、区块链等层面的数字技术应用，已经成为未来数字经济应用新场景。[①] 实现“四链”融合下的高水平开放，其重要抓手在于打造数字平台，以及基于云计算平台，针对区域、产业和企业的差异化需求进行数字技术的再开发、开展数字贸易。要求促进都市圈与“一带一路”深度融合，鼓励企业采用物联网和人工智能技术推动海关便利化，促进新型跨境物流发展。鼓励区域内数字平台企业通过交叉投资、监管合作进行深度捆绑，签署互认协议，互相承认电子、无线电和电信终端设备的认证有效。

（六）协同区际合作：实现更大地理范围的跨区域协同联动

第一，国内合作。积极对接京津冀协同发展、长江经济带发展、粤港澳大湾区建设等重大战略。在以长江经济带为横轴、西部陆海新通道为西轴、东南沿海为东轴的“H”形空间格局中，充分发挥成都都市圈的支点作用，强化其跨区域联动职能，助力东中西协同发展。衔接长江经济带，以全方位开放引领西部内陆、沿海、沿江、沿边高质量开发开放，推进西部大开发形成新格局的战略通道。

第二，国际合作。推进天府国际机场与双流国际机场“两场一体”运营，构建国际航空客运和货运战略大通道，形成“空中丝绸之路”和“国际陆海联运”双走廊；积极推动共同建设中国—欧洲中心、中国（四川）—东盟自由贸易中心及国际合作园区等；做优做强中欧班列品牌，打造西部陆海新通道班列运输品牌，推动南向陆海联运提质增效，提升贯通亚欧大陆的国际陆路新通道运输水平；依托西部陆海新通道建设，强化都市圈与中南半岛、孟中印缅、新亚欧大陆桥、中西亚等国际经济走廊的联系互动，使西部陆海新通道成为都市圈构建开放型经济体系的重要支撑。

（七）协同人文合作：增强国际人文交流与人才吸引力

出台落实国际人才激励政策、完善国际人才服务保障体系，为国外专

① 许恒、张一林、曹雨佳：《数字经济、技术溢出与动态竞合政策》，《管理世界》2020 年第 11 期。

家、各领域高端人才提供出入境、工作许可、社会保障等便利化服务；充分利用自贸试验区以及国际（区域）合作园区载体，打造“人城境业”有机融合的国际人才汇集中心；建立离岸创新创业基地，建立高端人才创新创业的“绿色通道”，加大对初创企业的政策与资金支持力度，将都市圈建成创新项目孵化基地；以成都为中心，加强公园城市理念宣传，深化与共建“一带一路”国家、“一带一路”支点城市、国际大通道节点等重要城市、未来直航及开通班列潜力城市建立友好合作关系，加强文化、旅游、科教、卫生等领域交流合作，增强都市圈国际人文交流与人才吸引力。

ℝ.28 成都都市圈基础设施一体化建设布局与发展路径研究

国内外实践证明都市圈的基础设施建设水平和一体化水平会对都市圈最终的兴衰产生重要影响。推动成都都市圈基础设施一体化建设要依据成渝地区双城经济圈的基础设施布局思路，寻找两圈基础设施建设的接口，让大圈引领小圈、小圈支撑大圈、大圈小圈融合发展，这对提升成都市、成都都市圈、成渝地区双城经济圈的发展能级、发展水平与发展辐射能力都具有重大意义。

一 成都都市圈基础设施一体化建设布局的现状、特征与制约

（一）成都都市圈基础设施一体化建设布局的现状

1. 交通基础设施一体化建设布局现状：整体高速发展，局部领域仍需加快速度

成都都市圈交通基础设施发展的主要任务不仅是要打通内部交通大网络，还要构建对外大通道，从而形成真正内畅外联、辐射力强的综合立体交通网，推动成都都市圈更高水平一体化加快形成，并支撑成渝地区双城经济圈的高质量建设。

（1）成都都市圈对内交通网络主框架基本形成

成都都市圈已经形成公路与铁路交通网络主框架（见表1）。

公路方面：①联通成德眉资都市圈的成都经济区环线高速公路已经全线建成通车，大大提升了成都都市圈主要节点城市直连直通水平与效

率。②决定城市交通效率和内部经济效率的城市轴线和快速通道建设加速并取得初步成效。岷东大道、中金快速路等路段已建成通车，部分线路如天府大道北延线、城市东西轴线、成资大道、金简仁快速路、蒲丹快速通道正按计划推进项目建设。③节点城市毗邻地区交通联通状况得到改善，万罗路、放高路、云大路、金简仁快速路、三岔湖环湖路5个交界地带“断头路”项目建成，打通“断头路”工作已经进入第二阶段。

铁路方面：①作为成都都市圈的重要支撑，城际铁路如成绵乐城际开行进一步加密，铁路动车公交化推进效果显著。截至2019年，成德、成眉、成资间日发送动车分别达40对、25对、22.5对，平均发车间隔分别为20分钟、20分钟、40分钟，日均客流人次分别超过1.4万人次、6900人次、9000人次，成都至德阳、至眉山、至资阳已基本建成30分钟高铁交通圈。②市域铁路建设加速，根据《成都平原城市群轨道交通规划》，成都都市圈新增联通成都与德阳、成都与资阳、成都与眉山的10条市域铁路线，其中联通成都与资阳的S3线、联通成都与眉山的S5线已开工建设，联通成都与德阳的S11线已完成项目公司组建。

表1　成都都市圈内部交通网络主要项目建设情况

项目类型	项目名称	项目进度
高速公路项目	成都经济区环线高速公路（蒲江至都江堰段、德阳至简阳段）等	建成通车
	天府新区至邛崃高速公路等	修建中
城市轴线与快速路项目	S103剑南岷东大道双流段改造、金简仁快速路（二期工程）、成资临空大道、成资大道、金简黄快速路一期工程、眉山市环天府新区快速通道等	建成通车
	东西城市轴线成都东段、天府大道北延线成都段等	部分路段通车
	天府大道眉山段、天府大道北延线德阳段、东西城市轴线资阳段、丹蒲快速路等	修建中

续表

项目类型	项目名称	项目进度
市域铁路建设项目	S3 线成都到资阳、S5 成都到眉山	开工建设
	S11 成都到德阳、S1 线成都到德阳、S12 线成都到德阳、S13 线成都到眉山等	加快前期工作
打通“断头路”项目	三岔湖旅游环线、广大路、云大路、万罗路、放高路等	建成
	S422 金旌路、螺简路、养资路、彭什沿山路、积淮路等	修建中

注：笔者根据资料整理而得。

（2）成都都市圈对外交通大通道建设加快、短板仍存

成都都市圈对外公路与铁路交通通道建设推进较快，但总体而言仍存在较大短板。①高速公路方面，对外联通高速大通道成都天府国际机场高速、成资渝高速、成渝高速等已打通，但成渝高速为双向 4 车道，成资渝高速为双向 6 车道，目前成都都市圈东向出川通道缺乏双向 8 车道高速公路，其通行能力、联通效率有待提升；西向西藏、青海方向高速公路尚未打通；北向连接甘肃和陕西的高速公路主要依赖成绵广高速，但目前成绵广通道已日趋饱和，通行效率下降。当前成都经德阳、资阳、眉山扩充外溢能力的高速公路扩容改造项目正在加快推进，但推进速度有待进一步提升。②铁路方面，重要干线铁路工程成都经资阳到自贡的成自宜高速铁路，成都经德阳、绵阳连接甘肃兰州的成兰铁路（成都至川主寺段），连接青海西宁的西宁至成都铁路，成都经资阳向北联通万州的成达万高铁和向南联通重庆的成渝中线高速铁路正处建设中或即将开工建设状态。成都西向联通西藏的川藏铁路引入成都枢纽线（朝阳湖至天府站段）和成渝铁路成都至隆昌段扩能改造前期工程也在加快推进。总体而言，成都都市圈对外联通铁路大通道短板明显（见表 2）。

表 2　成都都市圈对外交通网络主要项目建设情况

项目类型	项目名称	项目进度
高速公路	成资渝高速成都天府国际机场至潼南段、成都至宜宾高速公路	建成通车

续表

项目类型	项目名称	项目进度
高速公路	G5 线绵阳至成都段扩容工程、G42 线南充至成都段扩容工程、G0512 线成都至乐山高速扩容工程、	修建中
	G76/G85 成渝高速公路四川段扩容项目、乐至经自贡至犍为高速公路、资中至铜梁高速公路、天府新区至乐山高速公路	推进前期工作
	成都经泸州至贵州高速扩容	成自泸高速扩容方案论证，泸州至贵州段修建中
干线铁路	成自宜高速铁路、成达万高铁、成兰铁路、西宁至成都铁路	建设中
	成渝中线高速铁路	可研报告获批复
	川藏铁路引入成都枢纽线（朝阳湖至天府站段）、成渝铁路成都至隆昌段扩能改造	推进前期工作

资料来源：笔者根据资料整理而得。

（3）成都都市圈交通建设总体水平不高，结构有待进一步优化

从 2016 年印发的《成渝城市群发展规划》正式提出成德眉资同城化开始，成都都市圈交通基础设施建设取得显著进展。2019 年成都都市圈公路总里程达到 57216.49 公里，相比 2016 年增长 5.58%。其中等级公路增长迅速，其占公路总里程的比重从 2016 年的 86.98% 增至 2019 年的 96.97%。作为反映公路交通联通质量的重要指标，成都都市圈高速公路里程从 2016 年的 1678 公里增至 2019 年的 1964 公里，其占公路总里程的比重从 3.10% 增至 3.43%（见图 1）。成都都市圈高速公路的占比比较低，公路交通发展水平总体不够高。

从高速公路里程增长速度来看，2016～2019 年成都都市圈高速公路里程增长 17.04%，高于同期长三角、京津冀和武汉都市圈的高速公路里程增长速度（见图 2）。但人均占比很低。2019 年成都都市圈人均高速公路里程为 0.76 公里/万人，仅相当于同期长三角的 39.38%、京津冀和武汉都市圈

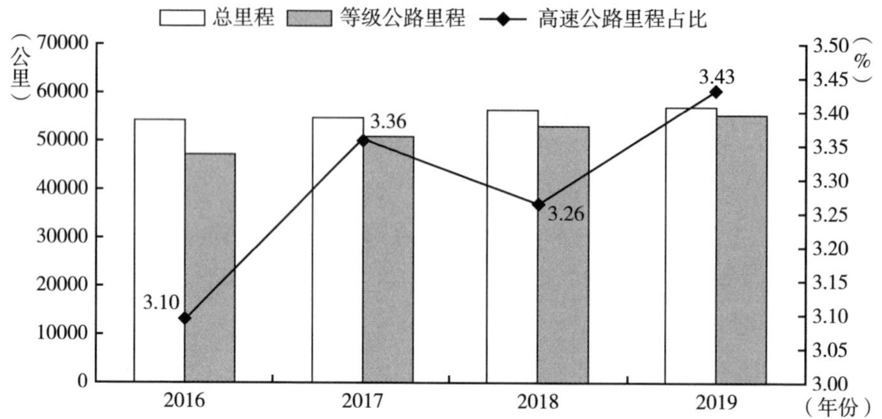

图 1　2016～2019 年成都都市圈公路里程、等级公路里程和高速公路里程占比

资料来源：历年《四川统计年鉴》。

的 35.35% 以及珠三角的 23.24%（见图 3）。成都都市圈公路交通基础设施，尤其是支撑都市圈快速联通的高速公路建设仍存在较大空间。

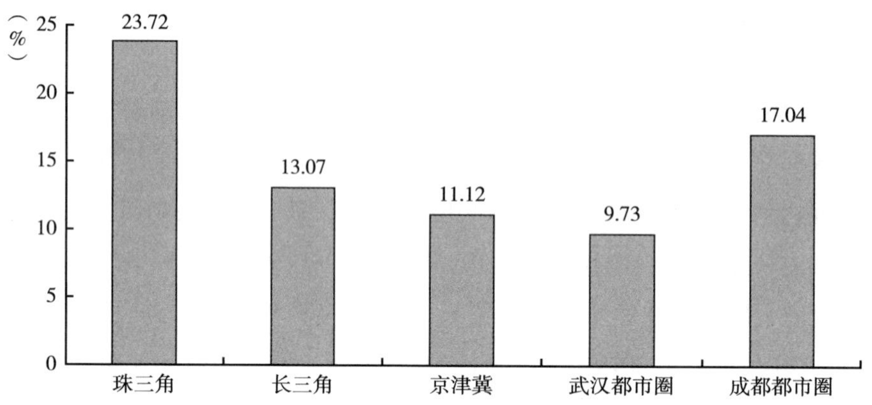

图 2　2016～2019 年各都市圈高速公路里程增速

资料来源：历年《四川统计年鉴》。

从成都都市圈内部城市来看，公路交通分布十分不均衡。成都市公路里程占成都都市圈公路总里程的比重在 50% 左右，其高速公路里程的占比更是在 2019 年达到了 53.72%。与此同时，德阳、眉山的公路总里程、等级

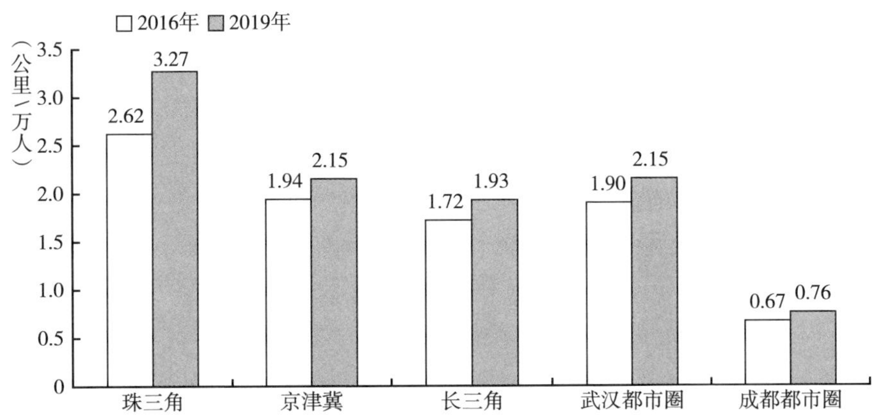

图 3　2016 年和 2019 年各都市圈人均高速公路里程

资料来源：历年《四川统计年鉴》。

公路里程以及高速公路里程占比均比较低。尤其是德阳，2019 年德阳公路里程占比在 15% 左右，而高速公路里程占成都都市圈高速公路总里程的比重仅为 11.66%（见图 4）。这表明成都都市圈北向、南向公路大通道，尤其是高速公路大通道发展相对滞后，这也是当前推进成都都市圈内通外联高质量发展的重要建设方向。

成都都市圈铁路交通基础设施建设亦亟待加快与结构优化。根据成都市交通运输局发布的数据，截至 2021 年 6 月，成都市铁路总里程达到 930 公里，高快速铁路达到 430 公里。① 但根据《德阳统计年鉴 2020》《资阳统计年鉴 2020》，2019 年德阳的铁路总里程为 296 公里，资阳的铁路总里程仅为 91 公里。眉山市当前运营的铁路主要有成昆铁路与成绵乐城际铁路，两大铁路的里程之和在 120 公里左右。由此可见，成都都市圈内部铁路交通基础设施分布亦不平衡，联通南向通道的眉山与联通东部通道的资阳在铁路交通基础设施方面存在明显短板。需要进一步在加密成都都市圈内部节点城市铁路联通网络、提升对外通道联通速度与质量方面下力气、加速度。

① 成都市交通运输局：《推动交通运输高质量发展　助力成渝地区双城经济圈建设》，《成都日报》2021 年 6 月 30 日。

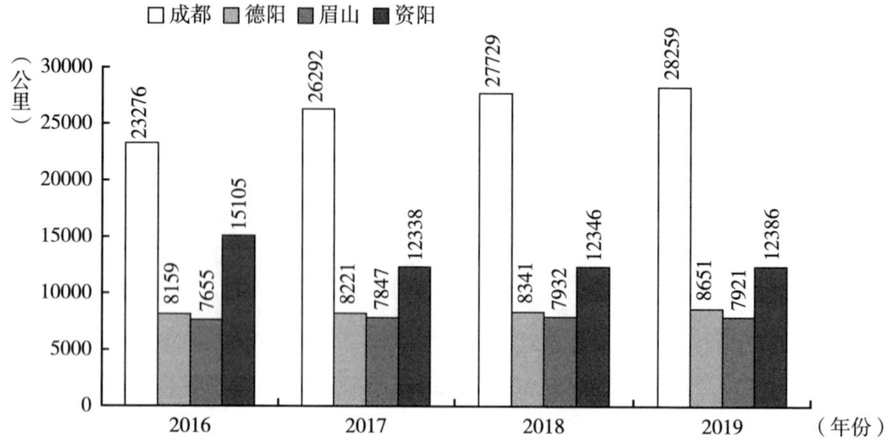

图4　2016～2019年成德眉资公路交通里程数

资料来源：根据相关资料整理而得。

2. 水利基础设施一体化建设布局现状：水资源保障矛盾突出，水利工程规划布局与推进速度尚需提升

作为国民经济和社会发展的重要物质基础，水利基础设施在防洪、排涝、防灾、减灾等方面对国民经济发展做出了重大的贡献，同时在工业生产、农业灌溉、居民生活、生态环境等生产经营管理中发挥着巨大作用。成都都市圈的健康可持续发展离不开都市圈水资源的优化配置和强力保障。

（1）成都都市圈水资源严重缺乏

水利基础设施的首要功能即是供水，满足都市圈人民的生产生活需要。从成都都市圈内部来看，成德眉资四市均面临较为严峻的水资源供给与保障问题。成都市水域隶属长江上游岷江、沱江、青衣江三大水系，区域内绝大多数地区的供水主要依靠过境水，尤其是严重依赖岷江来水。虽然过境水资源较为丰富，但过境河流引水总量的大部分将被跨区域调出，从而实际上成都市水资源严重缺乏，这已成为制约成都市国民经济持续发展、健康发展的“瓶颈”。德阳市水域主要源于中江县涪江流域，市域内所有水库均来自人民渠屯蓄水库，当地径流补充极少。资阳市与眉山市主要依赖蓄水工程供水与调入引水工程引水。其中资阳全市无一座大型水库，水源严重不足。

（2）成都都市圈水利基础设施保障能力有待提升

鉴于成都都市圈水资源缺乏现状，目前成都都市圈水利基础设施的重点在于布局水库与引水工程。

为了降低对岷江、都江堰水源的过度依赖，成都市修建了大量水库。截至2019年，成都市共拥有各类蓄水设施共24993处，其中大型水库1座、中型水库6座、小（一）型水库54座、小（二）型水库201座；眉山市蓄水大中型水库共有9座，其中大型水库1座，中型水库8座；德阳共有5座中型水库；资阳市纳入统计的中型水库共7座（见表3）。总体而言，成都都市圈主要大型水库有两座，中小型水库居多，跨流域引水调水工程建设不足。考虑到支撑成都都市圈“三区三带”建设所需的大规模水资源供给，其水资源保障形势仍比较严峻。

表3　成德眉资大中型水库蓄水情况

单位：万立方米

所属市域	水库名称	所在位置	水库类型	2019年末蓄水
成都市	三岔湖水库	简阳市	大型水库	20560
	石盘水库	简阳市	中型水库	6265
	张家岩水库	简阳市	中型水库	1298
	长滩水库	蒲江县	中型水库	1926
	向阳水库	崇州市	中型水库	876
	莲花洞水库	彭州市	中型水库	484
	红旗水库	金堂县	中型水库	696
德阳市	继光水库	中江县	中型水库	7368
	响滩子水库	中江县	中型水库	932
	元兴水库	中江县	中型水库	621
	双河口水库	中江县	中型水库	1300
	黄鹿水库	中江县	中型水库	2193

续表

所属市域	水库名称	所在位置	水库类型	2019 年末蓄水
眉山市	黑龙滩水库	仁寿县	大型水库	27750
	总岗山水库	洪雅县	中型水库	1537
	党仲水库	丹棱县	中型水库	866
	洪峰水库	仁寿县	中型水库	985
	李家沟水库	仁寿县	中型水库	930
	梅湾水库	丹棱县	中型水库	715
	官厅水库	青神县	中型水库	1080
	复兴水库	青神县	中型水库	1191
	两河口水库	仁寿县	中型水库	1110
资阳市	东禅寺水库	乐至县	中型水库	1075
	蟠龙河水库	乐至县	中型水库	2100
	朝阳水库	安岳县	中型水库	1384
	报花厅水库	安岳县	中型水库	1300
	磨滩河水库	安岳县	中型水库	3908
	书房坝水库	安岳县	中型水库	6730
	老鹰水库	雁江区	中型水库	2236

资料来源：德阳市大中型水库蓄水情况为 2018 年的数据，成都市、眉山市和资阳市相关数据为 2019 年的数据。

（3）成都都市圈水利基础设施规划部署加快推进

成都都市圈确立了多个重点水利工程项目，以提升成都都市圈水源多元化，强化供水保障（见表 4）。从推进进度来看，在建重点工程推进较快，其余重点水利工程项目尚未开工，推进速度不一，但均得到了各级政府的重视，处于有序推进中。

通过重大水利工程的规划建设，成都都市圈水资源缺乏矛盾在一定程度上得到缓解，但仍处于补短板阶段，以满足当前生产生活需要为主，对于支撑成都都市圈未来人口、产业的快速发展而言仍存在不小差距，成都都市圈重大水利工程规划布局与推进速度仍需提升。

表 4　成都都市圈重点水利工程项目进展情况

项目名称	工程类型	受益对象	项目进展
毗河供水工程（一期）	供水工程	成都市金堂县、简阳市，资阳市雁江区、安岳县、乐至县，遂宁市安居区、大英县等 3 市 7 县（市、区）	已建成
李家岩水库	供水工程	崇州市和成都市中心城区	在建
“张老引水”工程	供水工程	资阳	在建
老鹰水库水源保护—望水河泄水工程	水源保护工程	资阳	在建
三坝水库、毗河供水工程（二期）、引大济岷工程、长征渠引水工程、久隆水库、临江寺水利枢纽			前期工作（拟建）
高景关水库、金花寺水库、羊毛沟水库、通江水库、团结水利枢纽、双河口水库扩建、砚台石水库扩建			方案研究

资料来源：根据相关资料整理而得。

3. 新型基础设施一体化建设布局状况：框架已经搭建，但发挥作用的渠道和潜力还有待挖掘

新型基础设施是未来经济增长的重要动力，也是不同区域经济展开竞争的主要领域。因此，新型基础设施的建设水平对都市圈最终的发展质量具有重要影响。

（1）新型基础设施的内涵与成都都市圈布局

2020 年 4 月国家发展改革委员会在新闻发布会上将新基建界定为以新发展理念为引领，以技术创新为驱动，以信息网络为基础，面向高质量发展需要，提供数字转型、智能升级、融合创新等服务的基础设施体系。其包含信息基础设施、融合基础设施、创新基础设施三个方面以及 5G 基建、特高压、城际高速铁路和城市轨道交通、新能源汽车充电桩、大数据中心、人工智能、工业互联网七个领域。

从成都来看，根据《成都市新型基础设施建设行动方案（2020～2022 年）》，其对于新型基础设施的布局为新型信息网、智慧能源网、枢纽交通网、科技创新产业网“四张网”，其与上述新基建的对应关系见表 5。

表 5　新型基础设施的国家分类与成都布局

<table>
<tr><th colspan="2">国家层面:三大类别</th><th colspan="2">成都布局:“四张网”</th></tr>
<tr><td>信息基础设施</td><td>通信网络基础设施、新技术基础设施、算力基础设施</td><td>新型信息网</td><td>5G 基建</td></tr>
<tr><td rowspan="2">融合基础设施</td><td rowspan="2">智能交通基础设施、智慧能源基础设施等</td><td>智慧能源网</td><td>大数据中心</td></tr>
<tr><td>枢纽交通网</td><td>特高压</td></tr>
<tr><td>创新基础设施</td><td>重大科技基础设施、科教基础设施、产业技术创新基础设施等</td><td>科技创新产业网</td><td>新能源汽车充电桩</td></tr>
</table>

资料来源：根据相关资料整理而得。

根据《2021 年成德眉资同城化发展暨成都都市圈建设重大事项清单》，成都都市圈的重点主要体现在三个方面：一是打造智慧都市圈，统筹建设政府服务“一张网”、公共数据“一个库”，实现公共管理、政府服务、社会治理、空间地理等领域信息同城化，基本属于融合基础设施；二是统筹市政基础设施布局，协同推进市政设施跨区域布局，推动供水、供电、供气等管网合理衔接，基本属于融合基础设施；三是推进区域信息网络设施统筹布局，统筹布局建设 5G、工业互联网、人工智能等新型基础设施，推动 5G 规模化组网及商用，属于信息基础设施。从中可以看出，现阶段成都都市圈新型基础设施的建设重点为融合基础设施和信息基础设施，对于创新基础设施的涉及较少。

（2）成都都市圈新型基础设施建设潜力仍待进一步挖掘

从当前总体情况看，成都都市圈新型基础设施建设布局总体框架已经建立，包括工业、科技、水务、园区、数据等多个不同领域的公共服务平台已经搭建，跨区域输送电工程加快建设，信息基础设施尤其是 5G 基础设施和工业互联网基础设施进展较快（见表 6）。但创新基础设施进展相对较慢，仍需要在都市圈内加快布局，充分发挥成都科技创新的龙头带动作用，实现成都都市圈新型基础设施错位协调发展。另外，从实际效果来看，已构建的信息平台如何更好发挥，其影响渠道和作用方式还有待进一步挖掘。

表 6　成都都市圈部分新型基础设施布局建设项目及进展

项目类型	项目名称	涉及区域	主要进展	
融合基础设施	打造智慧都市圈	成都市工业互联网公共服务平台	面向成都都市圈各地区工业企业开放服务	建成
		成都公共数据资源运营服务平台	接入德眉资三市的开放数据资源	建设中
		科创通	在各市州建立“科创通”科技创新服务平台分平台	建设中
	统筹市政基础设施布局	成都大林 500 千伏变电站 220 千伏配套送出工程	成都市、眉山市	建设中
		成都新津 500 千伏变电站 220 千伏配套送出工程	成都市、眉山市	力争开工建设
		天府新区眉山直管区清水 220 千伏输变电及配套工程	眉山市	力争开工建设
信息基础设施	推进区域信息网络设施统筹布局	中国云・成都（邛崃）5G 云基地互联网数据中心	成都市	建设中
		成都市智慧城市时空大数据与云平台	成都市	建成
		崇州大数据国家新型工业示范园区	成都市	建设中
		国家数字经济创新发展试验区（四川）	成都市、德阳市、眉山市	建设中
		成都超算中心	成都市	建成

资料来源：根据相关资料整理而得。

4. 国际性综合交通枢纽共建状况：成都市发展迅猛，但都市圈进展仍需加速

综合交通枢纽是指由两种以上运输方式干线交汇组成，具有人员往来、物流集散、中转服务等综合服务功能的交通枢纽。从当前绝大多数具有全球影响力的城市分析，能否成为国际性综合交通枢纽对整个城市的影响力具有决定性作用。

（1）成都都市圈节点城市综合交通枢纽定位与等级

从交通枢纽定位与等级来看，成都都市圈内成都市的地位无人可及，遥

遥领先。成都市的综合交通枢纽地位很早便得到了国家层面的认可与支持。2005 年编制完成的《全国城镇体系规划（2006～2020 年）》提出在全国范围内建设一级综合交通枢纽城市和二级综合交通枢纽城市。彼时，成都市就入列全国一级综合交通枢纽城市，且四川省尚无其他城市能够入列全国二级综合交通枢纽城市。2021 年《国家综合立体交通网规划纲要》将成渝地区双城经济圈定位为与京津冀、长三角、粤港澳大湾区并列的四大国际性综合交通枢纽集群，成都市被确定为 20 个国际性综合交通枢纽城市之一。不仅如此，在各项专项交通规划中，成都市的交通枢纽地位同样等级很高。例如《中长期铁路网规划（2016）》明确将成都列为全国 19 个综合铁路枢纽之一；《全国物流园区发展规划（2013～2020 年）》将成都入列一级物流园区布局城市；2018 年国家发展改革委和交通运输部发布《国家物流枢纽布局和建设规划》，成都市被纳入陆港型国家物流枢纽承载城市、空港型国家物流枢纽承载城市、生产服务型国家物流枢纽承载城市和商贸服务型国家物流枢纽承载城市（见表 7）。

德阳、眉山、资阳的交通枢纽地位仅在省级层面有所提及且定位不高。2009 年 5 月，四川省发改委发布了《西部综合交通枢纽建设规划》，其中德阳、资阳被定位为节点城市，尚未入列区域性次级枢纽，这在 2017 年印发的《四川省“十三五”综合交通运输发展规划》得到了进一步确认；《四川省物流园区规划（2014～2020）》将全省物流园区布局城市分为四级，成都为一级物流园区布局城市，德阳、资阳、眉山被定位为三级物流园区布局城市。

表 7　国家交通枢纽布局中的成都市

类型	定位与等级
国家综合交通枢纽城市	一级
国家综合交通枢纽体系	国际性综合交通枢纽
长江经济带综合交通枢纽（节点城市）	全国性综合交通枢纽（节点城市）
其他类型交通枢纽	全国综合铁路枢纽、全国高铁枢纽、全国公路运输枢纽、国际航空（货运）枢纽

续表

类型	定位与等级
全国物流园区布局城市	一级物流园区布局城市
国家物流枢纽承载城市	陆港型国家物流枢纽承载城市 空港型国家物流枢纽承载城市 生产服务型国家物流枢纽承载城市 商贸服务型国家物流枢纽承载城市

资料来源：根据资料整理而得。

成德眉资在交通枢纽等级与定位上的巨大差距，也为四个城市推进国际交通枢纽共建过程中错位、协调推进提供了更大空间。根据《成德眉资“三区三带”空间规划》，成都都市圈要打造形成成德临港经济产业协作带、成眉高新技术产业协作带、成资临空经济产业协作带。其中，成德临港经济产业协作带和成资临空经济产业协作带即是立足于共建国际铁路枢纽和国际航空枢纽基础之上的产业发展。

（2）成都都市圈国际性航空枢纽共建情况：成都“一市两场”发展迅速，成资联合发力还待增强

从机场枢纽建设情况看，成都市已经成为除北京外唯一拥有两座4F机场的城市。其中，2019年成都双流机场旅客吞吐量5585万人次，仅次于北京首都、香港、上海浦东和广州白云机场。同时，成都双流国际机场拥有三个航空货运站，总面积达到10.7万平方米，每年可以处理多达150万吨的货邮运输，是中国中西部最大的综合货运站，从成都双流国际机场出发的航空运输，已经成为成都电子制造业的最主要物流通道。此外，天府国际机场一期工程航站楼设计年旅客吞吐量4000万人次，设12个货机位、货运站及相应货运设施，总建筑面积约6.5万平方米，可满足年货邮吞吐量70万吨的要求。因此，成都市的航空枢纽地位已经基本稳固。

相比成都市的发展，成都都市圈内部的机场建设则略显缓慢。《四川省通用机场布局规划（2016～2030年）》提出将在成都都市圈新建11个通用机场，其中在成都建设5个通用机场，德阳建设1个通用机场，眉山建设2个通用机场，资阳新建3个二类以上通用机场，如表20所示。但从进展上

看，除成都金堂的淮州机场于2021年6月正式通航外，都市圈内规划的其他通用机场目前都尚未开工建设，推进速度相对滞后。而且，《成都都市圈发展规划》中确定的三个城市候机楼项目中，天府新区城市候机楼和资阳城市候机楼项目进展相对较慢。由此可见，资阳尚未形成对成都航空交通枢纽的分担与有效支撑，从而成资在成都国际性航空枢纽打造上的联合发力还不够强。

表8　成都都市圈通用机场情况

所属市域	现有通用机场数量	现有通用机场名称	规划通用机场数量	规划通用机场所在区位
成都	1	新津机场	5	龙泉驿区、都江堰市、崇州市、金堂县、郫都区
德阳	1	广汉机场	1	什邡市
眉山			2	洪雅县、丹棱县
资阳			3	雁江区、安岳县、乐至县

资料来源：根据相关资料整理而得。

（3）成都都市圈国际性铁路枢纽共建情况：整体稳步提升，成德国际铁路物流枢纽共建初显成效

从国际性铁路综合枢纽共建情况看，整个都市圈的铁路枢纽地位正在稳步提升。目前成都主枢纽“四主三辅”（四个主站为成都站、成都东站、天府新站、东部新城站，三个辅站为十陵站、成都南站、成都西站）客站布局得到优化提升，“2+4+N”（2个一级铁路货运站为城厢站、寿安站，4个二级铁路货运站为淮州新城高板站、天府机场北动货站、新兴站、普兴站，N个辅站为天府机场南站、大弯站、新都站等）三级物流节点网络加快形成，成都国际铁路港、成都天府国际机场与省内外铁路枢纽实现联动发展（见表9）。从中可以看出成都都市圈客货枢纽铁路站点网络已基本形成。而且随着干线铁路、城际与市域铁路的加快布局建设，德阳、眉山、资阳作为成都都市圈向北、向南、向东的出川大通道节点城市，其对于成都市国际性铁路枢纽地位的支撑作用不断提升。

表 9　成都都市圈各城市主要铁路客运站点基本情况

所属城市	站点		车站等级	连接线路
成都	客运主站	成都站	特等站	成渝铁路、宝成铁路、成昆铁路、达成铁路、成灌铁路
		成都东站	特等站	遂成铁路、成渝客专、西成客专、成贵客专、成都枢纽东环线
		天府新站	特等站	建设中
		东部新城站		已规划
	客运辅站	十陵站		已规划
		成都南站	三等站	成蒲铁路、成都枢纽西环线
		成都西站	三等站	成昆铁路、成渝客运专线、成贵客运专线、成绵乐客运专线
	一级铁路货运站	城厢站		达成线、宝成线、成都北环线
		寿安站(蒲江)		规划中
	二级铁路货运站	淮州新城高板站		已规划
		天府机场北动货站		已规划
		新兴站	四等站	宝成铁路
		普兴站	四等站	成昆铁路
	铁路货运辅站	天府机场南站		规划中
		大弯站	二等站	成都北环线铁路、成兰铁路
		新都站	四等站	宝成铁路
德阳	德阳站		二等站	宝成铁路、西成客运专线、成绵乐客运专线
	德阳南站(客运站)			宝成铁路
	黄许镇站(货运站)		四等站	宝成铁路
	罗江站(货运站)		四等站	宝成铁路
	罗江东站(高铁站)		二等站	西成客专
眉山	眉山站		三等站	成昆线
	眉山东站(高铁站)			成贵客专
	彭山站		四等站	成昆线
	彭山北站(高铁站)			成贵客专
资阳	资阳站		三等站	成渝铁路
	资阳北站(高铁站)			成渝客专
	资阳西站(高铁站)			成自高铁

资料来源：根据相关资料整理而得。

与此同时，国际物流体系建设也在加速，成都国际铁路港是四川省唯一的国际铁路货运枢纽，在整个西部都具有重要地位。围绕成都国际铁路港，其他城市尤其是德阳市加快与其的合作渠道探索。2020 年 11 月，成都国际铁路港与德阳国际铁路物流港签署两港一体化运营合作协议，在德阳国际铁路物流港挂牌“成都中欧班列德阳基地”和“蓉欧+东盟国际班列德阳基地”，共同打造“蓉德欧枢纽”，推动成都国际铁路港和德阳国际铁路物流港实现功能互补、错位发展，并有力支撑成德临港经济产业协作带。都市圈内部重要物流枢纽建设布局情况如表 10 所示。

表 10　成都都市圈重点物流枢纽项目情况

所属城市	枢纽名称	所在区位	规划面积	建设进展
成都	成都国际铁路港	成都青白江	21 平方公里（后续将继续扩建）	一期建成
	成都国际铁路港淮州辅港	成都金堂	3.7 平方公里	建设中
	成都国际铁路港大港区农副产品专业物流港	成都彭州	2704 亩	建设中
德阳	德阳国际铁路物流港（黄许物流园）	德阳市旌阳区黄许镇	50 平方公里	建设中
	什邡蓉北临港（高铁）快运物流园	德阳市什邡市		建设中
眉山	眉山青龙物流园	眉山市彭山区	4000～5000 亩	一期建成
资阳	资阳公铁物流港	资阳市安岳县	19 平方公里	建设中
	成渝紫微商贸物流产业功能区	资阳市雁江区	近期规划约 5.3 平方公里（8000 亩），远期规划 15 平方公里（22500 亩）	建设中

资料来源：根据相关资料整理而得。

（二）成都都市圈基础设施一体化建设布局的制约

1. 先天地理条件的制约

成都都市圈地处长江上游，横跨国家地势第二级阶梯，地形地貌丰富多元，西部为横断山脉东缘的龙门山—邛崃山，中部区域为成都平原，东部区域为川中丘陵，总体形成“两分山地，四分平坝、四分丘陵”的自然地理格局。区域范围内地质灾害类型主要有滑坡、崩塌、泥石流地面塌陷和不稳定斜坡，其中巨型规模的泥石流9处、地面塌陷多处；龙门山为地质灾害高易发区，龙门山断裂带活跃程度相对较高。从土地供给来看，成都都市圈建设用地面积5861平方公里，仅占都市圈总面积的17.7%。总体来看，大规模基础设施建设受到成都都市圈地形、地质、用地规模与自然资源条件的限制。

2. 建设资金保障性不足

成都都市圈基础设施建设力度大，推进范围广，面临巨大的基础设施项目建设任务，同时也需要大规模建设资金。根据国家统计局的统计口径，基础设施投资资金的来源主要包括国家预算内资金、国内贷款、自筹资金、外资和其他资金。其中，前三者占比通常超过90%，包括一般公共预算、专项债、特别国债、城投债、PPP等资金来源。成都都市圈基础设施建设资金除向上争取国家资金支持外，仍主要依赖于地方财政支出、城投债和PPP等资金募集方式。其中，除作为副省级城市的成都的财政实力较为雄厚外，其他城市财政支持能力有限；从地方政府债务负担来看，截止到2021年8月10日，资阳市的负债率较高，达到44.8%，成都、德阳的负债率分别为19.4%和15.8%，眉山的负债率位于20%～30%区间，但地方隐性债务规模高企，仍存在较大风险①；PPP模式发展迅速，但社会投资人对参与大型基础设施建设投资正变得日益审慎。成都都市圈基础设施大规模建设布局需要突破建设资金来源相对单一、规模相对不足的制约。

① 《固定收益主题报告：四川城投平台梳理（上）》，http：//stock. finance. sina. com. cn/stock/go. php/vRe－port_ Show/kind/lastest/rptid/681899986569/index. phtml。

3. 有效合作机制尚未完全建立

从合作机制上看，成德眉资四市之间建立了多种维度的合作路径。但成都作为副省级城市，相比其他三市具有更雄厚的财政实力和更多的宏观调控手段，制定的政策更加开放灵活，而德阳、眉山和资阳三市很难给出相似的政策红利，这可能导致成都都市圈在地区之间实质性合作过程中存在较大政策落差以及较高难度的政策协调。在基础设施建设方面，更多体现在新型基础设施建设、国际性交通枢纽建设过程中，成德眉资如何实现与成都错位但协调的发展，形成成都都市圈作为一个整体的聚合力与竞争力，这仍需要进行更为细致、深入的合作机制探索。

4. 相关实体产业支撑不足

基础设施的发展最终需要产业的支撑。不论是传统基础设施的可持续发展与高效利用，还是新型基础设施的建设布局与高质量发展，抑或是国际性交通枢纽的打造，都需要与之相匹配的产业和产业集群的基础支撑。从目前来看，成德眉资四市普遍追求“大而全”“小而全”的产业体系，主导产业布局较为相似，区域内产业协作配套能力不强，横向竞争激烈，纵向合作较为不足，尚未形成“成链成群”抱团发展的格局。新型基础设施及相关产业尚处于初期发展阶段。总体而言，成都都市圈现有产业基础支撑还不够坚实。

二　国内外都市圈基础设施一体化建设布局的经验启示

（一）政府主导的同时，应该努力寻求多元社会主体进入

在城市群、都市圈基础设施一体化发展过程中，政府的规划、管理、协调与引导十分关键。但仍需认识到城市群一体化的实质是在合理分工和充分协作的基础上形成的区域共同利益，并实现区域共同利益的最大化。这种共同利益的形成和实现，归根结底还是要依赖于市场机制。从国内外城市群都市圈一体化的发展实践来看，无论是城市群内基础设施供给、产业结构调整，还是人口聚集流动，都主要是在市场机制的作用下，有序地在城市群内的中

心城市与周围区域之间进行。而且，基础设施建设往往具有投资大、周期长、回收速度慢等特征，这也使得完全依靠政府力量进行建设难以实现。因此，要在发挥政府主导作用的同时，借助市场机制，努力吸引并寻求多元市场主体进入，以更高效、更经济的方式推进都市圈基础设施一体化布局建设。

（二）要重视和确保发展规划的科学性、前瞻性与约束性

制定科学、合理的发展规划是促进整个城市群协调统一发展的重要保障。做到科学规划，必须处理好城市规划建设中面临的城市经济、社会、人口、资源、环境协调发展问题，解决好空间布局问题和现代化水平提升问题，实现都市圈范围内基础设施、产业、人口、功能等空间布局的协调统一。在基础设施规划布局上，尤其要加强科学布局，强化内畅外联。从国内外都市圈发展经验来看，科学、合理的规划还需要根据都市圈先天地理条件、自然资源禀赋，明晰相应的水资源、生态保护、永久基本农田和城镇发展边界等刚性约束，处理好过去、现在和未来的关系，形成具有前瞻性与约束性的都市圈发展规划，这也将为都市圈高质量发展争取更大空间。

（三）不仅要重视交通基础设施，也要重视其他基础设施

交通基础设施建设是都市圈一体化的重要内容和“先手棋”。但伴随城市群人口经济活动的高度集中，资源短缺、环境污染、各类灾害等威胁也会伴随发生；城市间各类要素流动性的增强，对要素流动的硬件条件、顺畅性、安全性和稳定性等提出了更高要求，核心城市与边缘城市、城市与农村间发展不均衡问题也会出现，区域性公共问题不断涌现，因此，实现城市群、都市圈的高质量、高能级发展，不仅要重视交通基础设施，还要关注与人民生活密切相关的生态环境保护、资源统筹利用、公共服务均等化提供等方面的基础设施建设，这也是最终决定城市群、都市圈可持续发展与发展质量的重要内容。

（四）城际高快速通道是都市圈建设的抓手，但要配合产业合作

优先打通城际高快速通道，形成都市圈对内对外交通网络主干道，是都市圈建设的重要抓手。但物理基础设施联通的效果及其效率，仍需以都市圈内外人流、物流相支撑。而人流、物流的重要推动力则来源于都市圈密切的

产业合作。以东京都市圈为例，为了解决当时大型制造业和城市人口过度集中于东京的问题，1962 年日本政府通过了《工业布局限制法》限制企业在东京设厂，同时在都市圈内加速发展干线及市郊铁路并进一步通勤化，推动形成了东京都市圈产业布局沿交通干线分布的带状产业密集区。此后，通过鼓励东京周边县市的产业功能集聚以及东京全面经济转型升级，东京都内各区都拥有了自身的专业化部门及其在各自专业领域构建的关联配套产业，实现了区域专业化分工、密切的产业合作，这不仅强化了对都市圈内基础设施的高效利用与进一步建设，还给东京及其大都市圈赋予了新的活力和竞争力。

三　成都都市圈基础设施一体化建设布局的支撑服务目标及原则

（一）成都都市圈基础设施一体化建设布局的支撑服务目标

1. 加快成渝地区双城经济圈的进程

自成渝地区双城经济圈战略提出后，成渝两地都将推动双城经济圈建设作为头等大事，基于《成渝地区双城经济圈建设规划纲要》，围绕一体化发展目标，成渝两地既对建设双城经济圈涉及的领域进行了系统谋划和布局，又紧锣密鼓地推动了双城经济圈各项任务的不断深入和落实，已经形成了横向铺开与纵向突破协同推进的战略实施框架体系，有力地支撑了成渝地区双城经济圈战略的顺利进行。① 基础设施建设属于成渝地区双城经济圈横向铺开的重要领域之一，也是最早开始推动的领域，理应在接下来的纵向推进环节成为重点对象。成都都市圈内部的基础设施一体化建设布局是整个成渝地区双城经济圈基础设施一体化建设布局的重点，也是成渝地区双城经济圈一体化的难点。因此，未来必须以提高成渝地区双城经济圈内部区域一体化发

① 蔡之兵：《成渝地区双城经济圈如何学习借鉴京津冀协同发展经验》，《先锋》2021 年第 3 期。

展水平为目标，加快推动成都都市圈内部基础设施建设。

2. 有力推动成都都市圈的形成

2020 年 1 月，在中央财经委员会第六次会议召开后两周时间内，四川就成立了以四川省委常委、成都市委书记为组长的四川省推进成德眉资同城化发展领导小组。在第一次成德眉资同城化推进会议上，小组明确提出要把加快成德眉资同城化发展作为推动成渝地区双城经济圈建设的“先手棋”。从后续该小组的多次会议精神和任务部署看，基础设施尤其是交通基础设施的一体化已经成为成都都市圈建设的重中之重。相比于其他平原地区的都市圈，成都都市圈地理条件并不突出，通过高水平基础设施建设来破解地理条件导致的空间隔离从而加快成都都市圈的形成是接下来很长一段时期的重要任务。与此同时，成都都市圈也开始在公共服务基础设施、政务基础设施、数字基础设施等领域开始推动一体化，这也是加速成都都市圈迅速走向成熟的关键。

3. 提升成都交通枢纽地位

成都市是成都都市圈的核心，也是成渝地区双城经济圈的核心之一。在当前区域与城市竞争格局中，城市在交通网络中的地位某种程度上会决定城市的兴衰。从国内主要交通枢纽城市的比较看，成都的航空具有绝对优势、铁路与公路具有相对优势、水运处于绝对劣势、其他基础设施类型具有竞争优势。在这种背景下，成都应通过提升都市圈内部基础设施建设与一体化水平，在不断提高成都自身交通区位优势、政务服务设施水平的基础上，增强都市圈作为整体区域在全国交通、通信、政务服务等基础设施网络体系中的吸引力，为成都市交通枢纽地位的提升奠定基础。

4. 提高成都总体发展能级

与纽约、伦敦、东京、北京、上海、香港等世界级城市相比，成都市的发展能级仍然不够。这不仅体现于经济总量指标，比如 2020 年成都市的 GDP 为 17000 亿元，距离 2 万亿元仍有较大距离，与上述 2 万亿元、3 万亿元、4 万亿元甚至 5 万亿元的城市相比，差距相当明显。与此同时，成都市的城市基础设施硬件水平、交通区位优势、政务服务设施水平与这些城市相比，同样存在巨大差距。成都目前的发展功能定位是全国重要的经济中心、科技中心、金融中心、文创中心、对外交往中心和国际综合交通通信枢纽，远期目标是泛欧泛亚有重要影响力的国际门户枢纽城市以及泛欧泛亚区域性的经济中心。无论是前面五个中心定位的实现，还是后面泛欧泛亚区域性经济中心目标的实现，都离不开高水平基础设施作为支撑。因此，加快成都都市圈基础设施建设与一体化水平是成都顺利建成五个中心的重要支撑，也是提升成都总体发展能级的最大保障。

5. 增强其他城市发展能力

提高基础设施一体化水平的目标不仅仅在于提高成都市与周边城市的关联程度，更重要的是通过提高基础设施一体化水平来增强成都都市圈内部其他城市的发展能力。相比于成都市，都市圈内部其他城市的发展水平、发展基础、发展能力的差距都非常明显，提高成都都市圈内部基础设施建设与一体化水平必须瞄准这些后发城市的发展所需，做到精准施策，帮助这些城市解决发展短板，增强这些城市的发展能力，最终实现成都都市圈的整体发展。

（二）成都都市圈基础设施一体化建设布局的原则

1. 处理好政府与市场的关系

从建设主体看，成都都市圈基础设施一体化建设布局必须处理好政府与市场的关系。通过梳理比较国内外其他成熟都市圈的基础设施一体化建设布局案例，可以发现由于基础设施投资规模大、回报期长、直接收益率低，政府必须在都市圈基础设施一体化建设布局中发挥主导作用，否则基础设施一体化建设就难以推动。同时由于核心城市与周边城市的经济与财政实力差距较大，在投资过程中，必须处理好核心城市如成都市与其他周边城市的投资关系，成都理应发挥带头示范作用。在确保政府发挥主导作用的前提下，根据基础设施类型，精准引入市场主体，灵活运用市场机制，通过合理确定市场模式来统筹推进基础设施一体化建设。

2. 处理好长期与短期的关系

相比于其他领域的工作，基础设施领域的工作具有特殊性。一方面，基础设施投资效果短期难以见效，需要在较长时期内才会产生作用，这就要求在推动基础设施一体化建设过程中，必须具有战略定力，坚持久久为功，不折不扣地根据成都都市圈发展规划来推动基础设施一体化建设。另一方面，基础设施的内涵也是处于动态演变过程中，随着各种新技术的涌现，基础设施的类型与范畴也在不断拓宽，这就要求在推动成都都市圈基础设施一体化建设的过程中，必须具有前瞻眼光，适当超前布局，为未来可能出现的基础设施预留空间。以铁路技术为例，从时速 200 公里和 250 公里的动车组到时速 300 公里和 350 公里的高铁列车，再到近日研发成功的时速达到 600 公里的高速磁悬浮列车，铁路技术的三级跳仅仅用了 15 年左右的时间，同样的情况也发生在通信领域。因此，成都都市圈基础设施一体化建设必须处理好短期与长期的关系。

3. 处理好内部与外部的关系

基础设施尤其是交通基础设施本身具有通达性，这就意味着基础设施一体化建设水平的提高，会让不同区域间产生关联效应，这就要求推动成都都市圈基础设施建设要重视内部与外部的关系。一方面，要重视成都都市圈这一“小圈”与成渝地区双城经济圈这一“大圈”的关系，在推动成都都市圈基础设施一体化建设的同时，要依据成渝地区双城经济圈的基础设施布局思路，寻找两圈基础设施建设的接口，让大圈引领小圈、小圈支撑大圈、大圈小圈融合发展。另一方面，也要重视成都都市圈、成渝双城经济圈与外部区域的关系，由于我国长期坚持基础设施全国均衡布局的思路，任何一个地区的基础设施建设都会与全国基础设施建设产生关联效应。因此，要瞄准国家各类基础设施布局规划，不断提高成都都市圈基础设施建设水平的超前性、引领性与融合性。

4. 处理好有形与无形的关系

基础设施类型众多，在推动基础设施建设过程中，要重视有形基础设施类型与无形基础设施类型的关系。一方面，要大力推动交通基础设施、通信基础设施的建设进程，这是形成都市圈的主要工具，也是促进都市圈内部要素快速流动的载体。另一方面，也要重视政务服务设施、政务软件等无形基础设施的一体化建设工作，推动都市圈内部形成统一的政务服务体系，为都市圈最终达到高度甚至完全一体化水平破除隐形障碍。

5. 处理好基础设施与产业合作的关系

基础设施对都市圈形成的作用顺序是第一位的，但是作用程度并不是第一位的。从国内外成熟都市圈的形成历程看，都市圈内部能否形成分工合理的产业网络体系将直接决定都市圈最终的成败。因此，在推动成都都市圈基础设施一体化建设的过程中，必须将基础设施建设与产业培育、产业合作等任务紧密衔接，甄别不同产业对基础设施建设的需求并据此来推动基础设施建设，提高基础设施建设对产业网络体系的支撑能力。

四　加快成都都市圈基础设施一体化建设布局的路径建议

（一）“基”——夯实基础工作

都市圈基础设施一体化建设布局是一个复杂的系统工程，同时涉及多个领域的具体工作。在推动成都都市圈基础设施一体化建设的过程中，首先要夯实基础工作。一方面，要尽快构建与城市发展相关的信息基础设施建设，通过传感器技术、条形码技术、智能终端、RFID 技术、影像采集、卫星遥感、无人飞机摄影、三维激光雷达和卫星定位技术等实现对城市发展人口、地理、水利、环境、建筑、基础设施等各方面元素的信息采集。另一方面，要构建系统化的基础设施信息数据库层。要在数据信息海量采集的基础上，构建自然资源和地理空间基础数据库、人口基础数据库、法人单位基础数据库、宏观经济基础数据库和地名地址基础数据库五大基础数据库，同时以地理空间基础数据库为核心，以地区间区位关系与发展关系整合五大基础数据库为有机整体，为全面加速推动成都都市圈基础设施一体化建设提供参考和接口。

（二）“点”——不断增强枢纽地位

《国家综合立体交通网规划纲要》是未来三十年我国交通领域发展的最高指示。该文件明确了成都市的枢纽地位。未来推动成都都市圈基础设施建设一体化水平必须坚持以不断增强成都市的交通枢纽地位为核心。

第一，要统筹推进成都市航运、铁运、陆运基础设施建设。要尽快研究国家综合立体交通网规划的核心精神，梳理出建设国家综合立体交通网的成都方案，加大与国家发改委、民航局、国铁集团协调力度，申请参照铁路“三进”列车班列的优先开行和资源配置待遇，实现铁路、民航和公路到达成都的最大程度优先安排制度保障，确保成都实现到达全国主要城市的最大通达性，真正支撑起国家西部交通极的功能定位。

第二，加快提升航运枢纽地位。一方面，要加快推动成都天府机场、双流国际机场“两场一体”运行，超前做好天府机场扩建工作的规划工作，按照1.4亿~1.6亿人次客流量的终期规模规划天府机场改扩建工程。同时，要参照东京羽田机场、上海虹桥机场的经验，改造优化提升双流机场的设施设备，按照国际一流商务服务的最高供给标准重新定位双流机场的功能，打造全球性航空枢纽。另一方面，要大力在天府机场周边发展航空相关产业，协调民航局加大对成都地区民航科研院所、创新示范区及中国民航飞行学院天府校区的投资力度，鼓励与中国民航飞行学院、西南交大、川大、电子科大合作，探索航天产业的产学研发展路径。

第三，要强化成都铁路主枢纽功能。一方面，要集中力量，加快成都站改造进程，争取国铁集团超前设计和批复新的成都铁路枢纽总图布置图，尽快高标准重建成都站，同时高标准新建十陵南、天府、东部新区三座大型铁路枢纽站，缓解目前日趋紧张的铁路站房站线资源，增强成都铁路枢纽地位。另一方面，要参照东京的铁路管理运营经验，加快成都铁路枢纽环线建设速度，尽快实现干线铁路进入成都枢纽的多点接入、灵活到发，极大方便旅客在超大城市的多点到达需求，保证枢纽内部的资源灵活共享和路网机动性。

（三）“线”——全面打通基础设施线路

基础设施是运输要素的主要工具，保障基础设施线路的密度与通畅度是成都都市圈基础设施一体化建设的重要方向。

第一，要加快成都市与周边城市的交通线路建设，统筹布局以成都为中心枢纽的多层次多制式轨道交通网络，加强都市圈内部城际和市域（郊）铁路等快速交通对接，加快建设成德、成眉、成资市域（郊）铁路和成都都市圈环线铁路等轨道交通项目，打通成渝中线、成达万、成自宜等高铁大通道，构建1小时通勤圈。

第二，结合成都交通枢纽地位与构建国土开发保护格局的要求，加大沿江大运力货运铁路、成都—遂宁—广安—忠县—黔江高铁、成都—三台—巴中—安康—郑州铁路、成都—格尔木铁路等路线的申请和推动力度，同时，积极筹备和及时向国家申请西成二线高铁、成都—美姑—攀枝花—昆明高铁等高铁储备项目。

第三，要着重提升成都市内部交通网络的便捷与通达程度。协调交通运输部和四川省有关部门，将绕城高速退出国家高速路网并转变为免费城市道路，缓解成都市区高速拥堵的现状。同时，加快优化改造进城高速公路的路面质量，科学布置各邻近高速路的接入点，积极协调华为、腾讯、高德等知名企业的智慧城市、人工智能等新技术，不断增强成都公路交通智能化管理能力，提升成都城市道路的通达与便捷程度。

（四）“网”——构建基础设施网络

由于基础设施的通达属性，网络化是发挥基础设施对经济发展促进作用的关键前提。因此，要加快成都都市圈基础设施建设“一张网”的速度。

一方面，要统筹信息网络和市政设施建设，推动传统基础设施数字化改造升级，加快建设成都都市圈政务服务的“一张网”，实现都市圈内部各个城市在公共管理、政务服务、社会治理、空间地理等领域的协同治理。另一方面，要在成都都市圈内部协同布局建设5G、工业互联网、人工智能、数据中心等新型基础设施，推动5G规模化组网及商用，先行探索跨行业信息基础设施共建共享，协同推进综合管廊等市政设施跨区域布局，统筹垃圾处理厂、污水及污泥处理处置设施等规划建设，推动供水、供电、供气等管网合理衔接。

（五）“体”——建立适应基础设施一体化要求的协调体制

基础设施一体化是成都都市圈建设的起点，它会影响后续成都都市圈的一系列其他领域。因此，在推动基础设施一体化达到更高水平的过程中，必须未雨绸缪、及早谋划，加快建立适应基础设施一体化要求的协调发展体制。在这一过程中，最根本和最紧迫的任务是尽快设立正式的都市圈办事机构。目前，无论是国家层面还是地区层面，与区域协调发展和都市圈相关的战略文件都非常多了，但是从推动都市圈建设的实际需求看，目前缺乏一个超越行政边界，能够实现都市圈内部统一规划与发展的组织和机构。成都都市圈可以学习东京都市圈的大都市圈整备局和长三角一体化先行示范区管委会的经验，尽快设立实体的成都都市圈管委会或其他类似机构。

ℝ.29

成都都市圈公共服务同城化发展研究

人民是都市圈发展的重要参与者，也是都市圈发展成效如何的最终体验者。2019年，国家发改委发布的《关于培育发展现代化都市圈的指导意见》指出，都市圈建设要坚持以人民为中心的发展思想，推动公共服务共建共享，为城市群高质量发展、经济转型升级提供重要支撑。为提升成都都市圈同城化水平，解决内部发展水平差异过大、中心城市辐射带动能力较弱的问题，应注重公共服务体系在都市圈范围内优化布局和服务共享，构建起适应都市圈发展需要的公共服务体系，促进公共资源合理配置，提高都市圈教育、医疗、养老等公共服务同城化水平，持续缩小区域内居民的生活水平差距，加快促进实现高品质幸福都市圈建设目标。

一　公共服务同城化发展的逻辑基础

（一）公共服务同城化的实质内涵

公共服务同城化是在城市群、都市圈发展背景下，“公共服务均等化”“公共服务一体化”等相关概念的进化演变。受我国经济历史发展制约，我国的社会政策包括公共服务政策都是建立在城乡分割、地域分割的逻辑基础之上的，呈现“二元”甚至“三元”[①] 的社会政策体系，地区差距与福利的地域不平等制约着社会政策的集中化、均衡化发展。[②] 随着经济社会的发展，社会政策在经济发展和社会进步中的作用被重新发现，教育、医疗、住

① “三元”指城市、乡村、农民工。

② 岳经纶、邓智平：《“幸福广东”：一种社会政策学的解读》，《广州大学学报》（社会科学版）2012年第4期。

房等社会民生问题日益得到高度重视，2005 年《中共中央关于制定“十一五”规划的建议》中首次提出“公共服务均等化”概念，党的十九大报告强调 2035 年基本公共服务均等化基本实现，使全体公民都能公平可及地获得大致均等的基本公共服务，实现公共服务的社会保障兜底功能。

在都市圈的语境下，公共服务同城化发展实际上是实现公共服务均等化、一体化的一种途径，或者是一个发展阶段。都市圈作为我国区域新一轮发展的主要载体，是城乡融合发展的重点依托地域，也是高度融合的城乡生产生活空间，都市圈通过产业结构的优化调整、公共服务的再配置，有利于将各类公共服务资源向农村地区、城乡交界地带、不发达地区延伸，最终推动公共服务均等化目标的实现。基于此，公共服务同城化的发展就是指在都市圈经济发展的基础上，从都市圈发展的层面，统筹考虑医疗、教育、文化、体育等各个领域，优化公共服务设施布局、强化公共服务设施供给能力、构建公共服务共享机制等，最终在都市圈内形成配置合理、结构优化、人人共享的公共服务体系。[①] 而考虑到都市圈内城市之间经济、社会发展水平的差异，要实现公共服务同城化一般需要经过两个阶段：第一阶段为“补差”阶段，即在承认各个地区经济状况及人民生活需求存在差异的前提下，保障所有居民都享有一定标准之上的基本公共服务，实现“底线均等”，这一阶段的重点是提升落后地区的公共服务水平；第二阶段为“提质”阶段，要求在前期打破壁垒、共建共享的基础上，建立起标准统一的公共服务体系供给机制，使各地公民共享同等水平的公共服务。当然，公共服务同城化并不是要求每个城市的公共服务完全一致，而是以适应本地区经济状况、适应本地区人民生活需求为前提。[②] 都市圈既要制定公共服务整体规划，又要考虑各地群众反映最强烈、需求最紧迫的公共服务项目，才能获取都市圈公共服务的最佳效益。

---

① 廉军伟：《都市圈协同发展理论与实践》，浙江工商大学出版社，2016，第 94 页。

② 王文妤、阴雪颖：《京津冀一体化背景下城市公共文化服务展望》，《辽宁经济管理干部学院学报》2020 年第 1 期。

（二）公共服务同城化发展重点目标与关键环节

在都市圈建设过程中，公共服务同城化发展是都市圈协同发展必须解决的首要问题，为此，需要就制约公共服务同城化发展的重点问题与关键障碍进行梳理分析，确定公共服务同城化的发展目标与重点任务。从公共服务均等发展角度看，公共服务同城化发展需要重点突破和解决的问题包括以下几个方面。

一是公共服务资源无障碍流动。公共服务要实现同城化发展，关键在于实现公共服务同城化发展的各类要素如名师、名校、名医等在都市圈内自由流动，最大限度地发挥公共服务要素的社会价值。

二是公共服务合作机制完备顺畅。由于都市圈内公共服务资源分布不均衡，因此，需要都市圈内各城市加强公共服务资源共建共享的合作机制，各个公共服务机构之间也要加强合作、签订合作协议，在各方面开展交流合作，促进都市圈整体公共服务水平的提升。

三是公共服务供给质量全面提升。通过公共服务同城化建设，最大限度地缩小区域内公共服务要素供给方面的差距，全面建立公共服务清单，以供给质量和便利共享水平显著提高为目标，各领域建设类、管理类服务标准基本完善并有效实施。

二　成都都市圈公共服务同城化发展的资源条件与发展诉求

（一）成都都市圈公共服务资源评估

公共服务资源是提供公共服务的物质基础，公共服务资源的分布也在一定程度上影响着区域内人口的分布，影响着生产力要素的流动。促进都市圈公共服务同城化发展，首先要对四市的公共服务资源包括教育、医疗、社保、文体资源等，进行摸底梳理，在比较分析的基础上明确目前四地在公共服务资源上的差异和发展的短板，从而为进一步推进四市公共服务均衡化发展提供思路。

1. 教育资源四地差距较大，成都占有一半以上的教育资源

2019 年，成都都市圈共有各类学校 6906 所。其中，成都市有 4182 所，在都市圈学校总数中占比超过 60%，德阳、眉山、资阳的占比分别仅为 12.54%、11.93%、14.97%。成都的学校总数不仅在四市中最多，而且比其他三市学校数量之和还多 53.5%（见图 1）。

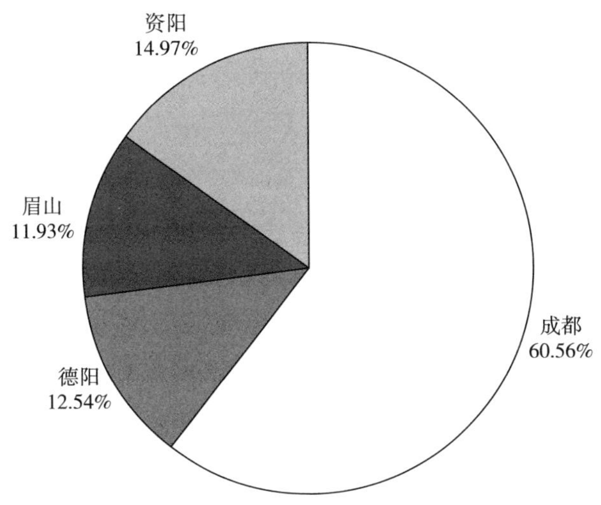

图 1　2019 年成都都市圈各类学校总数分布

资料来源：成都、德阳、眉山、资阳 2020 年统计年鉴。

在各类学校资源中，差距最大的是高等教育。普通高校和成人高校共计 139 所。其中，成人高校 68 所，全部分布在成都；普通高校 71 所，近 80% 在成都，仅有 11 所（7.91%）在德阳、3 所（2.16%）在资阳，眉山则尚无高校（见图 2）。总体上看，都市圈的高等教育资源主要集中分布在成都，且仅有成都的高校能够提供研究生教育。其他三市高校的缺乏意味着当地的高校教师、高学历人才相对缺乏，不利于当地的经济社会发展。

总体来看，成都都市圈范围内各层次教育资源的分布情况，呈现出分异特征。一是高等教育，特别是研究生教育资源高度集中在成都；中小学资源分布则明显更为平均。二是相对于学生数量的师资配备存在分异，如成都拥

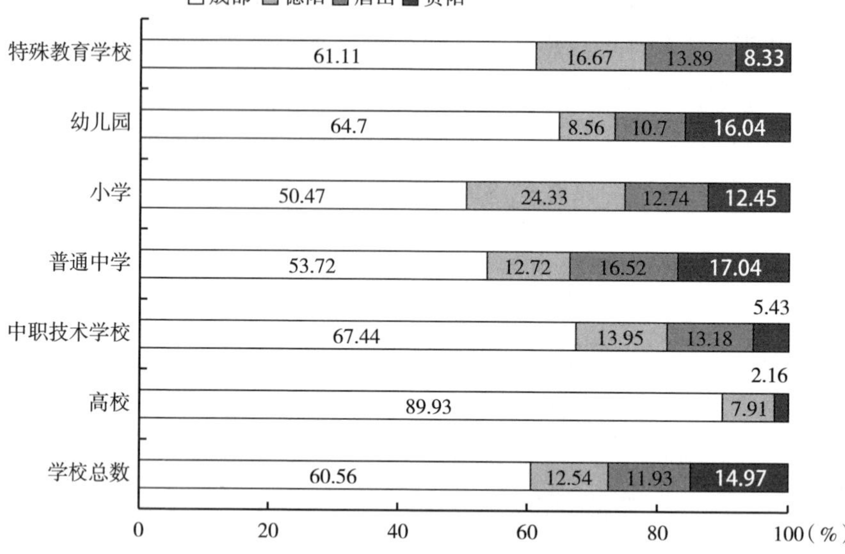

图 2　2019 年成都都市圈各类学校分布情况

资料来源：成都、德阳、眉山、资阳 2020 年统计年鉴。

有更多学前教育专任教师和更多特殊教育学生；资阳可能需要更多小学专任教师；德阳则可能需要更多高校专任教师（见表 1）。

表 1　2019 年成都都市圈每一教师负担学生数汇总

地区	高等教育	中等职业技术教育	中学教育	小学教育	学前教育	特殊教育
成都	17.50	20.02	11.78	17.59	14.27	11.03
德阳	21.95	21.80	11.89	16.30	22.34	4.55
眉山	—	19.70	11.06	16.11	21.98	4.61
资阳	17.95	17.12	12.42	23.20	21.55	5.29
成都都市圈	17.94	19.96	11.80	17.71	15.91	8.93

资料来源：成都、德阳、眉山、资阳 2020 年统计年鉴。

2. 人均医疗卫生资源相对均衡，优质医疗资源集中于成都

2019 年，成都都市圈的医疗卫生机构共计 20514 个。其中，成都的医疗卫生机构共计 12121 个，分别是德阳、眉山和资阳的 4.30 倍、5.67 倍和

3.53 倍（见图 3）。成都医疗卫生机构总数在都市圈医疗卫生机构总数中的占比从 2018 年的 56.45% 增至 2019 年的 59.09%（见图 4）。

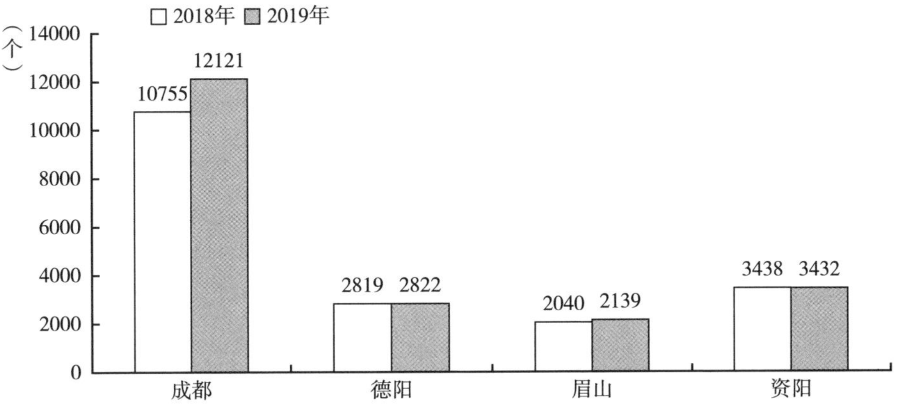

图 3　2018 ~ 2019 年成都都市圈医疗卫生机构总数

资料来源：《四川省卫生健康事业发展统计公报》（2018 ~ 2019）。

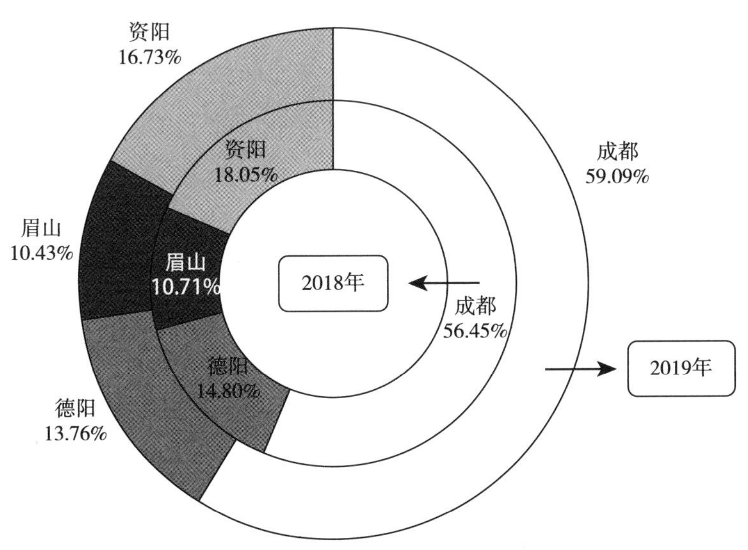

图 4　2018 ~ 2019 年成都都市圈医疗卫生机构总数分布

资料来源：根据《四川省卫生健康事业发展统计公报》（2018 ~ 2019）计算。

从类型来看，成都都市圈的医疗卫生机构主要包括医院、基层医疗卫生机构、专业公共卫生机构以及其他卫生机构等四大类。其中，卫生院、门诊部、社区卫生服务中心等基层医疗卫生机构总数超过1.9万个，四市该类机构数量占比也均在93%以上（见表2）。

表2　2019年成都都市圈医疗卫生机构分类

地区	医院	基层医疗卫生机构	专业公共卫生机构	其他卫生机构	合计
成都	629	11355	76	61	12121
德阳	92	2693	32	5	2822
眉山	86	2026	27	0	2139
资阳	51	3367	12	2	3432
成都都市圈	858	19441	147	68	20514
四川	2417	80499	716	125	83757

资料来源：《四川省卫生健康事业发展统计公报》（2019）。

根据这四大类医疗卫生机构数量在四市的对比分析（见图5），成都拥有的机构数量在每一类中的占比均超过50%，特别是医院和其他卫生机构这两类，占比分别达到73.31%和89.71%。

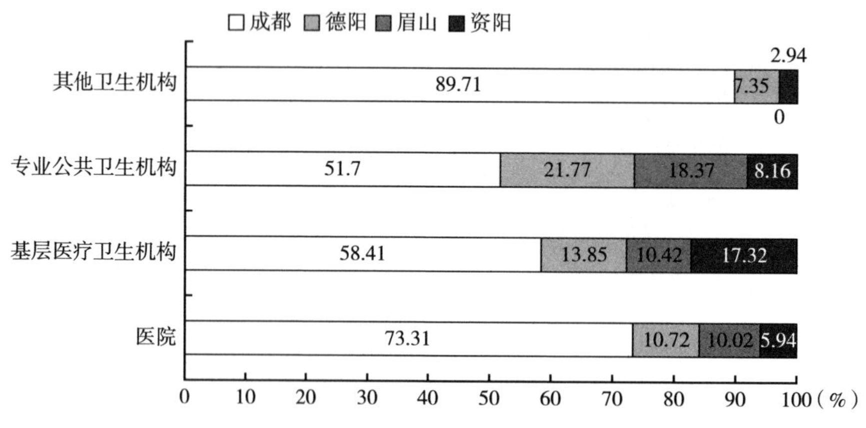

图5　2019年成德眉资医疗卫生机构分类分布

资料来源：根据《四川省卫生健康事业发展统计公报》（2019）计算。

再从医院级别来分析，2019 年，成都都市圈 858 家医院中，共有 81 家三级医院（其中 38 家三甲医院）、188 家二级医院和 102 家一级医院；而这 38 家三甲医院中有 32 家在成都。图 6 进一步反映了各级别医院在四市中的分布，成都拥有的各级别医院在都市圈中的占比均在 63% ~83% 区间。成都在优质医疗资源的占有率上具有绝对优势。

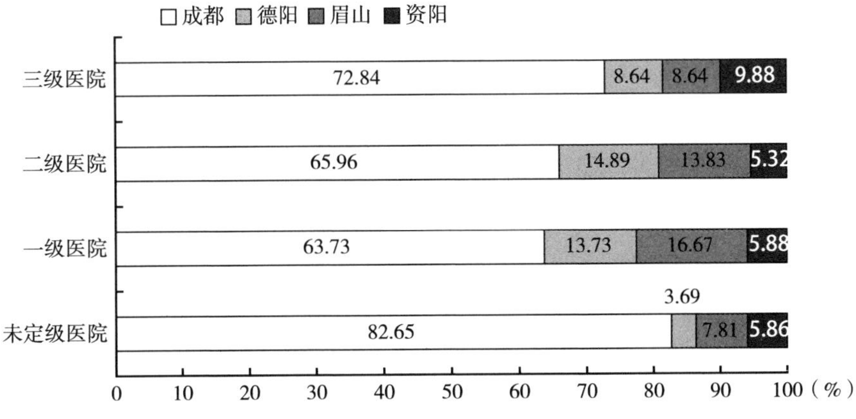

图 6　2019 年分级医院在成都都市圈的分布

资料来源：根据《四川省卫生健康事业发展统计公报》（2019）计算。

尽管成都在医疗卫生资源总数上占据绝对优势，但成都 2020 年常住人口（根据第七次人口普查）占都市圈总常住人口的 70% 以上，故为考察四地人均拥有的卫生医疗资源情况，我们计算了四地每万人拥有的医疗卫生机构数、每千人拥有的医疗卫生人员数、每千人拥有的医疗机构床位数（见表 3 ~5），从计算结果来看，成都市的人均卫生医疗资源并不占优势。

表 3　2019 年成都都市圈每万人拥有的医疗卫生机构数

地区	七普常住人口(万人)	2019 年医疗卫生机构总数(个)	每万人医疗卫生机构数(个/万人)	2019 年医院总(个)	每万人医院数(个/万人)
成都	2094	12121	5. 79	629	0. 30
德阳	346	2822	8. 17	92	0. 27

续表

地区	七普常住人口（万人）	2019年医疗卫生机构总数（个）	每万人医疗卫生机构数（个/万人）	2019年医院总（个）	每万人医院数（个/万人）
眉山	296	2139	7.24	86	0.29
资阳	231	3432	14.87	51	0.22
成都都市圈	2966	20514	6.92	858	0.29

资料来源：根据《四川省卫生健康事业发展统计公报》（2019）、第七次人口普查相关公告计算。

表4　2019年成都都市圈每千人拥有的医疗卫生各类人员数

地区	七普常住人口（万人）	每千人医疗卫生人员数（个/千人）	每千人卫生技术人员数（个/千人）	每千人执业（助理）医师数（个/千人）	每千人注册护士数（个/千人）
成都	2094	11.35	8.84	3.27	4.20
德阳	346	9.27	7.16	2.79	3.07
眉山	296	8.13	6.12	2.27	2.73
资阳	231	8.82	6.50	2.46	2.75
成都都市圈	2966	10.59	8.19	3.05	3.81

资料来源：根据《四川省卫生健康事业发展统计公报》（2019）和第七次人口普查公告计算。

表5　2019年成都都市圈千人拥有的医疗卫生机构床位数

地区	七普常住人口（万人）	每千人医疗卫生机构床位数（个/千人）	每千人医院和卫生院床位数（个/千人）	每千人医院床位数（个/千人）
成都	2094	7.11	6.75	5.91
德阳	346	7.62	7.38	5.24
眉山	296	6.75	6.36	4.40
资阳	231	8.76	8.57	5.63
成都都市圈	2966	7.26	6.92	5.66

资料来源：根据《四川省卫生健康事业发展统计公报》（2019）和第七次人口普查公报计算。

从表3～5可以看出，每万人拥有的医疗卫生机构数，资阳最多，为14.87个/万人，成都反而最少，仅为5.79个/万人；每万人拥有的医院数四地差不多，均为0.25个/万人左右；而每千人拥有的医疗卫生人员数、技术人员数、执业（助理）医师数、注册护士数虽然成都排名第一，但四地差距不大；从每千人医疗卫生机构床位数来看，资阳比较靠前，四地差距也不明显。

3. 社保参保情况各地差异不大，低保人员占比成都最低

根据2019年统计数据，成都都市圈共有1863.81万人参保基本养老保险，整体基本养老保险参保率达到73%。① 其中，成都参保人数最多（见表6）。但是，从各地的参保率来计算，成都基本养老保险的参保率为75%，德阳为62%，眉山为69%，资阳为77%，四地的参保率差别不大，较为均衡。从失业保险和工伤保险的参保率来看，成德眉资四地分别是：成都失业保险参保率32%，工伤保险参保率36%；德阳分别是10%和13%；眉山分别是7%和10%；资阳分别是4%和7%。以上数据显示，成都市的失业保险与工伤保险参保率远远高于德阳、眉山、资阳三市，德眉资三市未来应加强对失业保险与工伤保险的重视，提升参保率。

表6　2019年成德眉资社保参保人数

单位：万人

地区	基本养老保险				失业保险	工伤保险
	总数	企业职工基本养老保险	城乡居民基本养老保险	机关事业单位养老保险		
成都	1243.85	843.57	356.50	43.78	538.67	601.96
德阳	220.51	71.44	138.89	10.18	37.10	47.80
眉山	207.35	43.71	154.47	9.17	19.75	29.75
资阳	192.10	46.42	137.74	7.94	10.90	16.81
成都都市圈	1863.81	1005.14	787.60	71.07	606.42	696.32

资料来源：《德阳市2019年度国民经济和社会发展统计公报》《德阳统计年鉴2020》，成都、眉山、资阳2019年度《人力资源和社会保障事业发展统计公报》。

进一步考察养老保险细分领域的分布情况。在企业职工基本养老保险、城乡居民基本养老保险、机关事业单位养老保险三种细分分类中，企业职工

① 本段中，2019年各类保险参保率，按2019年统计年鉴常住人口计算。

养老保险在四市的分布集中度最高，成都占比近84%；城乡居民养老保险的分布集中度最低，成都占比不足一半（见图7）。这从一个侧面反映了四地的人口结构不同，成都由于城镇化率较高，人口中城镇职工、企事业单位人员较多；而其他三市城镇化率相对低一些，购买城乡居民养老保险的人数相对较多。

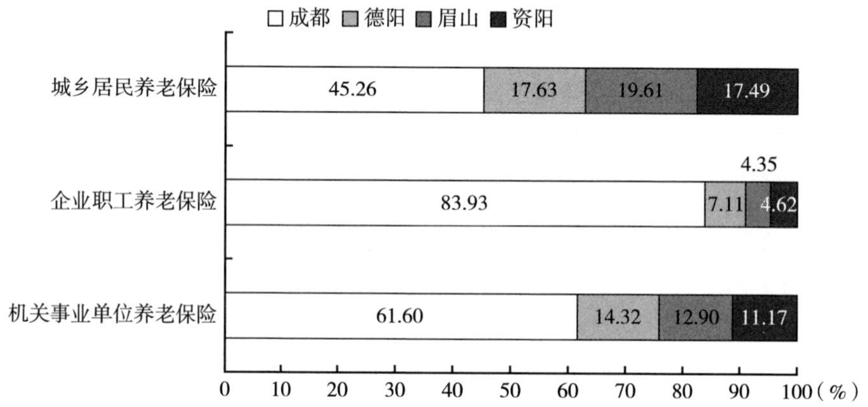

图7　2019年成都都市圈级别养老保险分类分布

资料来源：《德阳市2019年度国民经济和社会发展统计公报》《德阳统计年鉴2020》，成都、眉山、资阳2019年度《人力资源和社会保障事业发展统计公报》。

低保人员的数量一定程度上可以反映一个地区的经济发展水平和人民收入水平。数据显示，2019年，成都都市圈共有超过39万人参保，其中近84%为农村居民。分城市看，城镇居民低保占比最高的是德阳，成都占比略高于1/3；农村居民低保占比最多的是资阳，其次为成都，德阳和眉山占比接近（见图8）。尽管成都市常住人口在都市圈中占比超过70%，但其低保人员占比仅26.39%。这充分说明了成都市的经济发展水平和人民收入水平在都市圈中居于第一位。

4. 养老机构分布不均，成都市养老机构数量具有绝对优势

在养老机构和设施方面，成都的规模远超其他三市。根据四市年鉴以及“国民经济和社会发展统计公报”，截至2019年末，成都共有2248个社区养

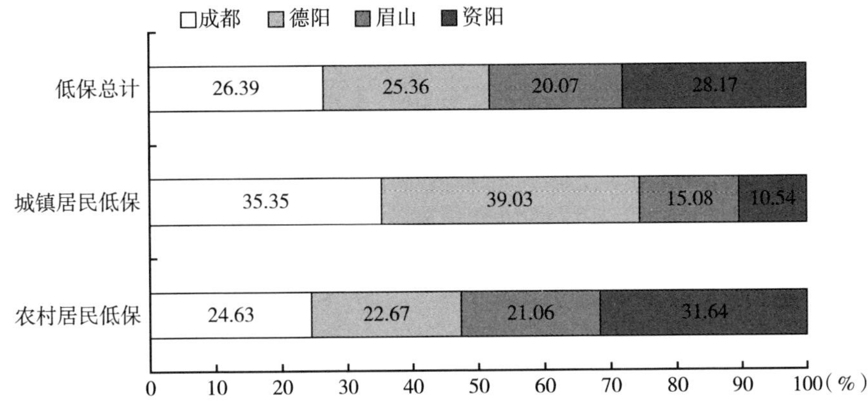

图8　2019年成都都市圈低保人员分布

资料来源：《四川省卫生健康事业发展统计公报》（2019）。

老机构和设施，其中养老机构546家[①]；德阳、眉山、资阳合计拥有养老机构418家，不足成都的77%（见表7）。在养老机构共建共享方面，成都应发挥都市圈核心城市的引领作用，通过合作共建、连锁经营等方式提升德阳、眉山、资阳的养老基础设施水平。

表7　2019年成德眉资养老机构数据

单位：个

地区	养老机构
成都	546
德阳	140
眉山	156
资阳	122
成都都市圈	964

资料来源：《成都市2019年度国民经济和社会发展统计公报》《眉山统计年鉴2020》《德阳统计年鉴2020》《资阳统计年鉴2020》《成都2020年老年人口信息和老龄健康事业发展状况报告》。

① 成都的养老机构有546家，数据来源于《2020年老年人口信息和老龄健康事业发展状况报告》，《成都日报》2021年8月6日。

5. 文化资源四地差异明显，成都市文化资源较为丰富

成都都市圈共有图书馆 40 个，其中成都占比 55%；藏书量（含阅览室藏书）共 2649 万册，其中成都占比近 93%；博物馆共有 66 个，其中成都占比超 74%；文化馆/站共有 36 个，其中成都占比超 61%；广播电视台共有 33 座，其中超过一半在成都（见表 8）。总体来看，在图书馆等文化相关场所和藏书方面，成都在数量上占有绝对优势。

表 8　2019 年成德眉资图书馆及藏书数

地区	图书馆		博物馆（个）	文化馆/站（个）	广播电视台（座）
	图书馆（个）	藏书量（万册）			
成都	22	2456	49	22	17
德阳	7	104	11	7	7
眉山	7	33	6	7	6
资阳	4	55	0	0	3
成都都市圈	40	2649	66	36	33

资料来源：成都、德阳、眉山、资阳 2020 年统计年鉴。

根据 2021 年 8 月国家市场监督管理总局印发的《2020 年全国公共服务质量监测情况通报》，在全国 31 个省区市共 110 个监测城市中，成都居 2020 年度全国公共服务质量满意度第 1 名。在成都都市圈内，成都在教育、医疗、社保、文化体育等方面的资源优势总体上远甚德阳、眉山和资阳，特别是在高级别医疗资源、高等院校资源等方面具有高度集聚效应，这背后也是人力资本的集聚。当然，德阳、眉山和资阳尽管在上述规模和人均方面与成都存在相当差距，但在诸如中小学教育资源、城乡居民养老保险等方面的资源分布则相对平均。

（二）成都都市圈公共服务同城化发展诉求

公共服务同城化的发展要了解都市圈内各城市特别是较落后城市的公共服务需求，从“以供给为中心”向“以需求为中心”转变，充分发挥不同供给主体、需求主体之间的资源优势和信息优势，通过协同合作，各自发挥特长，优势互补、供需互补，以满足都市圈日益多样的公共服务需求，提升公共服务的效率和质量，最终达到公共服务最优，同时实现资源的优化配置。最近两年多，成都市在与德阳、眉山和资阳三市的调研交流中，逐渐明晰了三市对同城化发展的诉求以及在公共服务领域的发展诉求。

1. 对同城化发展体制机制改革的诉求

一是打破行政壁垒促进要素自由流动。三市均希望能打破地域分割，促进各城市劳动力、资本、技术等资源横向输送，相互提供更多的基础设施建设市场，建立完善基础设施投建的利益分享、利益补偿、利益争端调解机制，在基础设施合作上形成稳定长远的利益链，并联合争取省级层面加大资金计划倾斜、金融扶持力度，采取财政补贴和税收返还等转移支付手段，建立城市间的利益协调机制。

二是共同向上争取省级用地支持。在调研中，三市均反映同城化推进过程中存在用地难题，希望争取省上倾斜支持同城化项目用地，实行土地分类管理和差异化供给，优先保障同城化发展核心区域、重点交通项目用地需求。

三是建立成德眉资同城化利益分享机制。三市建议由省上牵头，统筹成德眉资同城化发展大局和地区跨越发展需求，按照平等、互利、协作原则，参照借鉴股份制企业方式，分领域、分类别探索研究建立总部+基地经济、产业转移与协作、园区合作共建、发展“飞地经济”、科研成果异地转化、跨区域项目共同推进、招商引资项目异地落户、公共服务共建共享等利益协调机制，细化研究“资本怎样投、项目怎样落、财税怎样分”以及主要经济指标协商划分，实现成本共担、利益分享、利益补偿、争端调解良性循环，破除行政“隐形”壁垒，充分激发各方合作的积极性、主动性。

四是建立成德眉资同城化发展基金。同城化推进过程中存在资金困难是三市在调研中反映的另一集中问题。希望能充分发挥市场机制作用，整合资源、做强平台，推动国、省属和成都国有企业利用资金、技术、人才优势参与同城化发展。尤其是由省财政支持，省级国有投融资公司和四市政府出资，组建“1+4”（省级和成都、德阳、眉山、资阳）同城化发展基金，并创新设立交通、产业等重点领域子基金，通过市场化、公司化的形式，引导全省社会力量参与同城化发展。

2. 教育方面的诉求

一是优质教育资源共享。建议将优质资源如成都的数字学校资源、教师培训资源等系统在都市圈内共享。推动四市教师培训同步化，四地培训资源相互开放，包括培训基地、培训课程、专家资源等，可自主选择，参与共享。希望成都输出优质公立教育资源，例如四中、七中、九中等的教育资源，促进优质民办学校以品牌连锁、委托管理等多种形式在德眉资地区建设分校或校区，推动跨区域合作办学。二是推进远程教育同城化。加强各市教育信息资源交换共享，推进教育大数据资源平台的开放整合，推动大数据时代远程教育同城化发展，共享优质网络教育资源。三是人才子女就学互通。成德眉资领军人才的子女在四地均享受同等入学待遇。

3. 医疗卫生方面的诉求

一是消除各市医疗保障待遇差异。目前各地医疗保障相关政策不一致，缴费不同，待遇水平存在差异，在门诊特殊疾病的报销比例、职工大病保障、长期照护险制度方面存在较大差距。希望完善医保政策，提高门诊特殊疾病的报销标准，逐步提高德眉资医疗保障待遇水平，减少甚至消除各地医疗保障待遇差异。德眉资三市希望与成都市实现医疗保险缴费年限互认。

二是统一制定成都专家异地坐诊机制，推进医生多点执业进程。建议由四市卫健委牵头协调，根据德眉资医疗学科特点，制订成都专家德眉资坐诊工作计划，定期派遣不同学科医疗专家前往德眉资坐诊带教，让更多的患者在德眉资便可接受更高级别的医疗服务，提升德眉资医务人员的诊疗水平。

三是共建信息平台，医疗信息共享。打通四市全民健康信息平台，实现检验检查结果互通，逐渐实现结果互认；实现公共卫生信息共享，提高共同应对突发公共卫生事件的能力；建立电子病历、电子健康档案等基础资源数据库，通过平台实现各地间医疗信息资源共享。

4. 社会保障方面的诉求

一是推进养老保险服务同城化。养老保险异地转移合并，统筹城乡不同身份群体的基本养老保险制度、跨区域补贴等机制，异地医疗保险结算，长期护理保险、养老服务补贴异地对接等。

二是多方社会资源参与健康养老服务产业。引入国企等公有制资本和民间资本等非公有制资本，制定产业发展充分、公平竞争环境的政策，促进健康养老机构通过市场化的方式运营健康养老服务产业。

三是加大专业人才培养力度，建立专业养老服务团队。建议成都市带头与相关部门建立“医养结合”实训基地，四市积极参与培训老年护理专业技能型人才。建立以一、二级医院及社区医疗服务中心等基层医疗单位全科医生为主、其他卫技人员为辅的医养护同城化服务的家庭医生团队，加大绩效考核评估力度，通过激励机制稳定队伍，留住人才。

三　成都都市圈推进公共服务同城化现状

（一）公共服务同城化工作成效

自四川省委提出成德眉资“主干”建设战略规划以来，成德眉资四市相关部门在四川省推进成德眉资同城化发展领导小组的统筹协调下，通过联席会议加强交流协作，大力推进四市公共服务共建共享，取得了突出成效。2020～2021年，成都214所学校与德眉资三市学校结对，联合组建皮肤、呼吸、心血管等医学专科同盟，1.8万家医药机构开通异地就医联网结算，全面推广居民就医“一码通”，服务人次突破1000万，天府市民云服务延伸至德眉资三市。[①] 公共服务同城化效能渐显，得益于都市圈在公共服务建设中不断

① 参见范锐平书记在四川省推进成德眉资同城化发展领导小组第三次会议上的讲话“优势互补，相互成就，以都市圈理念共同推进成德眉资现代化建设”。

加强顶层设计、完善协作机制、细化公共服务项目与方案。

1. 公共服务共建共享政策体系基本形成

规划是行动的先导。为全面推动成都都市圈建设发展、帮助成都都市圈赢在“起跑线”上，四川省先后制定了《成德眉资同城化公共服务专项规划》《成都都市圈发展规划》，对成德眉资公共服务的各个领域提出了目标要求。同时，四川省推进成德眉资同城化发展领导小组印发《成德眉资同城化暨成都都市圈公共服务共建共享三年实施方案（2020～2022年）》，制定公共服务共建共享政策项目清单，以清单的管理方式推动公共服务重大事项的完成。2020年，成德眉资共出台了20项公共服务共建共享重要文件，基本形成了“规划—方案—行动计划—项目清单”层级分明、领域完整的政策体系（见表9），为成德眉资公共服务同城化建设奠定了坚实基础。

表9　成都都市圈公共服务共建共享相关文件一览

序号	文件名称	发文单位	主要内容
1	《成都都市圈发展规划》	四川省人民政府	从群众急难愁盼入手，搭建公共服务框架，促进公共服务便利共享：打造都市圈现代化教育体系、推动医疗健康同城合作、共促文化体育事业发展、强化社会保障服务对接、深化养老及社会救助协作、协同创新社会治理模式
2	《成德眉资同城化公共服务专项规划》	四川省发改委	公共服务的指导思想、基本原则、发展目标以及六大重点任务：打造一体化现代教育体系、推动优质医疗卫生资源扩容延伸、强化文旅体协同发展、构建社会保障同城化服务体系、共同提升政务服务水平、联动开展社会治理体系建设
3	《成德眉资同城化暨成都都市圈公共服务共建共享三年实施方案（2020～2022年）》	四川省推进成德眉资同城化发展领导小组	制定2020～2022年成都都市圈公共服务共建共享的总体要求、重点任务、重大举措与实施保障，并附都市圈公共服务共建共享政策清单、重大功能性平台清单、重大项目清单

续表

序号	文件名称	发文单位	主要内容
4	《成德眉资同城化暨成都都市圈公共服务共享工作计划》	四川省推进成德眉资同城化发展领导小组	2022年都市圈公共服务共建共享发展目标，安排重点任务与牵头单位、配合单位，并附公共服务共享时间表，明确共享服务任务的完成时间
5	《成德眉资人力资源协同发展示范区建设总体方案》	四川省服务业发展领导小组办公室	成德眉资人力资源协同发展示范区建设的总体要求、重点任务及保障措施
6	《关于推进成德眉资医疗保障同城化发展暨成都都市圈建设三年行动计划（2020～2022）》	成德眉资医疗保障同城化发展暨成都都市圈建设工作领导小组办公室	成德眉资医疗保障同城化发展的指导思想、工作目标、推进步骤，2020年、2021年、2022年工作任务及牵头单位
7	《关于成立推进成德眉资医疗保障同城化发展暨成都都市圈建设工作领导小组的通知》	四川省医疗保障局	工作领导小组人员名单及职能职责
8	《成德眉资医疗保障同城化发展暨成都都市圈建设工作领导小组工作规则、领导小组办公室工作规则》	成德眉资医疗保障同城化发展暨成都都市圈建设工作领导小组办公室	成德眉资医疗保障同城化发展暨成都都市圈建设工作领导小组成员组成、日常职责
9	《成德眉资医疗健康同城专项合作联席会议制度》	成都市卫生健康委员会	联席会议职能、成员组成、联席会议工作规则、工作要求
10	《关于成立成德眉资城市管理同城化发展领导小组的通知》	成都市城市管理委员会、德阳市城市管理行政执法局、眉山市住房和城乡建设局、资阳市城市管理行政执法局	城市管理同城化发展领导小组成员、各工作组的构成及负责人员
11	《关于加快成德眉资教育同城化发展实施方案》	成都市教育局、德阳市教育局、眉山市教育体育局、资阳市教育体育局	教育同城化发展指导思想、工作原则、重点工作、保障机制

续表

序号	文件名称	发文单位	主要内容
12	《关于成立推进成德眉资住房公积金同城化发展工作小组的通知》	成德眉资住房公积金同城化发展工作小组办公室	住房公积金同城化发展工作小组工作职责、人员组成以及工作机制
13	《成德眉资住房公积金同城化发展三年行动计划（2020～2022年）》	成德眉资住房公积金同城化发展工作小组办公室	推进同城化区域公积金事业高质量发展的总体思路、基本原则、发展目标、重大项目以及组织领导机制
14	《成德眉资社会救助同城化发展实施方案》	成都市民政局	加强四市社会救助合作的指导思想、工作原则、重点任务、保障措施、重点工作清单
15	《成都德阳眉山资阳养老服务协同发展实施方案》	成都市、德阳市、眉山市、资阳市民政局	成德眉资区域在养老服务领域协同发展的指导思想、基本原则、协同发展事项、工作要求
16	《成德眉资儿童福利与保护工作同城化发展实施方案》	成都市民政局	全面提升成德眉资四市儿童福利与保护工作的总体目标、基本原则、重点任务、保障措施及重点工作清单
17	《关于做好成德眉资应急管理公共服务共享合作工作的通知》	成都市应急管理局	印发《成德眉资应急管理公共服务共享合作协议（2020～2022年）》，明确四市在应急管理公共服务方面的总体要求、重点任务、保障措施
18	《成德眉资公共服务一体化时间表研究制订及发布工作方案》	中共成都市委城乡社区发展治理委员会、成都市政务服务管理和网络理政办公室	成德眉资公共服务一体化的责任分工、主要任务、牵头单位、进度安排
19	《2020年成德眉资人社事业同城化发展工作方案》	成都市人力资源和社会保障局	成德眉资人社事业协同发展的总体思路、主要工作、组织保障
20	《加快推进成德眉资体育同城化发展工作方案》	成都市体育局、德阳市体育局、眉山市教育和体育局、资阳市教育和体育局	成德眉资体育同城化发展的总体目标、总体原则、主要任务、组织实施

2. 教育领域合作不断深入

教育资源特别是优质教育资源是提升民生事业的重要资源，也是人民群众最为重视的民生资源。为推进成都都市圈教育水平整体上台阶，成德眉资四市成立了“教研共同体”，以信息化作为加快推动四市教育同城化发展的抓手，实现共享优质教育资源，共享师资培养平台，共享数字教育资源，共建共育教育生态等美好愿景。一是促进成都教育资源延伸各市。积极推进成德眉资区域内“校与校”结对发展，整体提升各市基础教育质量。目前眉山中学、仁寿一中南校区、彭山一中分别与成都石室中学、成都七中、成都树德中学签订了校际合作协议；成都石室中学与德阳中学、什邡中学和什邡七一中学签署了友好共建协议。二是联合开展都市圈教师交流和培训。共建都市圈线下优质师资培训平台服务长效常态机制，成立“成德眉资同城化发展智慧教育联盟”，推进学科教研、新课程改革、教育科研等方面交流，整体提升都市圈教师专业水平。三是建设都市圈职业教育联盟。积极争取国家产教融合型城市试点，组建跨市职业教育集团，共建共享中德（蒲江）中小企业合作区、成都国际职教城、德阳产教融合试验区等一批不同专业门类的高水平职业教育实训（实验）基地。四是联合开展教育领域国际交流。充分发挥成都“一带一路”教育协同创新研究中心作用，共同以都市圈名义举办亚洲教育论坛、文翁大讲堂等交流活动。

3. 医疗卫生协同发展取得实质性进展

为助力提高成都都市圈医疗服务质量，满足群众高品质就医需求，成德眉资四市卫健委制定了医疗健康同城专项合作联席会议制度，建立健全了长效合作机制，为成德眉资医疗服务同城化开启了新篇章。

一是加快促进医联体建设。目前，四川大学华西医院分别与眉山市人民医院、德阳绵竹市人民医院建立了医联体；四川大学华西附二院与眉山市妇保院，四川省人民医院与眉山彭山区人民医院也建立了医联体；德阳 20 余家医疗机构与华西、省医院等开展双向转诊、远程会诊、医联体构建等合作；资阳构建了对接省级龙头医院的四级远程医疗体系。二是扩大异地就医覆盖规模。截至 2020 年，成德眉资四市异地定点医疗机构数量分别达 13512 个、2067 个、1543 个、1124 个，成都赴德阳、眉山、资阳结算 2.9 万人次，结算金额 2.93 亿元，普通门诊和药店购药直接结算 161.13 万人次，结算金额 1.9 亿元。三是延伸共享优质医疗服务。建立完善区域间临床用血紧急调配机制和突发公共卫生事件联防联控机制，皮肤、呼吸、心血管、神经内科等专科联盟正式组建，实现都市圈内居民就医“一码通”，200 余家医疗机构发放电子居民健康码 200 余万张，服务 1000 余万人次持码就诊。四是加快促进医疗结果互认。四川大学华西医院、省人民医院、成都市第三人民医院、德阳市人民医院、眉山市人民医院、资阳市第一人民医院等成都、德阳、眉山和资阳辖区内共 24 家医疗机构达成区域医疗检查检验结果互认。

4. 养老服务业互建共享深入进行

随着我国人口老龄化进程的不断加快，社会养老服务需求越发突出，老龄事业和养老服务逐渐成为民生公共服务发展的重要内容。根据 2020 年第七次全国人口普查数据①，四市 60 岁及以上老年人口情况如下：成都市有 376.41 万人，占常住人口 17.98%；眉山市有 73.08 万人，老龄化率达 24.73%；德阳市有 89.22 万人，老龄化率 25.81%；资阳市有 65.08 万人，占常住人口 28.19%，是四川省老龄化率最高的城市②。成德眉资四市都面临着巨大的养老压力，但同时，养老服务市场潜力巨大，老龄服务产业具有广阔前景。为此，成德眉资四市采取了一系列举措推动区域内养老协同发展。一是签订发展协议。成都市民政局与德阳市、眉山市、资阳市民政局签订了养老服务同城化发展协议，涉及人才培养、金融服务扶持、医养结合扶持、开展成都养老企业“三市行”等九项内容。二是出台养老服务性床位补贴政策。成德眉资四地共同出台《关于社会化养老机构收住成都市中心城区户籍老年人享受成都服务性床位补贴实施意见的通知》。根据文件规定，今后，凡是德阳、眉山、资阳的民办养老机构入住成都中心城区户籍老人，均可享受到成都市提供的每人每月 150 元的服务性床位补贴。这项补贴既是对成都周边城市养老机构入住成都户籍老人的一个利好消息，也代表了

① 资料来源：《成都市第七次人口普查公报（第四号）》《德阳市第七次人口普查公报（第三号）》《眉山市第七次人口普查公报（第三号）》《资阳市第七次人口普查公报（第四号）》。

② 资料来源：《四川省第七次全国人口普查公报（第四号）》。

成德眉资养老服务协同发展推进破解大城市养老难题又迈出实质性一步。三是推动四市养老企业互建互享。如眉山已邀请成都相关机构参加养老领域项目推进会，引进四川祥福通、成都颐伦等多家成都养老服务公司，采取公建民营的方式进行管理运营，盘活政府养老设施资源，利用养老机构的品牌效应与管理服务水平吸引四市的老年人入住。

5. 社保公共服务同城化不断取得新成果

社会保险制度作为保障民生、服务群众的利民惠民性制度，不仅关系到每个参保群众的利益，更关系到社会的和谐及稳定。要实现成德眉资区域内人员、生产要素的自由流动与共享，就必须建立起与经济、产业同城化发展相适应的社会保障服务。目前，成德眉资在社保公共服务同城化方面已取得突破性成果。一是基本养老保险关系转移接续全程电子化办理。在保留原有线下养老保险关系转移渠道的同时，大力推广养老保险关系转移“网上办”。在线办理渠道主要有国家社会保险公共服务平台，成都市社会保险网上经办系统，天府市民云手机 App、微信小程序、支付宝等载体上的电子社保卡模块，实现在线办理相关业务。二是社会保险待遇资格认证和工伤认定鉴定结果互认。四地的养老、工伤保险待遇领取人可在居住地社保机构通过四川省养老保险、工伤保险定期待遇领取资格协查认证平台实现待遇领取资格“就地认”，2020 年，成都帮助德眉资三地办理待遇领取资格认证 33053 人次，为居住在成都的 9427 人提供了上门认证服务。同时，还推出“天府市民云”手机 App 人脸识别远程自助认证服务，实现认证服务网上办理。三是建立社保欺诈案件查办协查互助机制。通过与区域内各社保经办机构开展电话沟通、实地对接、疑似数据互核、配合追缴等形式，强化了对区域内社会保险重复参保、养老待遇重复领取及死亡冒领等欺诈案件的联合查办。

（二）公共服务同城化发展面临的问题

成德眉资四市不断深化合作，有序推进四市公共服务同城化进程，但在这一过程中，也逐渐暴露出一些问题，需要从省级层面和成德眉资的层面共同面对、共同解决。

1. 公共服务资源区域差异较大

公共服务资源与供给水平主要受经济发展程度和人均财政支出水平的影响。德阳、眉山、资阳三市与成都相比，经济实力相对较弱，受经济发展和财力保障水平等因素影响，四地基本公共服务供给水平差异较大，特别是对于眉山、资阳地区，各项基本公共服务仍处于较低水平。从整体而言，受政府财力的限制，成德眉资基本公共服务呈现总体供给不足、分布不均衡的状况，基本公共服务需求增长与有限财力之间的矛盾日益突出。

2. 核心城市公共服务资源溢出效益有限

成都作为副省级城市，享受国家级改革创新实验政策，相比德阳市、眉山市及资阳市，拥有更丰富的公共服务资源及更优厚的财政实力，良好的政策优势加剧了成都的虹吸效应。德眉资三市都希望在同城化的发展中，成都能发挥核心城市的引领功能，共享成都的优质公共服务资源。但近几年，成都人口增长较快，2020 年，成都市常住人口已达 2093.78 万人，占四川省常住人口的 25.02%，是四个城市中人口增长最快的城市（见表 10），因此，成都市自身面临着公共服务资源供不应求的局面，无法满足德眉资三市的公共服务诉求。

表 10　成德眉资常住人口情况

单位：人，%

地区	常住人口	占四川省人口比重		年平均增速
		2020 年	2010 年	
成都	20937757	25.02	18.80	3.31
德阳	3456161	4.13	4.50	-0.45
眉山	2955219	3.53	3.67	0.02
资阳	2308631	2.76	3.23	-1.16

资料来源：成都都市圈第七次全国人口普查有关数据情况，由四川省推进成德眉资同城化发展领导小组办公室提供。

3. 户籍政策差异有碍同城化管理

成都市作为副省级城市、特大城市，户籍迁移政策实行严控，现在按照

“总量控制、人才优先、动态平衡、双轨并行”的入户原则，采用条件入户和积分入户双轨并行的户籍迁入政策。条件入户即落实人才优先，放宽人才引进落户范围，全日制普通大学本科及以上学历、年龄在45岁以下的人员均可以按照条件入户政策迁入成都；积分入户即在成都合法稳定居住和合法稳定就业，并办理了成都市居住证的境内来蓉人员，只要12项积分入户指标达到标准分值，就具备申请居住证积分入户资格。随着成德眉资同城化的深入及合作项目的逐项落实，四城居民的工作生活交流将更频繁，现存的户籍制度及户籍迁移政策会阻碍同城化进程。

4. 缺乏标准化体系与绩效评估体系

目前，成德眉资公共服务标准化建设体系尚未形成。如教育课程设置、考试内容及时间、教学质量评价指标体系不统一；医保缴费标准、支付比例不一致；生态环境治理标准缺乏具体统一的目标规划，生态补偿机制没有达成共识等。各地之间公共服务的共建共享机制还不完善，各地区之间缺乏有效的衔接和流转，缺乏相应的配套措施。

四市未建立完善的区域公共服务均等化的绩效评估体系，各自的绩效考核政策也不协调，都是基于各自的发展状况进行评价，而不是从区域整体角度出发，无法将公共服务同城化纳入各地政府绩效考核体系。

5. 数据平台体系建设滞后

四城尚未形成统一标准的信息平台，数据共享机制不健全。例如区域（水、大气、土壤等）环境监测网络和相应的数据库系统、区域医疗健康数据没有形成互通的共享渠道，应努力实现区域医疗服务机构以电子病历为核心的医疗健康数据及环境、教育数据的互联互通等。

四　国内外都市圈公共服务同城化经验借鉴

在国外，日本是最早研究都市圈的国家，日本东京都市圈则是日本发展最早、经验最丰富的都市圈之一。在国内，京津冀都市圈、长三角城市群、杭州都市圈、沪苏同城化示范区等，既是我国经济社会发展较快地区，也是都市圈、城市群发展起步较早的区域。综观这些地区，其在教育、医疗、社会保障、社会福利、文化体育等方面都积累了可供借鉴的经验。

（一）教育领域：合作办学、跨区域交流

杭州都市圈、长三角城市群的建设发展过程中，都通过合作办学方式推动教育资源的一体化和同城化。例如，浙江嘉兴市仅在2018年就与长三角其他城市开展了28项合作办学项目，浙江财经学院东方学院则整体搬迁至海宁；杭州都市圈中，杭州师范大学与桐乡市共建附属实验中学，德清莫干山外国语小学和杭州崇文实验学校联办杭州市崇文新班级实验小学；苏州则与普陀、嘉兴、芜湖等市共同成立了“长三角一体化与四地教育联盟”，通过构建教育一体化发展机制，发挥教育集团和大专院校的能动性，实现教育资源的对接与融合。

杭州都市圈还积极举办各类跨区域教育交流论坛，鼓励教师开展跨市域教学研讨、教育科研合作、名优教师支教及其他城市教师到杭州挂职锻炼等，开展跨市域学生夏令营和学生论坛等活动，建立跨市域教师工作站，组织都市圈内各市教师共同编制《杭州、湖州、嘉兴、绍兴四地第二课堂实践活动指南》，以及探索都市圈共享教育实践基地等。

（二）医疗领域：医联体、医保跨市实时结算

长三角城市群中，一些城市实施对接上海、杭州先进医疗资源的计划，相互建立合作关系，例如嘉兴市多家医院与包括上海交通大学附属第一人民医院、复旦大学附属华山医院、同济大学附属第一妇幼保健院等建立了协作关系；嘉兴中医院、海宁市人民医院、桐乡中医院等则分别与上海多家医院合作建立了分院。

杭州都市圈积极推动医保全合作、打破医疗结算行政限制，在都市圈范围内实现定点医疗机构省级异地就医实时刷卡结算平台联网对接，并持续扩大定点医疗机构范围。长三角城市群城市也借助全国跨省异地就医结算平台，积极推动跨市、跨省医保实时刷卡结算。例如浙江省嘉兴市已实现上海—嘉兴医保双向一卡通服务，嘉兴和上海的医保参保人员可分别在

两市定点医院实现医保实时刷卡结算功能。截至2019年6月，浙江省参保人员在上海试点医院门诊刷卡结算超3.6万人次，结算金额超1000万元。①

长三角城市群中，苏州还开展了分级诊疗的医疗联合体试点，建设专科专病医疗联合体，建立远程医疗网络，累计建了11个城市医疗集团、12个县域医共体、41个专科联盟、15个远程协作网。② 以绍兴为代表的长三角城市还建立了由沪杭等地医疗专家组成的专家库，也建立了远程医疗服务平台，专家可通过平台远程为患者进行会诊。

（三）社会保障领域：城乡均等化

长三角城市群中，苏州率先建立了城乡接轨的职业农民社保制度，2012年即实现了城乡低保、基本养老、医疗保险“三大并轨”，不再区分城乡；并进一步建立了城乡老年人同享的养老服务、尊老金和惠老保险等。河北省在2014年就印发了《河北省基本公共服务行动计划（2013～2015年）》，旨在推动包括社会保障在内的各项公共服务实现城乡间的均等化。

（四）社会福利领域：优化养老机构、打造大数据平台

东京都市圈在安排养老服务机构及设施时，设计了多种方式，包括：①将养老机构设施与医疗护理机构结合或就近安排；②在幼儿园或其他教育机构附近建设养老公寓；③与商业地产融合，提供养老服务。这些方式都充分考虑了老年人的身体照护需求和心理需求，例如第二种安排方便老年人参与儿童的活动，有助于减轻老年人的孤独感。此外，东京都市圈还在社区分散设置了诸多休闲设施，对老人、学生等特定人群实施优惠准入。

苏州在沪苏同城化、长三角城市一体化建设过程中，打造了养老服务大数据平台，优化完善相关数据资源及应用，不断提高标准化社区养老服务设施的覆盖率和均等性。

---

① 张晓杰：《长三角基本公共服务一体化：逻辑、模板与推进路径》，《经济体制改革》2021年第1期。

② 朱民：《大力推进区域基本公共服务衔接共享》，《群众》2021年第10期。

（五）文体领域：共建共享文化设施、健身示范联盟

杭州都市圈建立了重要文化活动的联动机制、公共文化设施共建共享机制、文化创意产业的错位发展机制等，成立了杭州都市圈公共图书馆服务联盟，共同探索对非物质文化遗产的保护性开发。长三角城市群建立了“长三角一体化全民健身示范联盟体系”，培育区域性体育赛事，共建体育赛事库、相关资源设施库等。

五 成都都市圈公共服务各领域同城化发展的实施路径

在公共服务同城化发展过程中，应秉持“平等协商、同城发展、互利共赢”的理念，打破行政区划藩篱，以都市圈公共服务均衡普惠、整体提升为导向，统筹考虑教育、医疗、文化、体育、养老等各个领域，优化公共服务设施的布局、强化公共服务设施供给能力，构建公共服务共享机制，最终在都市圈内形成配置合理、结构优化、人人共享的公共服务体系，将成都都市圈建设成为具有区域带动力和国际影响力的高品质生活宜居地典范。

（一）促进都市圈教育资源统一规划与共享

一是按照《成都都市圈发展规划》的指导精神，明确各种类型学校服务范围及教育资源供需缺口，合理规划并规范学校分类布局。二是建立涵盖学校办学条件标准、校长发展专业标准、教师教学基本功标准、学生核心素养体系、教育教学质量标准和学校管理标准等内容的义务教育基本公共服务标准体系，推进义务教育基本公共服务均等化。三是成立成德眉资高校合作联盟，制订完善校际交换生计划、名师资源共享、互认学分等多形式的合作制度，初步形成高校互通、共享、互访、联动的局面，共同推进都市圈“双一流”建设。四是在成德眉资区域内，实行职业学校统一招生、统一录取、统一学校学籍管理平台，统一区域内中等职业学校教学标准，联合开发区域特色教材。五是建立区域内中高职院校毕业生就业信息平台和产教融合统一平台，突出职业教育与产业需求深度融合，建设示范区内产业规划与教育规划全面对接、专业设置与产业结构全面对接、学校发展与企业成长全面

对接、人才培育与区域发展全面对接的资源共享模式。

（二）推进都市圈卫生医疗资源共建共享

一是充分发挥地方政府协同作用，建立医疗卫生方面的跨区域协调机构，包括决策机构、执行机构、咨询机构等，从成德眉资医疗卫生协同发展的高度，推进都市圈卫生医疗体系建设。二是建立四川大学华西医院都市圈医联体，以四川大学华西医院为总院，四市医疗机构为成员，组成责任和利益共享的联合体，在医疗、护理、教学、科研、医院管理等方面开展合作。三是完善都市圈预约挂号平台建设，开通都市圈统一挂号平台，推动都市圈医院检验结果共享和互认，建立疑难重症会诊和转诊绿色通道。四是逐步建立统一的急救医疗网络联动协作机制，实现急救信息共享和急救网络联通。五是实施都市圈跨省异地就医联网结算，扩大异地就医直接结算联网定点医疗机构数量，拓展网络、手机 App 等异地就医登记备案方式，探索开展异地备案互认合作，提高异地就医便利性。

（三）推动社会保障与养老服务四市有序衔接

一是落实好国家关于养老保险、医疗保险关系无障碍转移要求，依托全省统一社会保障、医疗保障平台，提高社会保险关系转移效率，加快推进养老保险关系、医疗保险关系、失业保险关系顺畅转移。二是推动建立有序、开放的公共就业服务平台，建立信息共享、协调统一的人力资源市场，完善跨区域转移就业协作机制，统筹推进劳动力职业技能培训，促进人力资源在都市圈自由流动。三是制定都市圈养老服务标准化体系，推动养老机构床位运营补贴、医养结合、社区养老、养老服务业标准统一，支持有实力的养老服务机构输出品牌和管理经验，共建养老服务基地、养老产业园、养老产业集群。四是建立四市统一的老年人数据库，实现四城异地居住享受养老待遇人员领取资格核查互认，加强异地居住退休人员养老保险信息交换，探索实行养老床位补贴跟随人走，开展养老服务补贴异地结算。五是探索建立都市圈社会组织、慈善机构协作机制，协同开展区域内社会救助，共享困难家庭经济核对信息，深化在社会救助、志愿服务、儿童福利与保护、儿童康复、特殊教育等领域的协同合作。

（四）创新跨区域社会治理模式

一是成立都市圈社会治理联盟，促进成德眉资在基层治理方面的经验交流与合作，重点推广成都市党建引领居民广泛参与社区发展治理模式经验“15 分钟公服圈”模式，协同提升都市圈社区治理能力与水平。二是完善民生档案跨区查询服务，加强流动人口管理和服务协同，建立互认互通的档案专题数据标准体系。三是推进社区服务互联互通，推动社区代办政务服务全域通办，鼓励开展专业社会工作服务、志愿服务等交流合作，打造一批具有成都都市圈特色的专业社会工作服务品牌。四是健全区域性重大自然灾害、事故灾难、公共卫生事件、社会安全事件等联防联控机制，完善区域性应对突发事件专项预案，建立都市圈应急协调平台，加强跨地区信息共享和应急演练、紧急救援合作，推动防灾减灾救灾一体化。五是依托全省一体化政务服务平台和天府市民云平台连接德阳、眉山、资阳政务办理平台，加快推进成德眉资“互联网 + 市民服务”同城化，推动省直部门和四市联动开放政务服务数据资源。

（五）推动文体旅协同发展

一是建立成德眉资公共博物馆、公共图书馆、公共体育馆、科技馆、美术馆联盟，推动公共文体活动场所在都市圈内统筹规划建设运营，并向都市圈居民平等开放，共筑成德眉资文化便民服务圈。二是推进建设四市阅读一卡通、公共文化服务一卡通、公共文化联展一卡通、公共文化培训一卡通，实现四市居民无障碍共享公共服务。三是统筹开发利用各类文化遗产资源，实施地方戏曲振兴、传统工艺传承、当代文学提升、影视精品打造、网络文艺发展、基层文艺繁荣等文化工程，依托成都市国家级公共文化服务体系建设示范区，协同打造和推介都市圈文化形象及旅游形象。四是加强都市圈体育旅游和户外运动资源统一规划开发，形成错位发展，避免重复建设的现象。五是推进智慧旅游体系建设，探索建设文旅大数据平台、旅游信息库，建立假日旅游、旅游景区大客流预警等信息联合发布机制，实现信息互联互通，大力发展“旅游 +”，推动文化事业、文化产业、旅游业、体育康养融合发展。

六　完善公共服务同城化发展的体制机制

（一）建立完善财政转移支付制度

财政收入的差距是造成各地区公共服务水平差距的主要原因，为解决财政收入不均衡的问题，应不断完善财政转移支持体系。可由四川省政府通过纵向财政转移支付的方式向都市圈内经济落后的城市提供能够满足其正常运行和基本公共服务所需要的经费，再通过横向调节的形式在地方政府之间形成共享共赢的转移支付关系，通过纵向与横向转移支付相结合，实现各城市公共服务水平的均衡化。另外，为了更好发挥转移支付作用，应加强对转移支付资金的全流程监管和控制，避免转移支付资金转变用途，提高资金使用效率。

（二）探索成本分担和利益共享机制

成德眉资四地应按照互惠互利、合作共赢的原则，在公共服务项目建设上，对不同的基本公共服务项目采取不同的利益补偿方式，对于受益各方的共建共享的项目，要在合作项目签约之前，经充分协商，完成产权的分割与利益的划定；在费用摊分方面，要按照受益程度协商投资的比例，在项目签约之前制定清晰的费用摊分原则，并依照有关行业的专业标准来核定摊分数额。对呈现单向流动的公共服务项目，要建立相应的利益补偿机制。鼓励支持四地创新公共服务项目合作模式，并配套相应的财政税收分成、政绩考核评估、干部提拔进步、人才成长激励等奖惩办法，促进形成合理动态的利益分配调节机制。①

（三）建立公共服务标准化监管体系

在实施同城化、高质量发展的背景下，公共服务标准化体系与政府监管体系的建立，有助于提升区域公共服务水平与居民生活品质。

成德眉资四地应充分协调沟通，按照高质量发展的要求，结合本地的实

① 陈思羽：《城市群公共服务一体化因何难以实现——一个基于行政割据分析框架的解释》，《内蒙古大学学报》（哲学社会科学版）2021 年第 4 期。

际，制定相对统一的公共服务发展标准，如在教育领域，可以统一四地的考试要求、考试时间、教学质量考核标准等；在公共服务基础设施的建设方面，可以执行统一的建设标准，推动公共服务基础设施迈上新台阶。建立公共服务领域的制度化、常态化议事协调机构，加强对文化市场、教育培训机构、养生健身场所、医疗卫生机构等的专项治理和联合执法，打造在国内享有良好声誉和高品质的公共服务环境。

（四）建立公共服务大数据共享机制

数据信息互联互通，是政务公共服务便利共享的关键一步，也是打破行政壁垒和条块分割的有效手段。这就要求四地要通过整合区域公共服务基础数据，构建跨行政、跨部门与跨行业的统一公共数据池，建设涵盖教育、医疗、文化、社会保障等在内的民生保障数据系统。在此基础上，一方面，对跨区域公共需求进行全面快速分析，多维度、多层次地细分需求结构以获取公共服务需求种类、层次和项目，实现公共服务供给精准化。另一方面，推动区域数据开放，进一步促进社会公众参与服务决策，形成跨区域多主体共同参与公共决策的新形态。

（五）建立公共服务同城化评价机制

四地目前的政府绩效考核与评估都是以当地的发展情况为考核对象的，尚未将促进区域协调、同城化发展涵盖在内，不利于同城化取得突破性进展。应创新绩效考核与评估方式，在完善成德眉资四市公共服务同城化、高质量发展的评估指标体系的基础上，逐步建立起政府、社会组织、公众等主体多元参与的考评机制，对公共服务同城化的全过程进行监测评估。在政府绩效考评中突出对公共服务同城化政策过程及结果的综合绩效管理，将公共服务同城化评价结果纳入成德眉资党政领导干部绩效考核体系，建立激励约束兼容的引导、调节和保障机制，确保公共服务同城化有效推进和健康发展。

ℝ.30
构建成德眉资同城化的绿色生态都市圈

绿色生态都市圈是指以生态学理念来规划指导都市圈的建设和发展，一个城市与另一个或几个相邻的城市，在自然、生态、宜居环境等方面融为一体，优势互补、相互依托、相互融合、互动互利、协同共治、共建共享，是为适应一体化的圈域现象、人民对宜居环境的更高要求和实现双碳计划目标的必经之路。构建成德眉资同城化的绿色生态都市圈是成都都市圈建设中必不可少的部分，有利于在都市圈内构造经济、社会和生态统一的平衡系统。成德眉资同城化绿色生态都市圈应以成都“公园城市”概念为引领，以绿色生态理念为核心，将绿色生态理念由示范区延伸至周边，并贯穿于同城化发展的全过程。

一　成德眉资同城化绿色生态都市圈建设成就

（一）公园城市建设取得积极成效

公园城市建设过程中取得了一系列成果。第一，规划制度强力推进，例如《成德眉资同城化发展生态环境保护规划》《成德眉资同城化暨成都都市圈生态环保联防联控联治实施方案》《共建龙泉山城市森林公园打造同城化绿色发展示范区合作方案》等。第二，积极推动了一系列森林公园建设工程，包括锦江公园、锦城公园、长秋山公园以及沱江、锦江、岷江带状公园建设工程。第三，协同推进湿地公园建设工程。成都按规定有序推进“宜居水岸”工程，实施新都区毗河白鹭湾湿地公园、空港新城绛溪河公园、都江堰市天府源湿地公园、龙泉驿区泸溪河滨水公园、温江区鲁家滩湿地公园、邛崃泉水湖湿地公园建设工程；德阳市按规定有序推进白鹭湿地公园、天府北湿地公园、三星湿地公园、绵竹南轩湖湿地公园、罗江周家坝湿地公园规划建设；眉山市按规定有序推进“一江两堰四湖”和“两条湿地生态走廊带”，推进岷江东北部生态廊道湿地公园、醴泉河生态廊道湿地公园、东坡城市湿地公园、仁寿湿地公园建设；资阳市按规定有序推进黑水寺湿地、雁溪湖湿地、蟠龙湖湿地公园、雁城湖公园、玉龙湖生态公园建设工程。

（二）跨行政区生态空间初步建立

第一，成德眉资四市打破了行政区划界限，携手共建龙泉山城市森林公园，培育打造同城化绿色发展示范区。2020 年 7 月，四川省推进成德眉资同城化发展领导小组第二次会议审议通过《共建龙泉山城市森林公园打造同城化绿色发展示范区合作方案》。四市将以龙泉山城市森林公园为核心，打破行政边界，将龙泉山脉德阳段、眉山段作为成都龙泉山城市森林公园共建区，将资阳部分区域作为成都龙泉山城市森林公园协同区。四地将共享成都段项目国际咨询、多要素地质调查、生态智能监测等既有重大研究成果，推动四市形成无缝衔接、有机融合的规划体系，同质同标有序推进龙泉山城市森林公园建设。

第二，深化生态共建与跨界污染协同治理，推进龙门山—邛崃山生态屏障建设工程，协同加强大熊猫国家公园创新示范区建设，持续推进九顶山大熊猫国家公园保护利用设施项目，龙门山大熊猫栖息地完成保护修复 2.5 万亩。

第三，四地推动生态共建共享，联手包装策划龙泉山脉山水林田湖草生态保护修复项目。争取国家和省相关部门支持，将项目纳入国省重大规划和试点，联合实施龙泉山城市森林公园“增绿增景”生态工程，实施森林城市群建设工程，结合最美竹林风景线、大规模绿化全川等重点工作，推进森林进城、森林围城，建设森林城市、森林小镇、森林村庄。积极探索森林资源保护联防联控新机制，加强森林防灭火、生态智能监测、林业有害生物防治和野生动物保护信息及资源共享合作，建立成德眉资森林草原防火灭火预警监测平台。

第四，成德眉资加强技术交流、资源整合、信息共享，联手打造天府植物园、天府竹博园、资阳（乐至）苗木花卉繁育基地、德阳（中江）芍药谷等一批重大生态文旅项目，合作共建兼具苗景功能的特色花卉、苗木（竹）现代产业园区，协同打造一批“国际范”“中国风”“天府韵”的特色景点。四地还将以旅游环线为串联，协同构建龙泉山城市森林公园快进慢游交通体系，推动成都都市圈路网“同城同网”。

（三）生态环境共保共治规划扎实推进

目前，成德眉资都市圈建设中有关生态环境共保共治的规划已经在稳步推进。其中包括合力打造龙泉山城市森林公园、世界级城市绿心、共筑龙门山生态屏障，协同推进岷江、沱江等生态水网建设，构筑多层次、网络化、功能复合的“一心一屏三网三环多片”区域生态空间格局。除此之外，毗河供水一期工程正式通水，空气质量联合预测预报系统、成德眉资河长制 E 平台建成投用，都市圈 32 个国考断面水质优良。生态环境共保共治的详细规划还包括共建共筑生态屏障，蓝绿交织生态水网、打造都市圈生态绿网，生态保护与修复重大工程，岷江沱江流域协同治理，大气污染联防联控，土壤污染防治，共建共享固废处置设施和回收利用网络，共建智慧监管体系，建立企业环保失信联合惩处机制，强化地质工作支撑服务功能，探索多形式生态价值转化路径等，这些规划正在逐步推进。

（四）大气污染联防联控实现初步成效

生态环境领域，推进大气污染防治及联防联控进程，四市协同开展大气污染防治。成都牵头召开了大气污染防治市长联席会议、生态环境保护一体化发展会议和空气质量联合会商会，建立了重污染天气应急预警工作机制，联合制定了大气污染防治联合预报预警工作细则。推动建立区域重污染天气应急动态决策管理系统，联合实施都市圈大气污染联防联控工程，开展交界地带统一重污染天气预警分级标准试点。强化工业源、移动源和生活源排放污染治理，共同推进能源供给侧结构性改革，加强氮氧化物和挥发性有机物等多污染物协同控制。坚持公交出行优先，协同推广新能源汽车，大力开展慢行系统建设。建设都市圈通风廊道，强化廊道地区用地、产业和建筑管控。这一系列措施促进空气质量明显好转，都市圈空气优良天数率 82%，同比上升 4.7 个百分点。

（五）生态价值转换取得初步成效

按照国家部署，四川成都西部片区［西控的八个县（市、区）］整体纳入城乡融合试验区。工作开展以来，在生态价值转换方面做出了一些阶段性成果。

具体而言，第一，实施了大规模绿化、大熊猫栖息地保护工作、都江堰灌区保护工程、川西林盘保护等生态工程。整个试验区的森林覆盖率提升到48.77%，高于全市的8.5%。第二，开展了生态价值核算研究，形成了川西林盘生态系统生产总值这一技术规范。第三，推动了生态价值转换的实践，推动传统林盘向产业社区转型，催生出规上服务业企业的生态价值转换模式，构建了农业农产品溯源体系，打造公共品牌。第四，强化环境治理，实施创新项目收益和内部反腐机制，推动生态环境治理项目和经营性产业开发，通过渠水枢纽、防空河流水生态治理项目，合法取得项目生态产业的经营权，反哺生态环境治理。

二　成德眉资同城化绿色生态都市圈建设的现状评估

（一）成德眉资绿色 GDP 测算

1. 绿色 GDP 的内涵

1987 年，联合国世界环境和发展委员会提出了“可持续发展”概念，并被世界各国政府广泛认同。在 1992 年联合国召开的世界环境与发展大会上，“绿色 GDP”正式提出，我国也开始了绿色 GDP 核算理论研究。“绿色 GDP”概念的提出能更加准确地反映社会的真实财富。

按照可持续发展的概念，绿色 GDP 是在传统 GDP 核算基础上，通过相应的资源和环境数据调整而得到的。绿色 GDP 核算的目的是把经济活动的自然部分虚数①和人文部分虚数从下列因素中扣除：由于疾病和公共卫生条件所导致的支出；由于失业所造成的损失；由于犯罪所造成的损失；由于教育水平低下和文盲状况导致的损失；由于人口数量失控所导致的损失；由于管理不善（包括决策失误）所造成的损失。从传统 GDP 中予以扣除，进行调整，从而得出一组以绿色 GDP 为中心的综合性指标，为经济的持续发展服务。绿色 GDP 反映了一个国家和地区包括人力资源、环境资源等在内的国民财富，

① 自然部分虚数从下列因素中扣除：环境污染所造成的环境质量下降；自然资源的退化与配比的不均衡；长期生态质量退化所造成的损失；自然灾害所引起的经济损失；资源稀缺性所引发的成本；物质、能量的不合理利用所导致的损失。

实质上代表了国民经济增长的净正效应。绿色 GDP 占 GDP 的比重越高，即表明优化自然资源利用，为社会创造的财富越多，环境污染或破坏生态环境的情况越少，越有利于人类社会持续发展；反之亦然。

2. 成德眉资绿色 GDP 指标核算

借鉴朱承亮等的研究①，本部分仅对扣除工业环境因素的绿色 GDP 核算方法进行了初步的探索和实践，其主要思路是，通过构建既考虑环境污染排放又考虑环境污染治理的环境指标，通过一定的定量方法测算出环境综合指数（ECI），ECI 综合概括了各地区经济发展中的环境因素（主要是环境治理效用）作用的大小，ECI 值越大，表明该地区经济发展的环境代价越小，反之则环境代价越大。然后，将各地区 GDP 与环境综合指数的乘积定义为各地区相对绿色 GDP（记为 GGDP），并将其作为产出指标纳入经济增长效率测算模型，从而考察环境因素对中国经济增长效率的影响。

在构建既考虑环境污染排放又考虑环境污染治理的环境指标时，从环境的投入和产出入手共选取 6 个指标，其中包括两个绝对量指标和 4 个相对量指标。投入指标用污染治理投资总额来表示，产出指标主要考虑工业“三废”的排放及其处理情况，具体环境指标的构建及其指标定义见表 1。原始数据来源于历年《中国城市统计年鉴》、《四川统计年鉴》、各地方统计年鉴，部分缺失值依据二次计算和插值法进行处理。

表 1　指标说明

	指标	定义
投入	污染治理投资总额(万元)	工业污染治理投资总额
产出	废水排放达标率(%)	废水排放达标量/废水排放量×100%
	SO_2 去除率(%)	SO_2 去除量/SO_2 排放量×100%
	工业烟尘去除率(%)	工业烟尘去除量/工业烟尘排放量×100%
	固体废物综合利用率(%)	固体废物综合利用量/固体废物产生量×100%
	“三废”综合利用产品产值(万元)	工业“三废”综合利用产品产值

① 朱承亮、岳宏志、师萍：《环境约束下的中国经济增长效率研究》，《数量经济技术经济研究》2011 年第 5 期。

在将由众多因素组成的环境指标转换成环境综合指数（ECI）时，难点在于权重的确定。此处借鉴樊纲等处理市场化指数的做法，[①] 我们采用因子分析来浓缩数据，构造环境综合指数，其中在确定因子权重时采用主成分分析法。主成分分析法最大的特点和优势在于客观性，即权重不是根据人为主观判断，而是由数据自身特征所确定的。主成分分析法是将多个指标的问题简化为少数指标问题的一种多元统计分析方法。这种方法可以在尽可能保留原有数据所含信息的前提下实现对统计数据的简化，并达到更为简洁明了地揭示变量间关系的目的。

在具体计算过程中，为了消除由于量纲不同可能带来的影响，首先对原始数据进行了标准化处理。全部数据均通过了巴特利特球体检验，即在显著性为1%的水平上拒绝了相关矩阵是单位阵的零假设，因此，本文所观测的数据适合做因子分析。在选择因子个数时，我们采用使前 k 个主成分累计方差贡献率达到80%的办法来确定。基于本文研究目的的考虑，在计算出综合因子得分之后，按以下公式将其转换成［0，1］区间取值，即为本文所测算的环境综合指数（ECI），见表2。

$$ECI_i = \frac{S_1}{\max(S_1) - \min(S_i)} 0.4 + 0.6 \tag{1}$$

其中，S_i 为第 i 个省份的综合因子得分值，max（S_i）为对应综合因子中的得分最大值，min（S_i）为对应综合因子中的得分最小值。

表2　环境综合指数（ECI）

年份	成都市	德阳市	眉山市	资阳市
2001	0.55	0.34	0.15	0.13
2002	0.55	0.35	0.18	0.13
2003	0.56	0.36	0.23	0.14
2004	0.56	0.40	0.18	0.16
2005	0.56	0.40	0.26	0.18

① 樊纲、王小鲁、张立文、朱恒鹏：《中国各地区市场化相对进程报告》，《经济研究》2003年第3期。

续表

年份	成都市	德阳市	眉山市	资阳市
2006	0.57	0.40	0.35	0.17
2007	0.61	0.41	0.34	0.22
2008	0.64	0.49	0.35	0.23
2009	0.62	0.55	0.31	0.24
2010	0.65	0.60	0.39	0.24
2011	0.69	0.61	0.38	0.26
2012	0.72	0.62	0.38	0.26
2013	0.75	0.64	0.40	0.29
2014	0.78	0.65	0.42	0.32
2015	0.81	0.67	0.44	0.36
2016	0.84	0.68	0.47	0.39
2017	0.87	0.70	0.49	0.42
2018	0.89	0.71	0.51	0.46
2019	0.92	0.72	0.53	0.49
2020	0.95	0.74	0.55	0.53
均值	0.70	0.55	0.37	0.28

从表2来看，2001~2020年环境综合指数（ECI）排位依次为成都、德阳、眉山和资阳。由于早期快速经济发展过程中积累的丰富资本和技术优势，成都在经济快速发展的同时，能加强环境污染治理力度，从而污染排放量日趋减少，表现出较高的环境综合指数值。而德阳、眉山和资阳由于历史和地理因素的影响，经济发展水平相对较为落后，生态环境脆弱。污染产业转移、资源过度开发和利用效率低下等问题使得这三个城市经济发展的环境代价很大，表现出较低的环境综合指数值。进一步分析发现2001~2020年，四个城市的环境综合指数（ECI）值总体呈现上升的趋势，说明环境治理力度随着时间的推移逐年加强，环境治理有一定的效果。

本文将上述得到的各地区环境综合指数值（ECI）与各地区GDP乘积定义为各地区相对绿色GDP（记为GGDP），即 $GGDPit = ECIit \times GDPit$。GGDP值越大，表明GDP中绿色GDP所占比重越大，也即经济发展中的环境代价越小，这样越有利于地区经济的协调可持续发展；反之，GGDP值越小，表明GDP中绿色GDP所占比重越小，也即经济发展中的环境代价越大，这样越不利于地区经济可持续发展。GGDP值如表3所示。

续表

一级指标	二级指标	指标	单位
城市绿色发展	绿色投资	环境保护支出占财政支出比（+）	%
		科教文卫支出占财政支出比（+）	%
	绿色 GDP 考核制度	单位地区生产总值能耗上升或下降（等价值）（-）	%
		规模以上工业单位增加值能耗上升或下降（当量值）（-）	%

注：（+）代表正属性，（-）代表负属性。

依据上述评价指标体系，以成德眉资四市 2014～2019 年的面板数据为样本，建立三维立体数据表，运用定量方法进行实证评价。原始数据来源于历年《中国城市统计年鉴》和《四川统计年鉴》，部分指标值依据二次计算和插值法进行处理。

2. 极值熵值法

在总结比较的基础上，参考孙才志等①对熵值法的探讨，结合本次评价实际，采用熵值法对长三角城市高质量发展指数进行测度。该方法是一种客观赋权方法，较为成熟，使用广泛，在此不再过多介绍方法原理和使用步骤。为避免标准化值出现负值，更好地体现逆向指标的作用，采用极值法进行数据标准化处理，依据线性拟合公式进行测度：

$$Y_{it} = \sum_{n}^{j=1} w_j * C_{ij}$$

$$(i = 1,2,3,4; j = 1,2,3,\cdots,21, t = 2014,2015,\cdots,2019) \quad (2)$$

其中，Y_{it} 为成德眉资绿色生态都市圈发展指数，w_j 为指标权重，C_{ij} 为标准化值，i 为城市，j 为指标，t 为年份。

① 孙才志、童艳丽、刘文新：《中国绿色化发展水平测度及动态演化规律》，《经济地理》2017 年第 2 期。

3. 绿色生态都市圈发展水平测量

在区别正负指标属性的基础上，通过极值法得到指标标准化值 C_{ij}，并运用熵值法计算出评价指标权重组合，得到成德眉资绿色生态都市圈发展指数，结果如表 5 所示。

表 5　2014～2019 年成德眉资绿色生态都市圈发展指数

地区	2014 年	2015 年	2016 年	2017 年	2018 年	2019 年	均值
成都市	0.6264	0.5897	0.6147	0.5646	0.6066	0.5335	0.5892
德阳市	0.3896	0.4009	0.4207	0.3510	0.2928	0.3086	0.3606
眉山市	0.3900	0.4091	0.4305	0.4062	0.4214	0.4694	0.4211
资阳市	0.4987	0.4428	0.4948	0.5175	0.4988	0.5888	0.5069
均值	0.4762	0.4606	0.4902	0.4598	0.4549	0.4751	

4. 绿色生态都市圈发展水平评价

（1）时空演化分析

从时序上看，成德眉资绿色生态都市圈发展水平呈波动趋势（见图 1）。整体上，样本考察期内，成德眉资绿色生态都市圈发展指数 2014 年为 0.4762，2017 年仅为 0.4598，随即又开始稳步上升，2019 年，指数达到 0.4751。具体而言，主要是受到德阳的影响，德阳的绿色生态都市圈发展指数 2014～2016 年都呈急速向上的态势，从 0.3896 上升至 0.4207，增长约 8%，但是 2017 年指数却急速下降至 0.3510，下降了 16.6%，直到 2019 年指数才上升至 0.3086；而其他三个城市的绿色生态都市圈发展指数基本呈现稳步上升的状态。

从截面来看（样本考察期均值），成德眉资 4 个城市间的绿色生态都市圈发展差异显著（见图 2），其中极大值为成都（0.5892），极小值为德阳（0.3606），极差为 0.2286。对成德眉资 4 个城市间的绿色生态都市圈发展指数进行降序排列，成都市列第一位，资阳市列第二位，眉山市列第三位，德阳市列第四位。可以发现，绿色生态都市圈发展指数位于前列的城市拥有优越的地理位置，产业基础较好，在绿色生态建设、绿色产业发展、绿美城乡建设、绿色生活方式、城市绿色发展各方面都有优势，而排名靠后的城市

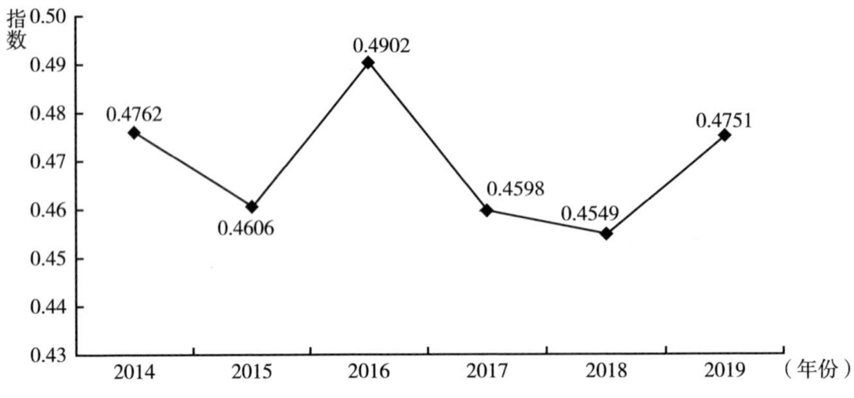

图1　成德眉资绿色生态都市圈发展时序演变特征

区位优势不明显，说明同城化进程中，德阳市的绿色生态都市圈发展任重道远。

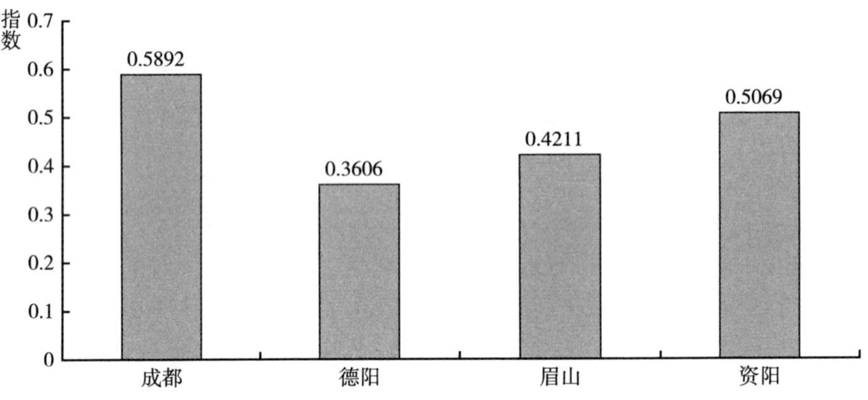

图2　成德眉资绿色生态都市圈发展截面演变特征（样本均值）

（2）按城市分析

根据图3的结果，将成德眉资4个城市2014～2019年各城市绿色生态都市圈发展绘制成柱状图。图3显示，2014～2018年，成都市绿色生态都市圈发展水平最高，资阳市排第二，眉山市略高于德阳市，德阳市最低；但是2019年，资阳市的绿色生态都市圈发展水平反超了成都市。另外，眉山市和德阳市的绿色生态都市圈发展水平一直低于成德眉资城市平均值。整体看来，成德眉资城市之间绿色生态都市圈发展差距较为明显，特别是德阳市历年来的绿色生态都市圈发展指数排名最后，在同城化发展战略背景下，德阳市面临较大的压力，除了要把握好同城化发展战略机遇，还需要寻找新的契机，深化合作，优化机制，加快追赶成都市和资阳市的发展步伐。通过追赶式和跨越式发展，推动同城化进程。

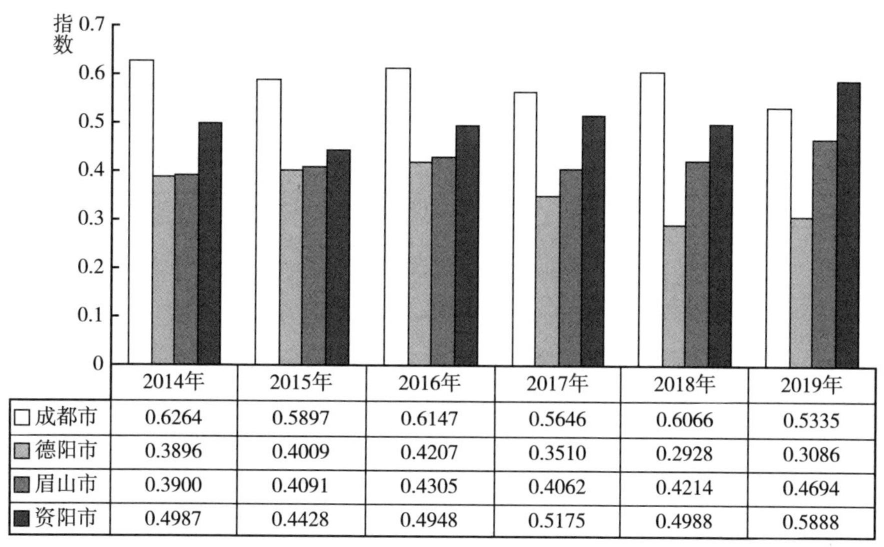

	2014年	2015年	2016年	2017年	2018年	2019年
□成都市	0.6264	0.5897	0.6147	0.5646	0.6066	0.5335
■德阳市	0.3896	0.4009	0.4207	0.3510	0.2928	0.3086
■眉山市	0.3900	0.4091	0.4305	0.4062	0.4214	0.4694
■资阳市	0.4987	0.4428	0.4948	0.5175	0.4988	0.5888

图3　成德眉资绿色生态都市圈发展分城市比较

（3）子系统演变分析

依据极值熵值法的测量结果，按层次加总的原则即可绘制子系统成德眉资绿色生态都市圈发展时序演变趋势（见图4）。可见，成德眉资城市子系统发展水平高低次序为绿色产业发展 > 绿美城乡建设 > 城市绿色发展 > 绿色生态建设 > 绿色生活方式。其中绿美城乡建设上升幅度较大，增长速度较快；绿色产业发展维持在较高水准，但略有下降；城市绿色发展波动较大；绿色生态建设和绿色生活方式水平最低，但走势较平稳，说明成德眉资城市还需以人民为中心，重视绿色生态建设和人民绿色生活方式的改善。

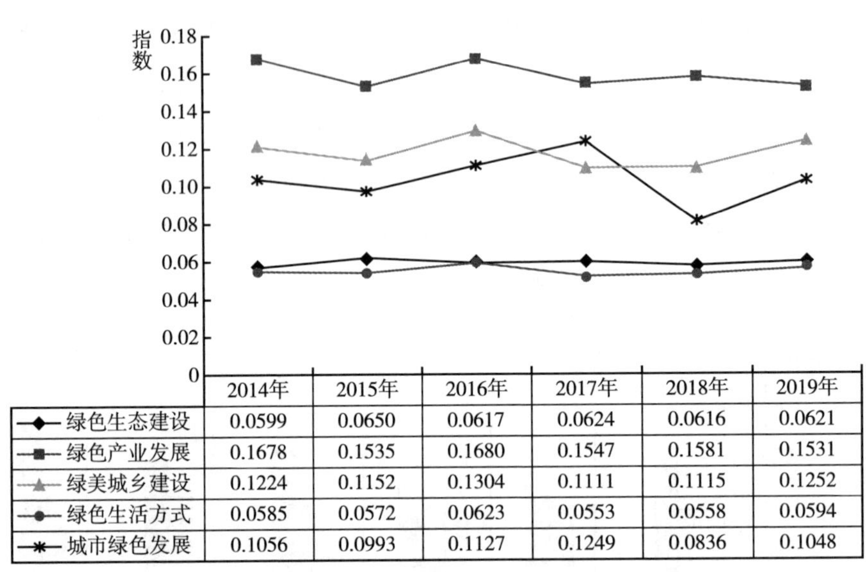

	2014年	2015年	2016年	2017年	2018年	2019年
绿色生态建设	0.0599	0.0650	0.0617	0.0624	0.0616	0.0621
绿色产业发展	0.1678	0.1535	0.1680	0.1547	0.1581	0.1531
绿美城乡建设	0.1224	0.1152	0.1304	0.1111	0.1115	0.1252
绿色生活方式	0.0585	0.0572	0.0623	0.0553	0.0558	0.0594
城市绿色发展	0.1056	0.0993	0.1127	0.1249	0.0836	0.1048

图 4　成德眉资绿色生态都市圈发展子系统比较

从子系统截面看（见图 5），2019 年成德眉资绿色生态都市圈发展指数与 2014 年相比，演变轨迹不尽一致，各城市间差异明显。从绿色生态建设系统看，眉山市 2019 年的绿色生态建设水平较 2014 年有一定程度上升，但成都市和德阳市略有所下降。从绿色产业发展系统看，只有眉山市 2019 年的绿色产业发展水平较 2014 年有一定程度上升，其他三个城市均略有下降。从绿美城乡建设系统看，资阳市 2019 年的绿美城乡建设水平较 2014 年有大幅度上升，其他三个城市均略有下降。从绿色生活方式系统看，相比 2014 年，德阳市和眉山市 2019 年的绿色生活方式水平略有上升，但上升幅度小，而成都市和资阳市略有下降，下降幅度也小。从城市绿色发展系统看，2019 年成都市的绿色发展水平相较于 2014 年大幅度下降，眉山市略有下降，相反，德阳市略有上升，资阳市大幅度上升。以上变化说明近 5 年的绿色生态都市圈发展波动较大，但是相比 5 年前，绿色生态都市圈发展水平未能与经济发展协同提升，各城市在推进绿色生态都市圈发展进程中，需更加注意发展成果共享，真正实现同城化发展。

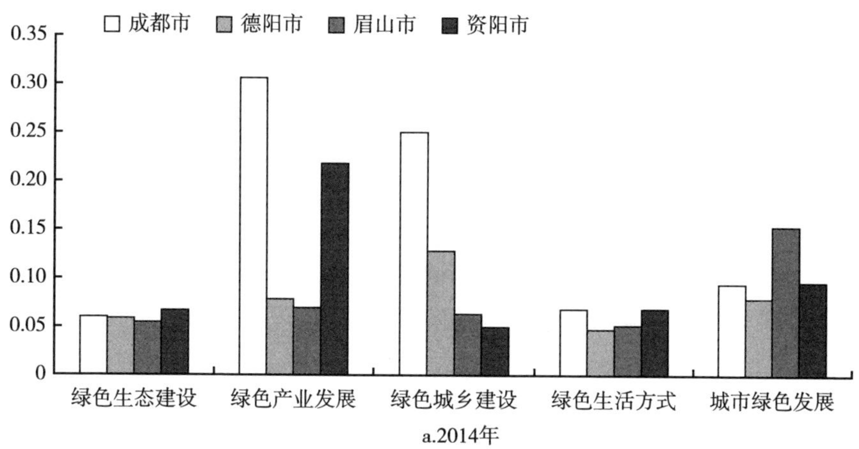

a.2014年

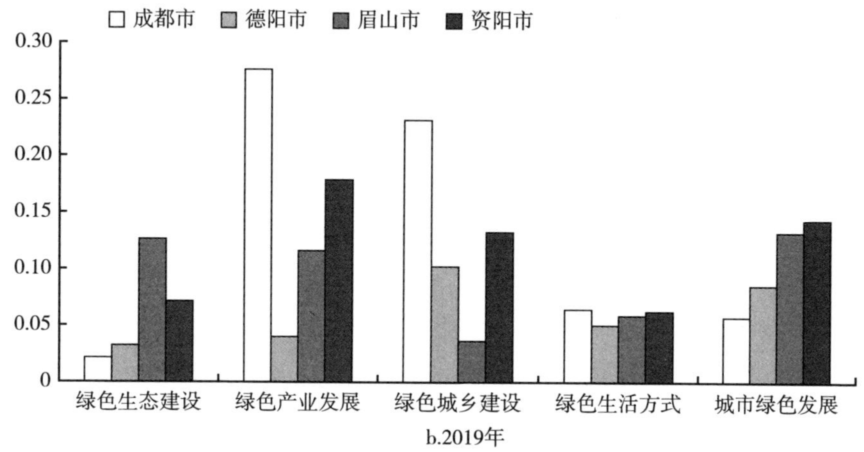

b.2019年

图5　成德眉资绿色生态都市圈发展子系统截面比较

（三）成德眉资绿色生态都市圈建设的短板

1. 暂无“碳达峰”和“碳中和”行动方案

2020年12月，中央经济工作会议明确提出做好碳达峰、碳中和工作是2021年八项重点任务之一，成为中国加快实现碳排放达峰的元年，但是也仅给中国留下40年的时间。这是党中央作出的具有极其重大意义的战略决策。碳达峰、碳中和实质上是从黑色工业革命转向绿色工业革命，从不可持续的黑色发展到可持续的绿色发展。中国成为绿色工业革命的发动者、创新者，即到

2035 年要率先创新绿色工业化、绿色现代化，即“广泛形成绿色生产生活方式，碳排放达峰后稳中有降，生态环境根本好转，美丽中国建设基本实现”。

成德眉资同城化发展也必须以“碳达峰”和“碳中和”为引领。但是，目前缺乏相应的实施机制，有待进一步完善方案。成德眉资同城化建设中还缺乏专门针对“碳达峰”和“碳中和”的研究、调研和数据收集小组；以及关于“碳达峰”和“碳中和”的制度设计、具体目标、行动方案和工作筹划。除此之外，还缺乏碳中和技术发展路线图以及发展规划的编制等。

2. 绿色 GDP 核算未受到充分重视

在传统的政绩考核中，GDP 是占比重最大的绩效考核指标，基础教育、公共医疗、能耗、社会保障和环境生态等许多指标被传统的 GDP 所忽视，这是造成经济可持续发展乏力的重要原因。首先，关于绿色 GDP 核算的统计法规、统计制度和统计标准还不完善，相应的监督机制实施不到位。其次，成德眉资有关绿色 GDP 的统计指标还有待进一步收集和完善，需要保证数据与基础资料之间的一致性，在统计自然资源、生态环境、社会经济等数据的及时性、完整性和公开性等方面进行及时改进。

3. 绿色生态建设力度不足

第一，生态环境共保共治建设不足。成德眉资跨部门、跨区域联动协调不够，联防联治覆盖面亟待扩宽，推动力度有待加强；从治理体系来看，存在条块分割，缺乏高层次协调机制，尤其是跨区江河湖泊污染排放联防联治，城际的环境保护设施共建共管机制有待建立完善。各市的大气污染排放、机动车排放标准等也存在差异，协调统一面临挑战。此外，跨区域生态补偿机制、利益共赢机制尚未形成。河长制、林长制、生态环境信息平台等方面的建设存在不足。城市间废弃物处置缺乏协同联动、共治共享机制，成都处置设施超负荷运转与德眉资设施“吃不饱”并存。

第二，域内绿色生态建设不平衡。主要是成德眉资四市在绿色生态建设方面差距较大，具体而言，一是成德眉资各市生态环境“十四五”规划的目标体系、目标值与建设任务均存在较大差异，大气污染排放、机动车排放标准等也存在较大差距。二是水源地、排污口、生产活动缺乏合理规划，导致各市推进生态环境建设任务行动上的差异，直接制约了成德眉资生态环境协同治理和区域生态安全。三是德眉资在公园城市建设方面与成都存在差距，成都较早开始建设公园城市，德眉资在公园城市建设方面还没有跟上成都的步伐。四是德眉资生态本底品质有待改善，环境污染防治力度稍显不足，治理成果不牢固，各地城乡污染治理设施建设存在阶梯式差距。五是德眉资生态价值转化程度较低，三市绿色基础设施发展运营模式较为单一，绿色空间与生产生活场景融合不足，建设效益偏低，缺乏可持续发展能力。

4. 绿色城乡建设存在不足

第一，成德眉资缺乏贯通跨越区域的生态绿带、绿色生态廊道、核心绿色屏障和环城绿带；绿道、公园等绿色基础设施建设体系尚不完善，空间分布不均。第二，城乡绿色建设缺乏长远规划，在绿化工程实施之前没有对建设方案进行科学合理的设计。这会导致绿化建设零散杂乱，缺乏整体美感。第三，城市和乡村绿化形式同质化现象严重，绿化建设单一，并未突出地域特色。第四，乡村绿色基础设施建设较为滞后，人居环境有待提升。相关管理部门也没有对乡村绿化建设进行大力宣传和科学的引导，没有正确认识到环境建设和乡村绿化两者之间的关系，故而造成乡村绿色基础设施建没落后。

5. 产业生态化和生态产业化方面面临的短板

一是各城市生产中并没有普及资源节约型生产技术、建立资源节约型的产业结构体系，缺乏生态系统一体化模式。主导产业仍为传统产业，整体呈现产业创新内生动力不足，产业转型升级乏力的问题，一些重工企业污染严重，但是集中处理设施基础薄弱。一方面，部分园区精细化环境管理能力亟待提升，基础设施薄弱、管理责任不清，部分园区虽已建成处理设施，但存在管网建设严重滞后、处理设施的运行参数不达标等问题；另一方面，由于技术上复制性较差，投入产出不成正比，难降解工业“三废”治理仍是处理的短板，无法有效去除特征污染物。

二是新经济发展潜力较弱，新绿色产业引进迭代不足，招商引资成效不佳。首先，绿色产业创新氛围不足，本地产业创新平台、科研企业、科研机构、孵化培育机构较少。其次，高效绿色产业体系尚未形成，需进一步探索绿色、环保、低碳产业发展路径。最后，创新配套不完善，科研技术平台、龙头企业研发设计实验室、孵化器等创新配套仍需完善。

三是缺乏有关生态环境的绿色产业集群。环境技术、生态生产、绿色制造、环境服务产业协同发展与自培力度有限，协作效应不明显。新兴产业协同发展亟待提升，产业协同布局程度较低，新能源、新材料等新兴产业仍处于起步阶段，品牌影响力和市场竞争力不强。围绕打造具有国际竞争力的都市产业集群，在以同城化为契机增强与成都的产业协同、加强要素资源集聚、优化产业上下游协作、创新资源就地转化等方面亟待形成共识。

三　同城化绿色生态都市圈建设经验借鉴

（一）长三角生态绿色一体化发展示范区经验借鉴

2019 年 10 月 25 日，长三角生态绿色一体化发展示范区（简称“示范区”）由国务院批复；同年 11 月 1 日，示范区建设推进大会在上海青浦区举行，示范区正式进入启动阶段。示范区横跨沪苏浙，毗邻淀山湖，范围包括上海市青浦区、江苏省苏州市吴江区、浙江省嘉兴市嘉善县的部分区域，面积近 2300 平方公里。

1. 强调制度创新的适应性与灵活性

跨越行政边界的制度创新作为示范区发展的发力点，集聚优势资源建成新的功能中心。为了探索长三角更高质量一体化发展的可行经验，示范区肩负三地协同发展的多项任务，涉及生态、经济、文化、公共服务等领域，需在每个具体领域实现从工作推进、过程监督到效果评估的全方位协作。

2. 对比较优势重新定位与再开发，探索新发展理念的可行模式

示范区以生态筑底、共建共享、追求品质、联动发展为基本原则，旨在逐步实现绿色经济、高品质生活和可持续发展的有机统一，达成人与自然的高水平和谐共享发展。示范区注重自然环境的生态价值，对于生态的保护性开发和价值转化不仅需要引入新兴技术主导的产业类型，而且生态优先的发展模式更加强调经济体系与自然环境之间的长期友好关系，提升城市空间在宜居、宜业方面的价值吸引力。

3. 主要围绕项目规划、产业准入、环保标准等开展治理工作

一是确立重点推进的16项生态保护类项目。包括青浦区市级重点生态廊道建设工程、先行启动区美丽湖泊群项目、乡村振兴成片打造项目、环元荡生态岸线贯通工程示范段、太浦河·浦源最美8公里项目、嘉善县水系连通及农村水系综合整治试点县项目、科创绿谷环湖绿化提升工程等，涉及乡村、廊道、水域、景区等多个方面。二是细化产业准入条目。坚持以生态底色、高端引领、集约高效、统筹协调为原则，在全国首次实现跨省级行政区域执行统一的产业发展指导目录和统一的产业项目准入标准。三是统一环保标准。两省一市生态环境部门按照共识度高、可操作性强、先易后难的原则，制定并发布一批生态环境标准规范。先期以大气污染防治为重点，完成重点行业和大气监管领域的排放标准与技术规范的立项工作，推进标准技术研究和编制并尽快发布实施；中长期则围绕农业生产、水生态评估、河湖健康评估等一体化示范区的重点生态环境领域，适时推进相关项目的立项与发布。四是强化联合执法。浙江省嘉善县、上海市青浦区、江苏省苏州市吴江区三地生态环境执法人员组成综合执法队，通过交叉互查、联合检查、跨界执法的方式，对重点企业进行检查，发现环境违法行为交由生态环境部门立案查处，要求整改并由属地生态环境部门跟踪落实。

4. 将生态发展与文化旅游相结合，共建生态文化旅游圈

2020年7月发布的《关于支持长三角生态绿色一体化发展示范区高质量发展的若干政策措施》提出了支持示范区文旅事业发展的具体举措。具体包括：联合打造示范区全域旅游智慧平台，共建江南水乡古镇生态文化旅游圈，创建国家全域旅游示范区；提升现有体育赛事知名度，吸引更多更高级别体育赛事落户示范区；联合开展考古研究和文化遗产保护，积极推进江南水乡古镇联合申遗；实现示范区城市阅读、文化联展、文化培训、体育休闲、旅游一卡通、一网通、一站通、一体化等。文化方面的治理还体现在城市空间的保护性开发上。在“示范区国土空间总体规划草案”中，提出了“世界级滨水人居文明典范”的总体发展愿景，推动构建历史文化保护体系（包括6条历史水路、12个历史城镇、14个历史文化街区、24个历史村落、49处文化保护单位等）和打造历史文化带（包括京杭运河历史文化带、江南传统历史文化带、水乡人居历史文化带），塑造江南韵、小镇味和现代风共鸣的生活场景。

（二）伦敦都市圈绿带建设经验借鉴

城市绿带规划的理论缘起一般可追溯到19世纪末霍华德提出的田园城市理论，该理论主张以绿带环绕城市，通过建设新城来实现新的增长。当时，在城市外围设立和保留未开发土地的理念已经广泛存在，并以公园、绿道、林荫大道等形式在一些城镇得以实现。1924年在阿姆斯特丹召开的国际城市规划会议对其后近百年的城市规划有深远影响，会议将环城绿带作为其提出的城市规划七大原则①之一。1944年大伦敦规划中的绿带是最为人知，也是至今仍维持良好的城市绿带，该绿带宽度达8～15km，总面积达2000多平方公里（见图6）。

1. 全面细致的绿带空间规划设计

规划要实现控制中心城区过度扩张的目标，在绿带的规划设计中应对其规模、形态、与现状建成区距离、内部土地利用方式等进行全面细致的考虑。首先，绿带应具有一定的规模，形成与中心城区规模相适应、具有一定厚度的环形空间。伦敦的绿带宽度均为中心城区直径的1/3左右。从空间形态上看，伦敦绿带是具有相当规模和厚度的环形绿带，将中心城区和外围新城分隔开来。其次，绿带的划定应该考虑是否需要为城市增长预留一定空间，即绿带内缘应紧绕现状建成区划定，还是从建成区边界往外推移一定距离。绿带内侧边界的作用类似于在美国实践较广的城市增长边界，城市建设被严格限制在边界内。另外，绿带内的土地利用方式对其效用的发挥和空间的维持有重大影响。控制扩张要求绿带内禁止开发，或仅允许极小范围的低密度建设，至于景观、游憩、农业生产等功能，不同社会经济发展阶段、不同人

① 七大原则包括：阻止大城市的无限蔓延，建设卫星城来分散人口，建设环绕城市的绿带，制定交通规划以防止拥挤，制定区域规划，注意区域规划的灵活性，控制土地利用。

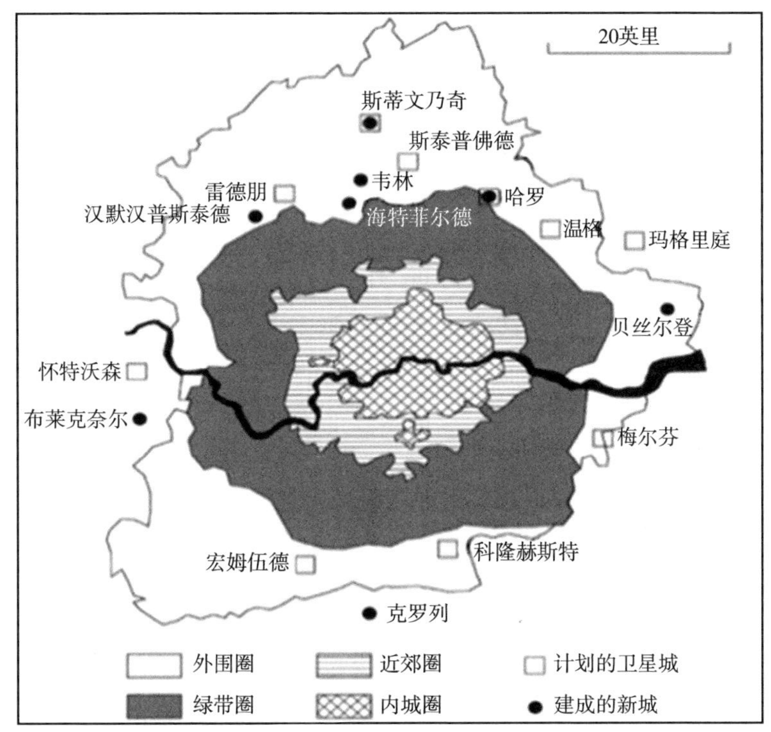

图 6　大伦敦绿带示意

资料来源：https：//londongreenbeltcouncil. org. uk/about - londons - green - belt/。

群会有不同的要求，可以在实践中适当调整，使绿带发挥最大的综合效益。

2. 以对土地所有者的利益补偿为重点

绿带的开发管制虽然也会提升城市整体价值，并直接促进周边房地产升值，但对绿带内的土地所有者而言，是对其土地开发权和收益权的剥夺。因此，绿带实施政策设计的难点是，如何在实现开发限制的同时，对土地所有者进行合理补偿。1947 年，伦敦出台《城乡规划法》，将土地的开发权收归国有，任何土地上的开发建设活动都必须在获得规划许可后才能进行。随后，政府又逐步建立起一种规划得益的补偿制度，即政府对获得规划许可的土地的开发增值进行高额征税，或附加一些开发条件，如开发方必须提供一定比例的廉租房或建设公共设施等，使开发得益在一定程度上作为公共资源返回社会。这样既实现了公共权力对私人开发活动的干预，又解决了因规划用途不同而使土地所有者收益差别巨大的不公平问题。基于此，绿带内建立起一种开发控制体系，地方规划管理部门根据中央的绿带管理政策、开发活动本身的必要程度以及对周边环境的影响等综合考虑是否给予开发许可。绿带内外的土地在获得开发许可时，都必须将其土地增值收益的相当部分回馈社会，只是绿带内土地获得开发许可的机会更小。

3. 多举措相结合引导与控制城市空间形态

绿带的设置是为了防止城市过度蔓延而带来的通勤距离增加、交通拥堵加剧和周边农地消失等问题，但当增长需求超过绿带内中心城区的承载能力时，必须为新的增长提供空间。在绿带外围建设新城是很多城市普遍采用的规划技术组合。1944 年大伦敦规划在绿带外设立了 8 座平均规模约 5 万人的新城，这些新城多以现有的村庄或小镇为基础。城市空间的连续扩张是绿带内侧边界设定时应考虑的问题，其尺度和预留的发展空间规模应根据城市化所处的阶段、城市交通规划设计、地形地貌条件等因素综合确定。但连续扩张的规模不宜过大，应结合本地的交通出行方式、居民出行偏好、居住—就业空间格局、地质条件限制等因素，合理确定连续扩张的最大边界。中心城区作为一个统一体，应通过整体城市设计的手段，合理确定内部各区的规划控制和引导条件，使现状建成区和预留发展用地都能得到充分利用。在设立绿带的基础上，适当调整和提高中心城区的建设强度，是没有受到足够重视但很有必要的规划手段。

（三）公园城市国际实践经验借鉴

1. 美国公园城市实践

（1）利用绿色空间串联分散的城市公园

1853 年纽约州议会通过了兴建纽约中央公园的决议，开始了美国的“公园运动”。奥姆斯特德在城市公园建设的基础上，首次提出利用一些连续不断的绿色空间将分散的城市公园串联起来，形成公园系统。公园系统理念在美国获得了广泛认同，其中最具有代表性的是波士顿的公园系统——“翡翠项链”，其将九大城市公园和其他绿地系统有序地联系起来，形成了一片绵延

16km 风景优美的公园绿道景观。公园系统将两侧的城市也纳入了统一的规划之中，构建了一个连续的开放空间结构，引导了城市的有序发展。

（2）成立公园管理委员会

“二战”后由于美国奉行郊区化的城市发展理念，使得公园的重要性被严重削弱。纽约中央公园在 20 世纪六七十年代陷入管理危机，垃圾、涂鸦、犯罪等问题严重破坏了公园的环境，波士顿公园系统也未能按规划完整构建并陷入衰退。直至 20 世纪 80 年代，在“再城市化”的潮流下，复兴公园成为振兴城市中心区的重要手段。1980 年，纽约中央公园管理委员会成立，通过景观改造、控制犯罪等手段使公园重新焕发活力，迄今为止共投入 3 亿美元来复兴公园，这些资金大多来自公司和个人的捐助，可见社会力量对公园复兴的贡献。

（3）借助非营利组织等社会力量推动

非营利组织通过宣传、募捐等方式推动公园城市建设项目的快速实施。纽约的高线铁路在 1980 年停运后一直处在“拆与不拆”的争议中，直到 1999 年诞生了倡导“保护高线并将其作为公园开发”的非营利组织——“高线之友”。在“高线之友”的努力下，更多人意识到建设高线公园的意义，“高线之友”还通过专项研究证明高线公园的再开发在经济上是可行的，产生的税收将高于开发所需费用，最终获得了纽约市政府的肯定。2004 年，高线公园改造项目启动，得到大量纽约公众人物的支持，他们通过宣传、募捐等方式推动了项目的快速实施。高线公园改造项目重视与周边区域的联动发展，高线经过的西切尔西历史街区将原有的工业空间改造为艺术展览馆，目前已成为世界上最大的艺术展览馆汇集地，共同促进高线地区的再繁荣。

2. 新加坡花园城市实践

（1）建设全岛联通的绿色自然廊道

20 世纪 60 年代，新加坡主要通过全民植树活动和大力种植行道树，有效提升了绿化面积；70 年代开始加强了彩色植物的运用，推动城市美化项目，成立了“花园城市行动委员会”，政府主动规划开发城市公园，并依据开放空间的理念，大规模建设休闲开放空间，满足人们对生活品质的需求；

90 年代初开始建设全岛联通的绿色自然廊道，使公众能够更容易地到达公园和自然区域。

（2）连接公园绿地系统和自然生态区

进入 21 世纪，新加坡更进一步提出了“花园中的城市”。一方面，这是“花园城市”的延续，通过联通公园绿地系统和自然生态区，形成无缝连接的城市生态系统，让城市回归自然；另一方面，更注重的是将自然生态的保护融入人居空间，培育公众对社区的认同感，让年轻一代认同、参与保护和回归自然的行动。

（3）以健全的法制和法令为保障

绿化目标贯穿城市建设的每一个环节，概念规划和总体规划中均对绿地有明确的要求，严格控制各类土地的使用性质和强度，留住地面空间进行绿化。此外，新加坡专门出台了《公园和树木法案》《国家公园法案》等相关法律，城市绿化法制健全，执行严格，号称罚出来的“花园城市”。新加坡政府主导治理模式大大提高了政策执行效率，民众、社区和专家学者的多元参与也发挥了关键的作用，是城市始终以绿色发展为导向的重要保障。

3. 日本公园城市实践

（1）制定与城市公园相关的法律法规

1956 年制定了《城市公园法》，掀起了新一轮公园建设的高潮，1972 年起，连续七次制定“城市公园等建设五年计划”，根据该计划有序推进公园建设，一直持续到 2002 年。如今日本已形成较为完备的公园体系，全国范围内的公园数量达到约 10 万处，涵盖街区公园、综合公园、广域公园、国营公园等多种类型，保证了居民日常休闲和游览观光的需求。

（2）增设公园管理部门和公共组织

20 世纪 60 年代，各城市增设专门的公园管理部门，力图强化管理组织体制，此外还设立了公园协会、城市建设公社等公共组织，将公园管理业务委托给这些组织管理。20 世纪 90 年代，日本经历了经济萧条，行政经费大幅削减，2003 年通过修订地方自治法，创设“制定管理者制度”，使民间经营者参与公共设施经营成为可能，政府只在原则上进行指标规定，公园的管理运作全部由承包者负责。

（3）充分利用民间资本，建立市民参与制度

政府开辟了包括 PFI（Private Finance Initiative）在内的多种融资渠道，充分利用民间资本并发挥其经营能力，激活了公园中各项文化休闲设施、运动设施和服务设施的经营，有效提高了公园公共服务的质量和效率，满足了社会的多样性需求。当前，日本的公园管理越来越关注公园品质的提升，以活动策划作为公园管理的主要内容，建立市民参与制度，进一步增强公园的服务能力。

四　成德眉资同城化绿色生态都市圈建设的对策建议

（一）制定双碳行动方案，引领都市圈绿色发展

一是制定成德眉资和落实 2030 年前碳排放达峰行动方案，实现更加可行的低碳、零碳路线图。其中，加快落实成德眉资各城市碳排放达峰时间和主要指标，以及主要能源碳排放行业达峰规划和行动方案。

二是制定《成德眉资能源革命与气候变化中长期规划纲要（2021～2035)》作为指导到 2025 年、2030 年及 2035 年三阶段行动方案，从而给所有的市场主体、生产者、创新者、消费者和地方政府发出强烈的绿色能源信号，通过有效的激励机制，实现节能、减碳、低碳目标。

三是制定煤炭限产减产方案、全行业退出方案和补偿措施。对主动退出煤炭生产供应的企业实行“退役竞标”，可获得地方政府的必要补偿，到 2035 年之前基本完成煤炭产业的退出。

四是超前制定高碳行业低碳化、绿色化的结构性改革专项方案。如钢铁、有色金属、建材、水泥、石油化工等结构性改革专项方案，推动成德眉资工业从黑色发展向绿色发展、从高碳化到低碳化发展、从有碳到无碳发展的重大转型。

五是制定煤炭行业退出方案。例如大幅度削减煤炭生产量和消费量，加快行业退出，区域内不再批准煤炭行业的重大投资项目，银行不再为煤炭行

业提供固定资产投资新增贷款。

六是制定碳市场相关方案，提升林业碳汇能力和碳市场交易能力。如逐步实施征收碳税，绿色能源企业实行所得税减免，加快建设地方性碳市场体系等。

（二）制定绿色 GDP 核算方案

第一，成德眉资建立统一的绿色 GDP 核算体系。可以通过国际上的比较借鉴，结合自身的研究优势建立自己的绿色 GDP 核算体系，不仅包括环境污染调整的绿色生产总值（GGDP）核算，还包括资源消耗的核算，使资源消耗和环境消耗结合起来，形成比较完善的绿色 GDP 核算体系；对于研究领域的薄弱环节，如水资源的核算可以开展重点攻关。

第二，完善和补充绿色 GDP 核算的相关指标。应包括三个部分：①反映自然资源的统计指标。对自然资源应就其资源存量、资源耗损量两部分价值分别核算，以便于开展资源存量的均衡分析。②反映生态环境的统计指标。生态环境的核算包括生态环境效益与损耗两方面，其中效益是客观存在的，例如森林生态环境可以防止水土流失、防止土地沙化，把这些效益折合为价值即为生态环境的效益价值。环境损耗是指生产活动破坏生态环境造成的损失价值。③反映环境污染的统计指标。包括环境监测、环境污染防治及环境污染造成的经济损失三部分。环境监测指标主要指大气中各种污染物含量和综合环境质量等，环境污染防治指标有用于环境污染防治的费用、已治理环境污染占环境总污染的比重等，环境污染造成的经济损失包括对人、公共设施、农、林等造成的损失。

第三，完善指标的数据收集工作。建议成德眉资有关统计部门根据绿色 GDP 核算体系收集具体的数据，并且保证数据与基础资料之间的一致性，在统计自然资源、生态环境、社会经济等数据的及时性、完整性和公开性等方面进行及时改进。

（三）加强公园城市共同体的建设

第一，将建设公园城市与推动城市高质量发展相统一。高质量发展与公园城市建设高度契合，都要求转变城市发展方式，加快由高能耗、高污染、低利润产业向低能耗、低污染、高利润产业发展转变，大力发展大数据、轨道交通、人工智能、创意经济等新业态，形成创新发展新动能。

第二，开展城市生态环境评估。对城市自然资源和生态空间开展摸底调查，找出生态问题突出的区域，对城市生态空间进行识别，分级分类梳理并制定保护、修复、利用规划方案，运用生物、物理、生态多种技术手段恢复和修复已经受到破坏的山体、水体等生态要素以及垃圾填埋场、采矿废弃地等受损空间，破解城镇化进程中土地等各类资源不可增长的矛盾。

第三，推进构建完善的城市公园体系。公园体系作为城市“蓝绿灰”三大城市基础设施体系的重要组成部分，是城市建设发展的绿色铆钉，会牢牢锚固城市公园形态，是对以道路框定城市基本格局的根本转变，也是防止盲目建设和无序扩张的有效措施。城市公园体系构建要以自然生态本底为基础，响应人民和城市发展需要，并突出地域风貌和城市个性、层次分明、类型齐全、数量达标、分布均衡、功能完备、品质优良，达到“出门见绿、步行入园”，实现各类人群公平享受绿色福利。

第四，优化绿色共享空间布局。以“300 米见绿，500 米见园”为目标，职住兼顾，保障老百姓无论从住所还是工作单位出发 5 ~ 10 分钟都能到达绿色共享空间，实现绿色福利全民均等化享受。通过线性廊道将城市商业区、文体休闲场所、历史文化遗址等与公园绿地有机连接起来，促进公园绿地与生活文化的融合，形成和谐的整体；广泛建设开放式公园，减少封闭式公园，与城市空间融合，强化开放、共享理念；推动公园与周边街区的融合共享，将城市生活融入公园绿地和各类开敞空间，为居民提供连续的健身和休闲空间；按照“可进入、可参与”的原则，结合林盘院落、亭台楼阁等打造多级驿站体系，共同形成 500 米半径的驿站服务圈，提供配套服务设施，提高公园的可达性和使用的便利性。

（四）促进产业生态化、生态产业化

第一，推动农业向生态农业转型。具体而言，一是发展生态、高效、循环农业，生产绿色农产品。二是培育生态农业经营主体，推动区域生态农业发展（如家庭农场、龙头企业等）。三是打造生态农业产业园区，实现生态

农业集聚发展。四是发展休闲观光农业，延伸农业生态价值。①

第二，推动工业向生态工业转型。推动工业向生态工业转型，是指对传统工业和待开发工业进行生态化转型，将“高能耗、高污染、高成本”产业升级转型为“低能耗、低污染、低成本、高效益、高环保”产业。工业是经济发展的基础，更是生态化转型的重要方面。具体而言，一是改造升级传统工业企业，二是建立现代生态工业园区，三是鼓励产业共生、融合、循环发展，四是培育战略性新兴产业。

第三，推动服务业向生态服务业转型。推动服务业向生态服务业转型，是指对现有服务业及待开发服务业进行生态化转型升级。生态服务业涉及范围广，包括生态旅游业、现代物流业、绿色商业服务业、绿色公共管理服务业等。具体而言，一是打造支柱性生态服务业，形成以文化为核心的文化旅游产业。二是升级支撑性生态服务业，形成智慧旅游、智能金融、智能物流、智能共享等新兴生态服务业。三是强化保障性生态服务业。四是培育创新性生态服务业。

第四，推动生态资源向生态产业转型。生态资源包含山水林田湖草等自然资源、气候资源和环境资源等，生态资源产业化，具体来说就是将现有生态资源转化成可增值产品，实现“区域空间—生态资源—生态产品—生态产业—生态产业系统”的发展。② 在此过程中，主要环节是引入产权机制和价格机制，实现市场化。具体而言，一是侧重不同生态资源、资源禀赋、地理区位等情况，发展优势生态资源产业，走优势生态资源产业化发展道路。二是整合生态资源，发展生态资源融合产业，走生态资源融合发展道路。搭建资源变资本转化平台，推动生态产品价值可量化、能变现，打通生态资源变资本的转化通道。③

---

① 李星林、罗胤晨、文传浩：《产业生态化和生态产业化发展：推进理路及实现路径》，《改革与战略》2020 年第 2 期。

② 李星林、罗胤晨、文传浩：《产业生态化和生态产业化发展：推进理路及实现路径》，《改革与战略》2020 年第 2 期。

③ 罗胤晨、李颖丽、文传浩：《构建现代生态产业体系：内涵厘定、逻辑框架与推进理路》，《南通大学学报》（社会科学版）2021 年第 3 期。

（五）加强龙泉山等跨行政区生态空间绿色发展示范区建设

第一，推动龙泉山城市森林公园向德阳段、眉山段拓展，协同开展山水林田湖草治理，联合实施龙泉山城市森林公园“增绿增景”生态工程，加强森林防灭火、生态智能监测、林业有害生物防治和野生动物保护信息及资源共享合作，筑牢都市圈绿色生态屏障，将龙泉山城市森林公园由生态屏障提升为世界级品质城市绿心和国际化城市会客厅。

第二，以大熊猫国家公园示范区建设为抓手，开展大熊猫、金丝猴等国家重点保护动物以及白鹭等候鸟的生境研究，加强大熊猫栖息地生态修复和植被恢复，加强水源涵养，提升水土生态服务功能，筑牢都市圈西部生态屏障。

（六）加大林盘生态系统建设，制定生产总值核算技术规范

第一，全力推进川西林盘保护修复。要树牢“绿水青山就是金山银山”的理念，加大生态系统保护力度，厚植生态本底，结合成德眉资四市的生态建设特色，进一步深化创新绿道和川西林盘建设。

第二，以农商文旅融合推动林盘地区高质量发展。统筹打造特色镇、特色村和特色林盘相结合的发展格局，采取“特色镇—林盘—农业园（产业园、景区）”模式，依托特色产业，以绿道串产业、串景区、串林盘，提速打造成都市农业示范带，构建乡村旅游消费场景。将农业产业发展和林盘建设深度融合，将历史遗存变为城市体验，让传统文化行走在城市之间。

第三，建立林盘生态系统价值核算技术规范，对成德眉资四市的主要林盘开展生态系统生产总值（GEP）核算，形成林盘 GEP 核算技术规范和框架体系。

参考文献

蔡之兵:《成渝地区双城经济圈 如何学习借鉴京津冀协同发展经验》,《先锋》2021 年第 3 期。

程俊杰、陈柳:《长江经济带产业发展的结构协调与要素协同》,《改革》2021 年第 3 期。

成都市交通运输局:《推动交通运输高质量发展 助力成渝地区双城经济圈建设》,《成都日报》2021 年 6 月 30 日。

陈思羽:《城市群公共服务一体化因何难以实现——一个基于行政割据分析框架的解释》,《内蒙古大学学报》(哲学社会科学版) 2021 年第 4 期。

成都市经济发展研究院:《成都市区域合作蓝皮书 (2020)》,内部资料,2020。

《成都市 2020 年老年人口信息和老龄健康事业发展状况报告》,《成都日报》2021 年 8 月 6 日。

成都市经济和信息化局:《成都市先进材料产业生态圈发展蓝皮书(2019)》,西南财经大学出版社,2021。

成都市经济和信息化局:《成都市智能制造产业生态圈发展蓝皮书(2019)》,西南财经大学出版社,2021。

戴亦欣:《低碳城市发展的概念沿革与测度初探》,《现代城市研究》2009 年第 11 期。

冯垚:《城市群理论与都市圈理论比较》,《理论探索》2006 年第 3 期。

樊纲、王小鲁、张立文、朱恒鹏:《中国各地区市场化相对进程报告》,

《经济研究》2003 年第 3 期。

《构建成都经济圈水资源安全与可持续利用保障体系对策研究》，《成都行政学院学报》2006 年第 5 期。

国家发展改革委：《深入学习贯彻习近平新时代中国特色社会主义经济思想高质量推进以人为核心的新型城镇化》，《中国经贸导刊》2020 年第 18 期。

胡明远、龚璞、陈怀锦、杨竺松：《“十四五”时期我国城市群高质量发展的关键：培育现代化都市圈》，《行政管理改革》2020 年第 12 期。

黄鑫昊：《同城化理论与实践研究》，吉林大学博士学位论文，2013。

何刚：《近代视角下的田园城市理论研究》，《城市规划学刊》2006 年第 2 期。

胡鞍钢：《中国实现 2030 年前碳达峰目标及主要途径》，《北京工业大学学报》（社会科学版）2021 年第 3 期。

黄光宇、陈勇：《生态城市理论与规划设计方法》，科学出版社，2002。

黄肇义、杨东援：《国内外生态城市理论研究综述》，《城市规划》2001 年第 1 期。

胡斌钦、钟坚龙、李华：《长三角一体化进程中跨市域公共服务共享路径研究——以浙江 K 区公共服务融杭接沪为例》，《辽宁行政学院学报》2020 年第 6 期。

《变迁中的东京都市圈，变迁中的“新城”》，华夏幸福产业研究院，https：//www.sohu.com/a/357195249_ 748530，最后检索时间：2021 年 9 月 1 日。

华智、李朝阳：《东京都市圈轨道交通发展对上海大都市圈的启示》，《上海城市管理》2018 年第 5 期。

《首次被点名支持，成都要划一个怎样的“圈”》，九派新闻，https：//baijiahao.baidu.com/s？id = 1697041154253911655&wfr = spider&for = pc。

《成都市医药健康产业发展研究》，健康界，https：// www.cn - healthcare.com/arti - clewm/20190117/content - 1044796.html。

江小涓、孟丽君：《内循环为主、外循环赋能与更高水平双循环——国际经验与中国实践》，《管理世界》2021 年第 1 期。

姜长云：《培育发展现代化都市圈的若干理论和政策问题》，《区域经济评论》2020 年第 1 期。

李先军：《以“新基建”助推经济高质量发展》，《经济日报》2020 年 6 月 16 日。

廉军伟：《都市圈协同发展理论与实践》，浙江工商大学出版社，2016。

卢山、金益波：《长三角一体化背景下宁波都市圈交通发展的若干建议》，《宁波经济（三江论坛）》2020 年第 5 期。

李星林、罗胤晨、文传浩：《产业生态化和生态产业化发展：推进理路及实现路径》，《改革与战略》2020 年第 2 期。

罗胤晨、李颖丽、文传浩：《构建现代生态产业体系：内涵厘定、逻辑框架与推进理路》，《南通大学学报》（社会科学版）2021 年第 3 期。

陆军：《中国都市圈协同发展水平测度》，北京大学出版社，2020。

龙茂乾、李婉、扈茗、欧阳鹏、卢庆强：《新时期我国都市圈治理的新逻辑与变革方向探讨》，《规划师》2020 年第 3 期。

毛露一、叶美怡：《城市群基本公共服务均等化研究综述》，《中小企业管理与科技（中旬刊）》2021 年第 7 期。

欧阳慧、李沛霖：《东京都市圈生活功能建设经验及对中国的启示》，《区域经济评论》2020 年第 3 期。

潘家华、陈蛇主编《公园城市发展报告（2020）》，社会科学文献出版社，2020。

裴长洪、彭磊：《中国开放型经济治理体系的建立与完善》，《改革》2021 年第 4 期。

彭清华：《彭清华同志在成德眉资同城化发展推进会议上的讲话》，《川办通报》2020 年第 3 期。

彭清华：《关于〈中共四川省委关于深入贯彻习近平总书记重要讲话精神加快推动成渝地区双城经济圈建设的决定〉的说明》，《四川日报》2020

年7月16日。

盛朝迅：《新发展格局下推动产业链供应链安全稳定发展的思路与策略》，《改革》2021年第2期。

盛毅：《成德眉资同城化：为双城经济圈建》，《先锋》2020年第3期。

孙才志、童艳丽、刘文新：《中国绿色化发展水平测度及动态演化规律》，《经济地理》2017年第2期。

《成德眉资"三区三带"详细方案来了》，四川新闻网，http://scnews.newssc.org/system/20200728/001090345.html。

覃成林、柴庆元：《交通网络建设与粤港澳大湾区一体化发展》，《中国软科学》2018年第7期。

《我！成都东部新区!》，四川在线，https://sichuan.scol.com.cn/ggxw/202005/57798338.html? from = groupmessage。

苏黎馨、冯长春：《京津冀区域协同治理与国外大都市区比较研究》，《地理科学进展》2019年第1期。

《"国家级"天府新区长啥样?》，腾讯大成网，https://cd.qq.com/news/news - plus/tianfu.htm。

王建国：《中西部地区都市圈发展阶段的研判与推进》，《区域经济评论》2021年第4期。

吴军、叶颖、陈嘉平：《尺度重组视角下粤港澳大湾区同城化地区跨界治理机制研究》，《热带地理》2021年第4期。

王一鸣：《百年大变局、高质量发展与构建新发展格局》，《管理世界》2020年第12期。

王玉海：《京津冀都市圈协同发展与合作共治研究》，经济科学出版社，2020。

王继源：《纵深推进长三角区域一体化》，《宏观经济管理》2021年第2期。

吴超、栾旭瑞：《粤港澳大湾区地面交通一体化对枢纽机场影响分析》，《民航管理》2021年第7期。

王文妤、阴雪颖：《京津冀一体化背景下城市公共文化服务展望》，《辽宁经济管理干部学院学报》2020 年第 1 期。

许恒、张一林、曹雨佳：《数字经济、技术溢出与动态竞合政策》，《管理世界》2020 年第 11 期。

谢来位：《公共服务协同供给的制度创新研究》，中国社会科学出版社，2019。

岳经纶、邓智平：《“幸福广东”：一种社会政策学的解读》，《广州大学学报》（社会科学版）2012 年第 4 期。

尹稚、袁昕、卢庆强、林澎、王强：《中国都市圈发展报告 2018》，清华大学出版社，2019。

朱军、许志伟：《财政分权、地区间竞争与中国经济波动》，《经济研究》2018 年第 1 期。

张辉、杨耀淇、金田林：《京津冀一体化公共服务政策供给机制创新研究》，北京大学出版社，2020。

张茜、马正英、耿晓：《京津冀公共服务的同城化、均等化研究——以河北省公共服务为例》，《产业与科技论坛》2016 年第 4 期。

张晓杰：《区域基本公共服务均等化：创新、协同与共享》，上海人民出版社，2020。

张晓杰：《长三角基本公共服务一体化：逻辑、目标与推进路径》，《经济体制改革》2021 年第 1 期。

卓超、杨钊主编《杭州都市圈发展报告（2020）》，社会科学文献出版社，2020。

中共中央文献研究室：《习近平关于社会主义社会建设论述摘编》，中央文献出版社，2017。

朱承亮、岳宏志、师萍：《环境约束下的中国经济增长效率研究》，《数量经济技术经济研究》2011 年第 5 期。

周琛影、田发：《区域基本公共服务均等化：一个财政体制的分析框架》，上海人民出版社，2018。

《成都国际铁路港经济技术开发区批复成立》，中国新闻网，http：//www. chi-nanews. com/gn/2021/06 – 21/9504123. shtml。

朱民：《大力推进区域基本公共服务衔接共享》，《群众》2021 年第 10 期。

庄贵阳、雷红鹏、张楚：《把脉中国低碳城市发展：策略与方法》，中国环境科学出版社，2011。

Ian Wooton，“Towards a Common Market：Factor Mobility in a Customs Union”，*Canadian Journal of Economics 3*（1988）：pp. 525 – 538.

Papers Hoc，*Our Energy Future：Creating a Low Carbon Economy*（London：UKDepartmentTrade，2003）.

Richard G. Lipsey，“The Theory of Customs Unions：A General Survey”，*The Economic Journal 70*（1960）：pp. 496 – 513.

Richard Register，*Ecocity Berkeley：Building Cities for a Healthy Future*（California：North Atlantic Books，1987）.

Simpson，*The Economy of Green Cities*（Berlin：Springer，2013）.

后　记

习近平总书记主持召开的中央财经委员会第六次会议明确提出，要将成德眉资同城化发展作为推动成渝地区双城经济圈建设的一项重要工作进行部署。中共中央政治局审议的《成渝地区双城经济圈建设规划纲要》明确要求，要充分发挥成都带动作用和德阳、眉山、资阳比较优势，加快生产力一体化布局，加快建设经济发达、生态优良、生活幸福的现代化都市圈。四川省委把加快成德眉资同城化发展作为推进成渝地区双城经济圈建设的先手棋、牵引四川“一干多支”发展战略的“火车头”。为了贯彻落实成渝地区双城经济圈建设国家战略和四川省委“一干多支”战略，高水平开展成都都市圈理论研究和实践总结，成都市社会科学院在四川省推进成德眉资同城化发展领导小组办公室的指导和支持下，按照2021年成德眉资同城化发展十件大事精神，联合国内著名专家学者系统研究、跟踪总结成都都市圈建设的理论探索和实践经验，编制成都都市圈建设系列研究报告。

本书由中国社会科学院、成都市社会科学院组织编写，由成都市社会科学院成都研究院具体负责项目的组织实施。本书由国际欧亚科学院院士、中国社会科学院生态文明研究所党委书记、中国区域科学协会会长杨开忠，成都市社会科学院院长姚凯担任主编，成都市社会科学院副院长阎星担任副主编，中国社会科学院生态文明研究所可持续发展经济学研究室副主任、成都市社会科学院同城化（城乡融合）研究所所长廖茂林，成都市社会科学院科研处处长周灵，成都市社会科学院同城化（城乡融合）研究所副所长卢晓莉担任执行副主编，负责大纲设计、案例征选及统稿审稿工作。全书分为四个部分，撰写分工如下：第一篇总报告，执笔人为廖茂林（中国社会科学院、成都市社会科学院）、周灵（成都市社会科学院）、雷霞（成都市社会科学院）、张筱竹（成都市社会科学院）、唐艳（成都市社会科学院）、董亮（成都市社会科学院）；第二篇重点领域进展，材料由成都市规划和自然资源局、成都市交通运输局、成都市经济和信息化局、成都自贸试验区建设工作领导小组办公室、成都市人力资源和社会保障局、成都市文化广电旅游局、成都市教育局、成都市卫生健康委员会、成都市医疗保障局、成都市生态环境局、成都市地方金融监督管理局、成都市农业农村局、成都市发展和改革委员会提供，卢晓莉（成都市社会科学院）、陈姣姣（成都市金沙智库研究会）组织整理；第三篇创新案例，材料由彭州市发展和改革局、金堂县天府水城管理委员会、四川天府新区新兴街道办事处、成都农村产权交易所德阳市农村产权交易中心、成都住房公积金管理中心、成都市口岸与物流办公室、成都市公共资源交易服务中心、德阳市公共资源交易中心、国家税务总局成都市税务局、金堂县医疗保障局、德阳市经济和信息化局、四川省推进成德眉资同城化发展水资源保障专项合作组、成都市水务局等提供，董亮（成都市社会科学院）组织整理；第四篇研究专论，执笔人分别为：R. 25，张燕（国家发展和改革委员会区域发展战略研究中心）、徐唯燊（国家发展和改革委员会区域发展战略研究中心）；R. 26，贺俊（中国社会科学院工业经济研究所）、杨超（北京林业大学）；R. 27，孙博文（中国社会科学院数量经济与技术经济研究所）；R. 28，蔡之兵（中共中央党校）、李东坤（西南交通大学）；R. 29，卢晓莉（成都市社会科学院）、张筱竹（成都市社会科学院）；R. 30，杨继瑞（西南财经大学、重庆工商大学）、罗志高（重庆工商大学）。

本书在编写过程中，参考了国内外众多专家学者的研究成果，在此对参考文献的来源机构和作者表示诚挚的谢意；本书的编写还得到了成德眉资四市同城化机构及相关区（市）县和单位的大力支持与积极配合，在此深表谢意。

编 者

2021 年 11 月

图书在版编目(CIP)数据

成都都市圈建设报告．2021／杨开忠，姚凯主编
．-- 北京：社会科学文献出版社，2022.5
ISBN 978-7-5201-9876-9

Ⅰ．①成… Ⅱ．①杨… ②姚… Ⅲ．①城市群-区域经济一体化-研究报告-成都-2021 Ⅳ．①F299.277.11

中国版本图书馆CIP数据核字（2022）第042888号

成都都市圈建设报告（2021）

主　　编／杨开忠　姚　凯
副 主 编／阎　星
执行副主编／廖茂林　周　灵　卢晓莉

出 版 人／王利民
责任编辑／张　超
责任印制／王京美

出　　版／社会科学文献出版社·皮书出版分社（010）59367127
地址：北京市北三环中路甲29号院华龙大厦　邮编：100029
网址：www.ssap.com.cn
发　　行／社会科学文献出版社（010）59367028
印　　装／天津千鹤文化传播有限公司

规　　格／开 本：787mm×1092mm　1/16
印 张：23.25　字 数：350千字
版　　次／2022年5月第1版　2022年5月第1次印刷
书　　号／ISBN 978-7-5201-9876-9
定　　价／248.00元

读者服务电话：4008918866